O que as pessoas estão falando sobre
ABM – Account-Based Marketing

"Na minha opinião, o Account-Based Marketing (ABM) está prestes a revolucionar o marketing. Ele mostra todo o potencial de promover a tão necessária mudança de paradigma. A líder do ABM é inquestionavelmente a ITSMA (Information Technology Services Marketing Association), liderada pelos autores deste notável livro. É uma obra realista, fundamentada em evidências, repleto de conselhos práticos sobre como implementar, gerir e obter lucro com o ABM. Minha esperança é que todos que realmente se importam com clientes leiam este livro e apliquem na prática suas propostas."

Professor Malcolm McDonald – Professor Emérito,
Cranfield School of Management, Cranfield University

"Burgess e Munn desmistificam com brilhantismo o Account-Based Marketing (ABM). Oferecem aos profissionais de marketing exemplos altamente relevantes, insights teóricos e sugestões pragmáticas para alcançar o sucesso em um mundo em que a capacidade de tratar clientes estratégicos como mercados individuais é realmente importante."

Jonathan Copulsky – Global Insights Leader, Deloitte

O marketing só é valioso na medida em que se aproxima do cliente, e Burgess e Munn fornecem o guia definitivo para o Account-Based Marketing (ABM). O processo aqui exposto é capaz, simplesmente, de fazer maravilhas para impulsionar o crescimento. Este livro é leitura indispensável para todos os líderes de marketing."

Malcolm Frank – Executive Vice President, Strategy and Marketing, Cognizant
coautor do livro O que fazer quando as máquinas fazem tudo: *como ter sucesso em um mundo de IA, algoritmos, robôs e big data*

"As estratégias descritas neste livro serviram para nós como um guia em nosso programa de Account-Based Marketing (ABM), com resultados impressionantes. Munn e Burgess são lideranças pioneiras no campo do ABM. Recomendo esta abordagem a qualquer organização de marketing B2B que queira promover uma integração mais estreita entre as áreas de marketing, vendas e clientes estratégicos."

David Hutchinson – SVP
Head of Marketing, SAP North America

"Finalmente, um mapa inteligente para ajudar todos os executivos a adotar uma abordagem focada no cliente, neste mundo cada vez mais complexo do marketing. *ABM – Account-Based Marketing* está impregnado de bom senso e repleto de conselhos reais; leitura obrigatória."

Larry Weber – Chairman e CEO, Racepoint Global
coautor do livro The Digital Marketer

"Este é um livro há muito esperado e altamente prático para ser usado pelos profissionais de marketing para implementar o ABM em suas organizações! Não importa se você aplica o ABM Estratégico, o ABM Lite ou o ABM Programático – ou até uma combinação dos três – o processo de sete passos da ITSMA oferece um roteiro prático para compreender os clientes e explorar essa compreensão para executar programas altamente relevantes, envolvendo todas as equipes."

Jon Miller – CEO, Engagio

"Recomendo este livro a qualquer pessoa interessada em criar valor recíproco e sustentável com seus clientes estratégicos."

John Torrie – CEO Reino Unido e Ásia, Sopra Steria

"Bev Burgess e David Munn escreveram um guia prático e indispensável para qualquer profissional que esteja planejando ou aplicando o ABM. Leia este livro para não cometer os erros que outros cometeram e para aprender com os pioneiros do ABM, aplicando os insights extremamente práticos de organizações que realmente estão gerando valor com essa abordagem."

Peter Lundie – Managing Partner, Agent3

"As técnicas comprovadas e expostas neste livro, impulsionam a inovação e a criação de valor para empresas dos Estados Unidos e Índia, no relacionamento com os clientes estratégicos. À medida que o ABM é mais adotado nesses países, fico entusiasmado ao antever o impacto geral que terá nas duas economias."

Dr. Mukesh Aghi – President, US – India Business Council

"O cenário competitivo para os profissionais de marketing B2B está tão congestionado que o Account-Based Marketing (ABM) se tornou indispensável às empresas que de fato procuram diferenciar-se entre seus clientes e *prospects* mais importantes. Considerando o conhecimento profundo, a experiência prática e o papel pioneiro no ABM de ambos, Munn e Burgess são os expoentes nessa fundamental estratégia de marketing."

John Hall – Cofundador, Influence & Co
autor do livro Top of Mind

"À medida que mais pessoas se interessam pelo que o ABM pode fazer por suas empresas, é animador ver um guia prático como este, voltado para uma estratégia de marketing tão poderosa e criativa."

Paul Charmatz – SVP International, Avention OneSource Solutions

"Depois de liderar dois programas premiados de ABM, na BT Global Services e CSC, apresentados neste livro, sei que esta estratégia produz ótimos resultados. Trabalhamos em parceira com Burgess e Munn nos dois programas e ambos os autores revelam, neste manifesto abrangente, todos os ingredientes críticos para o sucesso do ABM."

Neil Blakesley – Principal, Consulting CMO e Former CMO
CSC e Vice President of Marketing, BT Global Services

"Como CEO da primeira e única agência especializada em ABM, sei com o que um bom Account-Based Marketing (ABM) se parece – e Burgess é uma das melhores especialistas nessa área. Depois de testemunhar, em primeira mão, sua *expertise* estou entusiasmado com o fato de Burgess ter condensado tanto conhecimento e experiência em uma obra indispensável para todos que se interessam pelo ABM."

Alisha Lyndon – CEO, Momentum ABM

"ABM é uma estratégia de marketing de importância crítica para empresas empenhadas em colocar os clientes no centro de suas atividades, de modo a entregar valor diferenciado e duradouro."

Richard Grove – Global Director of Marketing,
Business Development & Communications, Allen & Overy LLP

"Livro definitivo e pioneiro sobre Account-Based Marketing, escrito por dois dos principais profissionais da área. Este livro é altamente inovador e prático, fornecendo um roteiro seguro sobre como desenvolver relacionamentos de longo prazo e maximizar o *Lifetime Value (LTV)*, ou valor vitalício dos clientes."

Professor Adrian Payne – University of New South Wales Business School
Professor Visitante, Cranfield School of Management

"Se alguém merece os créditos pelo súbito interesse pelo ABM, só pode ser Bev Burgess. O trabalho dela para formalizar, evangelizar e incentivar a ampla diversidade de pessoas que falam e trabalham com o ABM foi inspirador e revolucionário – sem ela, o ABM não seria o *hype* que é hoje."

Joel Harrison – Editor-chefe, B2B Marketing

"O Account-Based Marketing bem-sucedido envolve muito mais do que apenas a reformulação do material de marketing existente para os clientes estratégicos. Qualquer um pode fazer esse ajuste. Se você realmente quiser diferenciar o seu marketing, compre a ideia do ABM e aprenda a fazê-lo da forma correta. Este livro é uma verdadeira cartilha sobre como criar um programa de ABM eficaz e sustentável, baseado em anos de pesquisa, experiência e prática da ITSMA."

John Lenzen – CMO, CareerBuilder

ABM
ACCOUNT-BASED MARKETING

Copyright © 2017 Bev Burgess e Dave Munn
Copyright © 2019 Autêntica Business

Tradução publicada mediante acordo com a Kogan Page.

Título original: *A Practitioner's Guide to Account-Based Marketing: Accelerating growth in strategic accounts.*

Todos os direitos reservados pela Editora Autêntica Business. Nenhuma parte desta publicação poderá ser reproduzida, seja por meios mecânicos, eletrônicos, seja via cópia xerográfica, sem autorização prévia da Editora.

EDITOR
Marcelo Amaral de Moraes

ASSISTENTE EDITORIAL
Luanna Luchesi Pinheiro
Vanessa Cristina da Silva Sá

CAPA
Diogo Droschi

REVISÃO TÉCNICA
Marcelo Amaral de Moraes

PREPARAÇÃO DE TEXTO
Vanessa Cristina da Silva Sá

REVISÃO
Lindsay Karen Viola

DIAGRAMAÇÃO
Guilherme Fagundes

Dados Internacionais de Catalogação na Publicação (CIP)
(Câmara Brasileira do Livro, SP, Brasil)

Burgess, Bev

ABM Account-Based Marketing : como acelerar o crescimento nas contas estratégicas com planos de marketing exclusivos / Bev Burgess, Dave Munn ; tradução Afonso Celso da Cunha Serra. -- 1. ed. -- São Paulo : Autêntica Business, 2019.

Título original: A practitioner's guide to Account-Based Marketing : accelerating growth in strategic accounts

Bibliografia

ISBN 978-85-513-0621-5

1. Marketing 2. ABM Account-Based Marketing 3. Gestão de clientes 4. Key Account Management 5. Vendas I. Munn, Dave. II. Título.

19-28598   CDD-658.8

Índices para catálogo sistemático:
1. Administração de marketing 658.8
Maria Alice Ferreira - Bibliotecária - CRB-8/7964

A **AUTÊNTICA BUSINESS** É UMA EDITORA DO **GRUPO AUTÊNTICA**

São Paulo
Av. Paulista, 2.073 . Conjunto Nacional
Horsa I . 23º andar . Conj. 2310 - 2312
Cerqueira César . 01311-940 . São Paulo . SP
Tel.: (55 11) 3034 4468

Belo Horizonte
Rua Carlos Turner, 420
Silveira . 31140-520
Belo Horizonte . MG
Tel.: (55 31) 3465 4500

www.grupoautentica.com.br

Bev Burgess e Dave Munn

ABM
ACCOUNT-BASED MARKETING

COMO **ACELERAR** O CRESCIMENTO NAS
CONTAS ESTRATÉGICAS COM PLANOS DE
MARKETING EXCLUSIVOS

TRADUÇÃO Afonso Celso da Cunha Serra

autêntica
BUSINESS

Sobre os autores	13
Prefácio	15
Sobre este livro	19
Agradecimentos	23

PARTE UM
ELABORANDO UM PROGRAMA DE ACCOUNT-BASED MARKETING

FUNDAMENTOS DO ACCOUNT-BASED MARKETING

Por que o Account-Based Marketing é importante?	31
Definindo o Account-Based Marketing	34
A evolução do Account-Based Marketing para a próxima geração	39
Será que o Account-Based Marketing é adequado para a minha organização?	47
Estudo de caso: Fazendo diferença na SAP North America	52
Seu checklist de ABM	54

CONSTRUINDO OS FUNDAMENTOS CERTOS PARA O ACCOUNT-BASED MARKETING

Dando os primeiros passos	56
Estudo de caso: Escalando o ABM – uma nova abordagem na Fujitsu	57
Decidindo o que você quer alcançar com o ABM	65
Posicionando o ABM como iniciativa estratégica de negócios	66
Criando o *framework* certo para uma governança efetiva	69
Mensurando os resultados do ABM	71
Garantindo recursos suficientes e gerindo o orçamento de forma inteligente	73
Seu checklist de ABM	76

INVESTINDO NAS FERRAMENTAS E NAS TECNOLOGIAS CERTAS

Desafios e oportunidades das tecnologias modernas	77
Promovendo o ABM em cada uma das contas	78
Gerenciando os programas de ABM nas contas estratégicas	85
Estudo de caso: CSC – Associando as atividades de marketing aos resultados corporativos	86
Seu checklist de ABM	93

DECIDINDO QUAIS CONTAS FOCAR

Nem todas as contas são iguais	94
Definindo o processo de seleção de contas para o ABM	96
Estudo de caso: Fujitsu – Usando a segmentação para priorizar oportunidades de vendas	104
Seu checklist de ABM	109

O MODELO DE ADOÇÃO DO ABM

Uma abordagem de marketing reconhecida	110
Os pré-requisitos para o ABM	113
O *roadmap* para o programa de ABM	116
1º Estágio – Pilote	117
2º Estágio – Construa	122
3º Estágio – Padronize	125
4º Estágio – Escale	130
Seu checklist de ABM	135

PARTE DOIS
O PASSO A PASSO DO ACCOUNT-BASED MARKETING

CONHECENDO O QUE ESTÁ DIRECIONANDO A CONTA

Em que ponto você se encontra hoje? Aonde você quer chegar?	142
Entrevistas de percepção do ABM	144
Qual é o contexto da conta?	145
Uma nota sobre como os compradores compram atualmente	147
Fontes de informação	149
Estudo de caso: KPMG LLP – Causando boa impressão em uma *key account* global	153
Seu checklist de ABM	159

JOGANDO COM AS NECESSIDADES DA CONTA

Mudando o seu *mindset*	160
Preparando a jogada	161
Priorizando as possíveis jogadas	164
Estudo de caso: BT – Criando conversas mais eficazes de vendas com o KAM Live	166
Seu checklist de ABM	176

MAPEANDO E LEVANTANDO O PERFIL DOS *STAKEHOLDERS*

Compreendendo a Unidade de Tomada de Decisão (UTD)	178
Levantando o perfil dos *stakeholders* da UTD	180
Mapeando as redes mais amplas dos seus *stakeholders*	182
Uma nota sobre segmentação	189
Estudo de caso: A Juniper é bem-sucedida com o ABM	190
Fazendo o perfil dos *stakeholders* para o ABM Lite e para o ABM Programático	191
Seu checklist de ABM	193

DESENVOLVENDO PROPOSTAS DE VALOR SEGMENTADAS

O que é uma proposta de valor?	195
O que há de errado com a maioria das propostas de valor?	198
Três tipos de propostas de valor	199
Os seis elementos de uma proposta de valor segmentada	202
Teste, teste, teste	212
Preparando um *pitch* de elevador	214
Estabelecendo uma hierarquia entre as propostas de valor	214
Seu checklist de ABM	216

PLANEJANDO CAMPANHAS DE VENDAS E MARKETING INTEGRADAS

Ingredientes de uma campanha de ABM bem-sucedida	217
Estabelecendo os objetivos da sua campanha	218
Definindo a audiência das suas campanhas	220
Criando conteúdo personalizado	220
Criando uma campanha *omnichannel*	230
Juntando tudo no planejamento da sua campanha	233
Estudo de caso: Cognizant – Forte crescimento com foco na inovação	238
Visualizando sua campanha	244
Seu checklist de ABM	244

EXECUTANDO CAMPANHAS INTEGRADAS

Alinhando as funções de marketing e vendas	246
O papel do *ABM Marketer* no time da conta	254
Gestão de projetos: garantindo que as coisas sejam feitas	257
O *ABM Marketer* como facilitador	259
Trabalho *agile*	260
A política no time da conta	262
Seu checklist de ABM	263

AVALIANDO OS RESULTADOS E ATUALIZANDO OS PLANOS

Mensurando os resultados do ABM	264
Uma palavra sobre ROI em marketing	265
Encontrando as métricas adequadas e definindo os períodos de análise	266
Objetivos e métricas	267
Demonstrando o sucesso inicial	271
Usando métricas no time da conta	273
Usando métricas com as lideranças	273
Estudo de caso: Microsoft – Elaborando um caso para escalar com as métricas de ABM	274
Seu checklist de ABM	280

PARTE TRÊS
DESENVOLVENDO SUA CARREIRA COMO *ABM MARKETER*

AS COMPETÊNCIAS DE QUE VOCÊ PRECISA PARA TRABALHAR COMO *ABM MARKETER*

Seus objetivos	285
Suas responsabilidades	286
As competências de que você precisa	287
Usando e gerindo recursos de agências externas	299
Seu checklist de ABM	305

GERINDO SUA CARREIRA COMO *ABM MARKETER*

De onde vêm os melhores *ABM Marketers*	307
Como é a remuneração de um *ABM Marketer* comparada à de outras funções na área de marketing?	309
Qual é a melhor forma de incentivar e recompensar um *ABM Marketer*?	310
Como os *ABM Marketers* se mantêm revigorados e evitam o esgotamento?	312
O que vem depois do ABM?	314
Seu checklist de ABM	327

Índice	329

SOBRE OS AUTORES

 **BEV BURGESS** é profissional de marketing e empresária. É entusiasta do papel crítico do marketing para o crescimento das empresas. Especialista em marketing e venda de serviços para empresas, sua técnica foi desenvolvida por meio da combinação de estudos de pós-graduação e de 25 anos de experiência na direção e na gestão de marketing de empresas de serviços.

Os antecedentes de Bev incluem posições executivas na alta administração da British Gas, Epson e Fujitsu. Ela também dirigiu sua própria empresa de consultoria em marketing estratégico. Atualmente, Bev lidera as atividades da ITSMA na Europa e da Global ABM Practice, prestando consultoria e treinamento para empresas em todo o mundo, que estão planejando, desenvolvendo e implementando programas de ABM. Inicialmente, Bev desenvolveu essa abordagem de marketing mais focada como *Managing Director* da ITSMA Europa, em 2003.

Bev possui MBA em *Strategic Marketing* e um *BSc Honours* em *Business and Ergonomics*. É membro do Chartered Institute of Marketing, onde serviu como gestora internacional.

Seu primeiro livro, *Marketing Technology as a Service,* foi publicado pela Wiley, em 2010, explorando técnicas comprovadas de criação de valor com serviços baseados em infraestrutura tecnológica.

 **DAVE MUNN** é presidente e CEO da ITSMA, uma comunidade de pesquisa para líderes em marketing B2B, que explora a abordagem ABM desde o começo dos anos 2000. Promotor e *networker* incansável, Dave passou os últimos 20 anos reunindo profissionais do marketing de alto nível, de empresas de

tecnologia, comunicações e serviços profissionais para desenvolver a teoria e a prática de serviços e soluções em marketing B2B.

Desde que assumiu a liderança da ITSMA, em 2001, Dave ampliou e aprofundou as atividades de pesquisa, consultoria, treinamento e programas comunitários da organização, em aspectos de marketing tão essenciais e inovadores como o ABM, liderança de pensamento, marketing de soluções, diferenciação de marca, *buyer personas* e *customer success*.

Antes de juntar-se à ITSMA, em 1995, Dave exerceu funções executivas de campo na Oracle e na Apple, e foi *senior analyst* do Ledgeway Group, uma inovadora empresa de pesquisa, que lançou as bases para o crescimento de empresas de serviços de tecnologia, na década de 1990.

Dave possui *BA* em *Economics* pela Denison University e MBA pela Kellogg School of Management, da Northwestern University.

PREFÁCIO

Os clientes hoje são tão complexos e grandes, que efetivamente se tornam mercados por si só. Dessa forma, eles possuem todas as características dos mercados: vários segmentos, diferentes compradores e culturas – e múltiplas oportunidades. Empresas e organizações, bem como clientes individuais, requerem as mesmas ferramentas de análise e gestão de marketing que normalmente são aplicadas a segmentos de mercado tradicionais. O Account-Based Marketing (ABM) é uma forma de explorar essas oportunidades, e também de transpor o abismo entre a gestão de vendas tradicional e o marketing.

O ABM, na sua essência, consiste basicamente em tratar cada conta como se fosse um mercado em si mesmo, e, então, atuar com todas as ferramentas de marketing para posicionar a empresa e seus serviços, com o objetivo de, em última instância, adquirir uma fatia maior dos negócios do cliente e conquistar sua lealdade.

Vi o ABM tomar a forma como uma disciplina de marketing específica, ao longo de muitos anos. Tendo trabalhado em seis grandes empresas, em seis diferentes setores, em três continentes, durante 30 anos, tive muitas oportunidades de observar e me envolver com empresas locais, nacionais e internacionais, de vários setores, e compreender suas semelhanças consistentes e suas diferenças singulares.

Durante o período em que trabalhei em uma dessas empresas – a Accenture – concluí que a abordagem *business-to-business* do marketing tradicional era limitada. Seria sempre difícil ser visto como um "*expert do setor*" se a empresa fornecedora não fosse da mesma indústria da empresa compradora. Além disso, era claro que, mesmo dentro de um mesmo setor, apesar da dinâmica competitiva semelhante, todo ator setorial é diferente, com culturas e desafios únicos. Portanto, era necessário compreender com muito mais profundidade e segmentar com muito mais sofisticação o cliente, no nível individual, em vez de simplesmente analisar as "tendências do setor", a fim de descobrir novas oportunidades.

Meu trabalho em nível internacional havia facilitado e aprofundado minha compreensão e apreciação do papel que as características individuais e nacionais exerciam em grandes iniciativas corporativas. Com base nessa experiência, parecia-me natural aplicar em âmbito mais estreito essa análise das diferenças típicas de setores industriais mais amplos. Assim, seria necessário reorientar a "pesquisa setorial", para compreender os diferentes compradores individuais, como clientes, dentro de cada empresa, para fins de segmentação.

Compreender as interconexões entre indivíduos dentro da estrutura de poder da empresa compradora, como eles se relacionam com seus mercados-alvo – e como tudo isso impacta a empresa fornecedora – é fascinante. Afinal, dentro do que chamávamos de marketing centrado no cliente na Accenture, ou o que agora denominamos Account-Based Marketing, encontra-se uma pesquisa em profundidade sobre como os indivíduos reagem nas instituições, e como ambos são afetados pela dinâmica e pela competição do mercado – assim como pelas oportunidades daí resultantes.

O ABM também representa uma mudança de percepção da empresa fornecedora pela empresa compradora. Como tal, é uma nova fronteira no desenvolvimento da marca para além das ferramentas tradicionais de construção de marca. Compreender de forma mais ampla e profunda como a marca é percebida pelos principais clientes é uma experiência de aprendizado produtiva, de extrema importância em todas as boas estratégias de marca.

Aprendi sobre o ABM e seus benefícios para minha vida profissional cotidiana – e continuo a aplicar esse aprendizado ainda hoje, na minha atual função como CMO (*Chief Marketing Officer*) global. A globalização se intensificou, e poucos clientes hoje não são afetados por forças mais amplas que seu território nacional. Como éramos pioneiros no campo, não tínhamos uma teoria geral para nos basearmos, razão pela qual aplaudo os autores deste trabalho por oferecerem um *framework* geral e uma metodologia sobre ABM para uma nova geração de profissionais de marketing.

O momento é oportuno para começar a dominar a fascinante disciplina do Account-Based Marketing, como componente importante do marketing profissional. Não se trata mais de disciplina a ser deixada por conta de vendedores, com suas metas de curto prazo. Os profissionais de marketing podem usar as técnicas do ABM, tanto para transpor o abismo entre marketing e vendas quanto para maximizar suas perspectivas profissionais – e oferecer uma abordagem estratégica de longo prazo ao desenvolvimento dos clientes.

O trabalho exploratório e pioneiro sobre ABM já foi realizado. Recomendo, portanto, que todos os profissionais de marketing aproveitem este momento ao máximo e ocupem a vanguarda do desenvolvimento de clientes e da construção de relacionamentos. Este trabalho é mais do que um conjunto de ferramentas para o atingimento de metas de vendas de curto prazo. Vai além da simples conquista de uma fatia maior dos gastos dos clientes, em comparação com a participação dos concorrentes. Trata-se, sobretudo, de oferecer seus produtos e serviços como algo de valor, de relevância duradoura, mensurável em termos que façam sentido para o cliente. É ter o seu mundo organizado de acordo com a perspectiva dos seus clientes, e não da sua. É isso que constrói confiança e relacionamentos duradouros.

Dr. Charles Doyle – Group Chief Marketing
e Communications Officer, JLL
e autor do Oxford Dictionary of Marketing

SOBRE ESTE LIVRO

Poucos anos atrás, um dos profissionais de marketing que participava de um evento da ITSMA sobre uma estratégia relativamente nova – Account-Based Marketing, ou ABM – nos procurou ao fim da sessão e fez uma pergunta: "Vocês poderiam me recomendar um bom livro para comprar e aprender mais sobre como aplicar o ABM na prática?". A resposta foi "não"; não podíamos, porque ninguém havia escrito um livro sobre ABM, nem nós mesmos!

Na verdade, o ABM como disciplina ainda era novo. Hoje, há mais materiais escritos on-line sobre ABM, todos os dias, do que há um ano. O ABM é considerado a "*big thing*", a realização dos sonhos de todos os profissionais de marketing B2B, a estratégia de marketing imprescindível para todas as empresas. A razão de todo esse entusiasmo pelo ABM é simples: ele funciona.

Portanto, agora que todos estão interessados em como usar o ABM em suas atividades profissionais, é hora de reunir toda a nossa experiência, pesquisa, estudos de caso e escrever o nosso livro. Este livro. Um guia prático do ABM.

Se você apenas ouviu o termo ABM e quer descobrir mais a respeito, este livro é para você. Se a sua empresa lhe pediu para estudar ABM e fazer um projeto-piloto, é para você. E, também é para você, se você já vem trabalhando com ABM há algum tempo, mas quer se atualizar, se aprofundar e ampliar o seu projeto.

Na **Parte Um**, analisamos as bases do ABM – o que está impulsionando a sua adoção e como evoluiu até o ponto em que se encontra hoje, em que há diferentes tipos de ABM em uso, em todo o mundo. Consideramos os fundamentos sobre os quais construir um programa de ABM – objetivos, posicionamento, gestão, recursos financeiros, métricas – e a decisão crítica sobre quais clientes priorizar na aplicação do ABM. Também o acompanhamos por entre as tecnologias a serem usadas para suportar o seu programa, à medida que avança e aumenta a escala na organização. E mostramos como o ABM evolui na maioria das empresas, desde conquistar os primeiros clientes experimentais até se converter em abordagem padronizada e abrangente que impregna toda a empresa.

Na **Parte Dois**, vemos como aplicar o ABM em cada cliente estratégico. Trabalhando com o processo de sete passos da ITSMA, explicamos como começar com a compreensão em profundidade do cliente e de seus principais *stakeholders*. Os insights resultantes dessa análise inicial servem de base para definir onde se encontram as melhores oportunidades de crescimento com o cliente e para mapear suas próprias ofertas e soluções, a serem aplicadas aos principais problemas do cliente.

Então, após identificar e levantar o perfil dos decisores e influenciadores de suas soluções, nós o acompanhamos no processo de criar propostas de valor específicas e convincentes para esses *stakeholders* críticos. Em seguida, demonstramos como construir uma campanha integrada de vendas e marketing para o cliente e como executá-la "lado a lado" com o pessoal de vendas. Finalmente, oferecemos algumas ideias sobre as métricas a serem adotadas para avaliar os resultados do ABM e para comunicar o seu sucesso.

Na **Parte Três** do livro, focamos as competências e os atributos necessários para ser um bom *ABM Marketer*. Apresentamos o modelo de competências em ABM da ITSMA e discutimos o perfil do *ABM Marketer* típico, enfatizando as suas forças e as suas deficiências a serem superadas. Também examinamos como gerenciar os recursos a serem usados para acessar as competências especializadas de que você talvez precise em seu plano de ABM ou que o ajudem a entregar o ABM na escala adequada. Nosso último capítulo apresenta algumas ideias para gerenciar a sua própria carreira como *ABM Marketer*, com base na reunião da sabedoria de sete profissionais de marketing que trabalham na vanguarda do ABM hoje. Incluímos um perfil de nossos "Sete Sábios" para fechar o livro. Cada um deles oferece um valioso conselho para que você ganhe com a experiência deles e entregue resultados mais rápidos.

Ao fim de cada capítulo, preparamos uma lista proveitosa e oportuna dos principais pontos a ter em mente: o seu checklist de ABM.

Reconhecemos que o ABM não ficará estagnado depois do lançamento deste livro. Portanto, sugerimos que você prossiga nesta conversa e na pesquisa do ABM conosco, em nossos eventos, ou on-line, em www.itsma.com, no LinkedIn (ABM for B2B Marketing Professionals) ou no Twitter @ITSMa_B2B #ABMpower. É fascinante participar de uma iniciativa tão vibrante; assim, não deixe de compartilhar sua jornada conosco e nos ajude a seguir moldando o desenvolvimento do Account-Based Marketing como uma área profissional.

AGRADECIMENTOS

Muitas são as pessoas a quem devemos agradecer por nos terem ajudado a escrever este livro.

Primeiro, muito obrigado a Charles Doyle por trabalhar conosco nos primórdios do conceito ABM e por nos acompanhar na jornada até os dias atuais. O prefácio dele dá o tom perfeito deste livro, e seus conselhos inestimáveis prosseguem em uma das entrevistas com os "Sete Sábios", os extraordinários profissionais de ABM do Capítulo 14.

Da mesma forma, também queremos agradecer a todos que participaram de nossas atividades associativas referentes a ABM e compartilharam conosco suas perspectivas e histórias, ao longo dos anos, para garantir que o ABM continue a evoluir com sucesso como disciplina. Algumas de suas narrativas aparecem neste livro, como estudos de caso. Como comunidade associativa, a ITSMA se baseia nesse desenvolvimento colaborativo de novas ideias e melhores práticas.

Em especial, queremos agradecer aos membros de nosso Global ABM Council, por suas recorrentes contribuições. O Capítulo 14 inclui entrevistas com vários membros: Raianne Reiss, da Juniper; Dorothea Gosling, da CSC; Andy Pedack, da Microsoft; Eric Martins, da SAP; e Julie Johnson, da KPMG. Nesse esplêndido grupo, também brilha Charles Doyle. O membro derradeiro dos "Sete Sábios", a estrela multifacetada do ABM, é Andrea Clatworthy, da Fujitsu. Obrigado a todos!

Nossos colegas da ITSMA foram protagonistas no desenvolvimento deste livro. Julie Schwartz, nossa *SVP Reserch e Thought Leadership*, executou todos os nossos estudos de pesquisa sobre ABM e escreveu muitas das publicações sobre resultados do ABM. Jeff Sands, *VP e ABM Practice Co-Lead*, durante muitos anos, participou do desenvolvimento de muitos dos modelos que aparecem neste livro. O *SVP*

Rob Leavitt ajudou a moldar tanto as ideias quanto os artigos que a ITSMA publicou sobre esse tópico. Ashley Turcotte ofereceu apoio inestimável na leitura das provas.

Nossos associados que trabalham conosco nos projetos ABM também merecem menção, pois debateram e desenvolveram conosco ideias sobre ABM ao longo dos anos. De Kathy Macchi, nos Estados Unidos (sempre disposta a ajudar nas campanhas ABM e fornecendo conselhos sobre tecnologia), e Lisa Dennis, até Louise Jefferson, Lynda Chambers e Gerry Davies, na Europa (todos atuantes em ABM, no dia a dia, e fontes permanentes de apoio em ABM, ao longo dos anos). Sara Sheppard merece menção especial, por ter trabalhado desde o início no projeto especial de descoberta do ABM, com Bev, nos idos de 2003, convertendo-se, desde então, em placa de ressonância de ideias.

Finalmente, cinco pessoas se destacam, sem as quais esse livro simplesmente não teria sido publicado, às quais somos especialmente gratos. Laura Mazur, da Writers 4 Management, cuja ajuda na redação e edição foi inestimável, à medida que este livro tomava forma, e Kathy Hunter, da ITSMA, que produziu todas as tabelas e figuras do livro, enquanto fazia comentários sagazes, ao longo do dia, para nos animar. Nossos agradecimentos finais e calorosos são para nossos editores, da Kogan Page: Charlotte Owen, cujos conselhos durante toda a produção do livro foram extremamente úteis; Philippa Fiszzon, que gerenciou o processo de produção com tanto profissionalismo, apesar dos ajustes de último minuto no texto; e Jenny Volich, por encomendar o livro e reconhecer a necessidade de uma obra sobre ABM.

Para Andy, Katherine e Lauren,
agradeço por seu amor e apoio.
Bev

Para Dick Munn, agradeço por sua sabedoria,
inspiração e paixão pelo marketing.
Dave

PARTE UM

ELABORANDO UM PROGRAMA DE ACCOUNT-BASED MARKETING

Introdução

Esta primeira parte do livro descreve o que é o Account-Based Marketing (ABM), como e por que evoluiu, e de que maneira as empresas o estão usando hoje para acelerar o crescimento de seus clientes estratégicos. Em seguida, aproveita a pesquisa e a experiência da ITSMA com *ABM Marketers* em todo o mundo para oferecer-lhe a orientação de que você precisa para configurar e ampliar o programa ABM em sua própria empresa.

No **Capítulo 1**, prospectamos as forças motrizes do ABM e examinamos os benefícios que ele oferece às empresas e aos profissionais de marketing que o incluem em sua estratégia. Analisamos de que forma o ABM, como prática, evoluiu desde que foi codificado pela primeira vez pela Information Technology Services Marketing Association (ITSMA), em 2003, e em que condições os três tipos de ABM emergiram recentemente, em resposta às maiores demandas das empresas, capacitadas pelas tecnologias que podem ajudá-lo a adotar os princípios ABM em maior escala. Esse capítulo lhe ajudará a refletir sobre se o ABM é adequado para a sua empresa, e, se a conclusão for positiva, qual é o tipo ou tipos que são melhores para você.

O **Capítulo 2** parte para a exploração dos fundamentos que você deverá pôr em prática se estiver planejando um programa ABM, sendo claro em relação ao que pretende atingir, posicionando o ABM como iniciativa da empresa (não só como iniciativa de marketing), construindo o esboço de gestão, identificando as fontes de financiamento e definindo como será o sucesso.

As tecnologias que podem promover o programa de ABM são o tema do **Capítulo 3**. Examinamos as tecnologias que apoiam as comunicações entre marketing e vendas, que ajudam a disparar insights sobre os clientes em seu programa, que facilitam o planejamento e a execução das campanhas, e os sistemas que lhe permitem monitorar e relatar seus resultados com o ABM.

Decidir quais clientes incluir em seu programa talvez pareça simples, mas, efetivamente, pode ser problemático, às vezes fazendo a diferença entre o sucesso ou fracasso do programa.

O **Capítulo 4** introduz um processo objetivo para a priorização de clientes, com os seus colegas de vendas e outras áreas da empresa. Demonstramos como usar uma matriz multifatorial que o ajuda a definir os níveis adequados de recursos e de atenção a serem destinados a cada cliente, sob uma abordagem colaborativa.

Pensando adiante sobre o sucesso do seu programa, o **Capítulo 5** apresenta o ITSMA de adoção do ABM, desenvolvido com o Global ABM Council, para mostrar as fases por quais as empresas passam ao lançarem e ampliarem o ABM. Expomos as características e as tarefas de cada fase, juntamente com os *drivers* para passar de uma fase para a seguinte, no intuito de prepará-lo para iniciar a sua jornada ABM.

FUNDAMENTOS DO ACCOUNT-BASED MARKETING

Por que o Account-Based Marketing é importante?

Em 2015, a receita do Walmart foi de US$ 486 bilhões; da Toyota, US$ 247 bilhões; e da Apple, US$ 183 bilhões. A receita global de apenas quatro das principais empresas de serviços de tecnologia de informação[1] – IBM, Fujitsu, Accenture e NEC – foi de quase US$ 196 bilhões, o que é pouco mais de 11% do produto interno bruto dos Estados Unidos. Para pôr em perspectiva, o PIB conjunto das 50 menores economias de todos os 214 países do mundo, conforme classificação do Banco Mundial, foi de US$ 158 milhões, em 2015.[2]

Só o senso comum seria o suficiente para convencer alguém, decidido a desenvolver novos relacionamentos de negócios ou a consolidar os já existentes, com organizações dessa amplitude e profundidade, na complexa e competitiva arena *business-to-business* (B2B), que as abordagens de marketing tradicionais vão trazer retornos limitados. As vistosas campanhas de marketing convencionais estão se mostrando cada vez menos eficazes para gerar negócios, impulsionar o crescimento e promover a melhoria contínua do desempenho. Essa deficiência é agravada por um ambiente caracterizado por volatilidade, incerteza, descontinuidade e mudanças constantes nas demandas dos consumidores (ver box "*Drivers* da Mudança").

Essa constatação levou uma crescente quantidade de empresas visionárias a adotar os princípios do Account-Based Marketing nos seus

---

[1] FORTUNE. *Global 500*. 2019. Disponível em: <https://fortune.com/global500/2019/>. Acesso em: 21 ago. 2019.
[2] THE WORLD BANK. GNI Ranking, Atlas Method. 2018. Disponível em: <http://data.worldbank.org/data-catalog/GNI-Atlas-method-table>. Acesso em: 21 ago. 2019.

maiores clientes. Definido, inicialmente, pela ITSMA como "tratar cada conta como se fosse um mercado", o ABM agora é prática consagrada em algumas das maiores empresas de tecnologia do mundo, como Cisco, Fujitsu, Microsoft e SAP, enquanto seu alcance vai além do setor de tecnologia, para abranger também serviços profissionais (p. ex., KPMG) e outros setores B2B (p. ex., a consultoria em engenharia Black & Veatch).

E o ABM está comprovando o seu valor. Uma pesquisa de *benchmarking*[3] da ITSMA, de 2016, descobriu que 84% dos profissionais de marketing que medem o retorno sobre o investimento (ROI) citaram o ABM como gerador de retornos mais altos do que qualquer outra abordagem de marketing. Quase 80% dos profissionais de marketing pesquisados afirmaram que o ABM é importante ou muito importante para a estratégia geral de marketing da empresa, enquanto 86% asseguraram que a importância do ABM havia crescido nos últimos dois anos. A maioria, 69%, esperava que os investimentos em ABM aumentassem em 2016 (Fig. 1.1 e 1.2).

FIGURA 1.1: Retorno sobre o investimento (ROI) do Account-Based Marketing (ABM)

FONTE: ITSMA, *Account-Based Marketing Benchmarking Survey*, março de 2016 (N=51)

FIGURA 1.2: O ABM está pegando fogo

FONTE: ITSMA, *Account-Based Marketing Benchmarking Survey*, março de 2016 (N=112)

---

[3] ITSMA. *Account-Based Marketing Benchmarking Survey*. 2016.

O ABM faz toda essa diferença porque é elaborado com base em objetivos muito específicos de uma audiência-alvo rigorosamente selecionada. Externamente, é um programa de atividades coordenado e integrado, que oferece propostas valiosas e ideias relevantes aos clientes. Internamente, encoraja a cooperação mais próxima entre marketing, gestão de clientes e equipes de vendas e atendimento, uma vez que só é de fato eficaz quando todas as partes envolvidas com um cliente trabalham em colaboração.

DRIVERS DA MUDANÇA

Algumas poderosas tendências econômicas, tecnológicas e sociais estão impulsionando a necessidade de incorporar o ABM em sua estratégia de marketing. Aí se incluem:

- **Comoditização** – Combater a comoditização de produtos e serviços exige diferenciação, por meio de serviços mais personalizados e da construção de relacionamentos mais próximos.

- **Disrupção competitiva** – Está se tornando uma realidade nos negócios à medida que novas tecnologias emergentes oferecem aos novos entrantes a capacidade de ingressar em mercados até então fechados.

- **Globalização e complexidade** – Grandes contratos B2B podem estender-se por anos e abranger várias regiões. Esses relacionamentos de longo prazo demandam um cuidadoso trabalho de desenvolvimento.

- **Expectativas dos compradores** – Os clientes estão ficando não só mais esclarecidos e exigentes, mas também mais inconstantes e voláteis. Eles estão comparando os serviços que adquirem e a qualidade entre os diversos setores, esperando níveis semelhantes de desempenho de seus atuais fornecedores. Os potenciais fornecedores precisam se preparar o suficiente em relação ao negócio para serem capazes de elaborar uma proposta de valor sob medida que se destaque pela relevância e que entregue os resultados esperados pelo cliente.

- **Ampliando as unidades de decisão** – À medida que a governança corporativa se aprimora e as práticas de compras e suprimentos se sofisticam, é também maior a quantidade de pessoas que se envolvem nas decisões de compra B2B. Em tecnologia, essa tendência se manifesta principalmente com o aumento da influência dos compradores, em comparação aos seus pares de TI.

- **Customização e personalização** – O conceito de marketing *one-to-one* ganhou relevância com o trabalho de Don Peppers e Martha Rogers,[4] segundo o qual, à medida que a tecnologia possibilita, cada vez mais, relacionamentos um a um, as organizações *business-to-business* precisam fazer muito mais que simplesmente vender. Elas têm de se envolver com mais profundidade em todos os níveis da organização e do negócio do cliente, ajudando cada cliente a gerenciar a própria empresa, com mais eficiência e eficácia.

Definindo o Account-Based Marketing

Refletindo a definição da ITSMA de "tratar cada conta como se fosse um mercado", o ABM é um processo estruturado de desenvolvimento e implementação de programas de marketing, altamente customizados, para clientes estratégicos, parceiros ou *prospects* (clientes em potencial). Pela própria natureza, é um programa a longo prazo e que exige comprometimento de recursos, uma vez que pode levar mais de um ano para produzir retornos substanciais. O ABM é baseado na análise minuciosa dos principais problemas enfrentados pelos clientes em seus negócios.

O ABM deve ser construído de uma forma que estimule as pessoas a trabalharem juntas, por um objetivo comum. O

---

[4] PEPPERS, D; ROGERS, M. *The One to One B2B: Customer Relationship Management Strategies for the Real Economy*. Crown Business, 2001. (Ed. Bras.: *Marketing One to One*. São Paulo: Makron Books, 2001.)

desenvolvimento de equipes transfuncionais, que colaboram com eficácia, é reconhecido cada vez mais como fonte de inovação e agilidade em empresas bem-sucedidas, e o ABM engaja todas as funções relevantes para determinar a melhor forma de atender às necessidades e aos objetivos específicos do negócio do cliente. O marketing atua como membro central do time da conta, agregando valor de várias formas:

- Examinando os principais problemas que o cliente enfrenta no seu negócio.
- Mapeando esses problemas até as pessoas responsáveis.
- Desenvolvendo campanhas de vendas e marketing integradas e customizadas, para levar propostas relevantes ao cliente.

Esse processo pode gerar resultados importantes para o cliente, e para vendas e marketing. O Quadro 1.1 mostra alguns desses benefícios.

As equipes de vendas parecem receptivas ao ABM. A Figura 1.3 mostra o resultado de uma pesquisa da ITSMA entre seus membros, em que lhes foi pedido para indicar os principais benefícios do ABM para as equipes de vendas.

É importante salientar que o ABM não é só fazer marketing de um jeito diferente, é uma iniciativa de mudança da empresa, para promover o crescimento. Como mostra o Quadro 1.3 (ver p. 39), isso é mais importante que a reformulação dos planos de marketing. Muda o foco de atenção de "de dentro para fora" para "de fora para dentro". O ponto de partida é o cliente e seus problemas, depois retorna-se à empresa fornecedora, para descobrir como ela pode ajudar a resolver esses problemas.

O ABM deve estar bem alinhado com a gestão das *key accounts*. Em sua melhor versão, um plano para *key accounts* funciona como uma espécie plano de negócio, incluindo objetivos, metas de vendas, posicionamento, distribuição e interdependências. O que falta na maioria das vezes é um trabalho de marketing específico. Agregar a *expertise* de marketing às equipes de *key account* pode ajudá-las a avançar além do foco estritamente operacional e desenvolver melhores condições para identificar oportunidades potencialmente lucrativas.

QUADRO 1.1: Benefícios de um programa de ABM

Conta

- A conta se sente bem mais compreendida como resultado da análise em profundidade que você realizou.
- As conversas com a conta focam mais ela do que você.
- A conta tem mais clareza e maior compreensão das suas ofertas, estratégias e soluções.
- Aumento da satisfação e melhor experiência da conta em consequência da sua abordagem mais personalizada.
- A conta tende a posicioná-lo e a "vendê-lo" internamente na organização como parceiro alinhado com as suas necessidades.

Vendas

- Percepção das mudanças da empresa, de fornecedora para parceira e conselheira de confiança (esse status é conquistado, não apenas cobrado).
- Conversas mais ricas, alinhadas com as necessidades da conta.
- Revela novas oportunidades.
- Acelera os ciclos de compra da conta (no longo prazo).
- Expande a participação na conta.
- Aumenta a receita, a margem e o *share of wallet* (participação nas compras da conta).
- Mais oportunidades de atuar como fornecedor exclusivo.
- Mensagem coerente e uniforme para a conta de que todos os membros do time da conta estão alinhados quanto às prioridades e às diretrizes.

Marketing

- Alinha marketing e vendas numa estratégia conjunta para a conta.
- Ajuda a orquestrar todas as linhas relevantes do negócio adequadas à conta, em uma mensagem e posição coerentes.
- Aumento do ROI do marketing.
- Campanhas e mensagens consistentes, sob medida, para as contas e os objetivos individuais.
- Conta mais propensa a dar referências.

FIGURA 1.3: Principais benefícios do ABM para as vendas

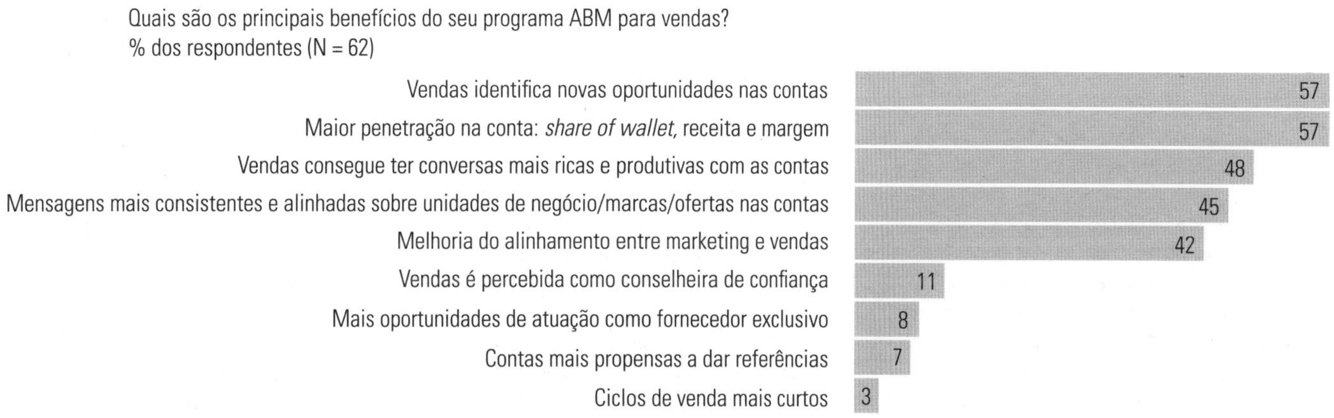

Quais são os principais benefícios do seu programa ABM para vendas?
% dos respondentes (N = 62)

Benefício	%
Vendas identifica novas oportunidades nas contas	57
Maior penetração na conta: *share of wallet*, receita e margem	57
Vendas consegue ter conversas mais ricas e produtivas com as contas	48
Mensagens mais consistentes e alinhadas sobre unidades de negócio/marcas/ofertas nas contas	45
Melhoria do alinhamento entre marketing e vendas	42
Vendas é percebida como conselheira de confiança	11
Mais oportunidades de atuação como fornecedor exclusivo	8
Contas mais propensas a dar referências	7
Ciclos de venda mais curtos	3

NOTA: Permissão para várias respostas
FONTE: ITSMA, *Account-Based Marketing Benchmarking Survey*, Outubro de 2013

QUADRO 1.2: Equívocos comuns sobre o ABM

Equívoco	Realidade
O ABM é um programa de marketing independente, mutuamente excludente de outros programas de marketing.	O ABM é metodologia de marketing orientada ao cliente, que usa qualquer uma e todas as táticas de marketing e vendas, para dar às contas o que elas desejam e necessitam.
O ABM é só mais uma forma de gestão de contas e, portanto, representa uma duplicação do esforço realizado pelas equipes de vendas.	O ABM não substitui o bom *key account management*, mas sim se baseia nele para desenvolver estratégias de marketing e vendas que possam ser implementadas de fato.
O ABM pode ser executado com sucesso sem a "inteligência" da conta.	A inteligência da conta é o que torna o ABM realmente *account-based*, do contrário, ainda é marketing *spray and pray* (borrife e reze).
O ABM é apropriado para todas as grandes contas.	O ABM é *investimento* e, assim, mais aplicável a contas capazes de gerar um bom retorno sobre o investimento (ROI).
O ABM é "coisa do marketing".	O ABM deve ser executado com a área de vendas – e ser visto como importante facilitador das vendas.
O ABM substitui o seu atual modelo ou metodologia de vendas e o seu processo *key account management*.	O ABM complementa o seu modelo de vendas, faz do planejamento da conta uma realidade, cria e compartilha um processo dinâmico de evolução.

QUADRO 1.3: Marketing do Produto *vs.* ABM

	Marketing do Produto	ABM
Foco	Características Benefícios	Problemas Soluções
Informação	Preço Promoção	Conscientização Educação
Timing	Uma única vez	Contínuo
Objetivo	Reduzir os estoques	Aumentar o *share of mind* e o *share of wallet*

FONTE: ITSMA, 2016

A obtenção de insights por meio de pesquisas assegura planos oportunos e relevantes, e estimula a cocriação de valor, com o tratamento individualizado das maiores contas, com base em seu potencial *lifetime value* (LTV), ou valor vitalício do cliente. O Quadro 1.2 ilustra o abismo entre as percepções comuns que se tem do ABM e a realidade objetiva do que é o ABM.

Sem dúvida, essa abordagem do marketing mais colaborativa às vezes encontra forte resistência entre os departamentos. Essa situação pode ser ainda mais desafiadora quando as equipes são virtuais, reunidas no contexto abstrato e sem fronteiras da tecnologia moderna, em vez da realidade concreta e senciente das reuniões presenciais. A gestão de preferências pessoais será discutida mais adiante, neste livro.

A evolução do Account-Based Marketing para a próxima geração

A Accenture, empresa global de serviços profissionais, foi uma das pioneiras na captação do poder do ABM, nos idos de 2003, sob a liderança do Dr. Charles Doyle, o então responsável pelo marketing global de alta tecnologia. Doyle achava que as contas mais importantes da empresa deveriam receber atenção especial, inclusive um plano de marketing específico, para a construção de um relacionamento mais multifacetado. E, assim, desenvolveu o seu programa de marketing centrado no cliente, baseado no *ITSMA*

Marketing Framework (ver box "Dr. Charles Doyle: pioneiro de uma nova abordagem").

DR. CHARLES DOYLE: PIONEIRO DE UMA NOVA ABORDAGEM

Numa entrevista de 2005,[5] o Dr. Charles Doyle analisou o programa ABM que ele introduziu na Accenture, para desenvolver negócios e fortalecer relacionamentos, individualmente, com as contas mais importantes. Os principais pontos aqui resumidos são relevantes até hoje.

COMO VOCÊ DEFINE O MARKETING CENTRADO NO CLIENTE?

O marketing centrado no cliente, em termos simples, consiste na gestão e no desenvolvimento de percepções, as quais gerenciamos simplesmente como o fazemos com o *market share* ou com a receita. É um programa para reforçar as percepções pelo cliente das capacidades e do valor gerado pela empresa fornecedora. Inclui toda a gama de técnicas de marketing aplicadas a cada cliente ou *prospect*.

QUAIS SÃO OS PRINCIPAIS OBJETIVOS DO MARKETING CENTRADO NO CLIENTE?

Eu diria que são três principais objetivos do marketing centrado no cliente. Primeiro, a gestão das percepções de longo prazo – ajudar a construir percepções a longo prazo, em um período superior a três anos. Isso também envolve conscientização. Segundo, o marketing centrado no cliente almeja criar um posicionamento diferenciado. Alguns dos clientes com os quais lidamos têm o Produto Interno Bruto (PIB) equivalente ao de países em desenvolvimento, e são muito mais complexos do que alguns desses países. Tendemos a chamá-los apenas de contas ou clientes. São, na verdade, universos complexos e vastos, com suas próprias características. Portanto, devemos pensar nesses

---

[5] ITSMA Viewpoint. An in-depth look at Accenture's client-centric marketing. 2005. (Em português: Olhar em profundidade sobre o marketing centrado no cliente da Accenture.)

clientes como mercados, cada um com suas particularidades. Esse é o denominador comum por meio do qual nós, profissionais do marketing, desenvolvemos a demanda no futuro.

Um objetivo final do marketing centrado no cliente é criar a demanda. O cliente sabe que esse é o seu propósito, sabe mais ou menos o que você fez no passado; mas o que você efetivamente pode fazer pelo cliente? O que você realmente pode fazer pelo seu departamento, pela sua linha de negócio, pelo grupo de pessoas com as quais seu cliente trabalha? Quais são as suas credenciais e como você fez isso no passado; e quem poderia ser testemunha de que você já fez antes, e eu poderia verificar?

COMO VOCÊ ELABOROU O MODELO DA ACCENTURE COM BASE NO ITSMA MARKETING *FRAMEWORK*?

Para fazer um bom marketing centrado no cliente, é preciso fazer uma boa pesquisa. Você, na verdade, está aplicando em um cliente as técnicas que aplicaria a um mercado. E isso envolve uma boa pesquisa, análise, segmentação, avaliação de lacunas e reposicionamento. A segunda dimensão é o alinhamento dos seus recursos, mais customizados, para preencher essas lacunas e modificar a percepção dos clientes.

O terceiro aspecto é a execução, em que usamos técnicas de marketing tradicionais no nível do cliente, tudo o que já conhecemos no âmbito de mercados, mas com ênfase na customização. Nada de comparecer a grandes feiras e eventos setoriais para atrair a atenção dos clientes. Agora, você customiza o espetáculo, as mesas redondas e a liderança de ideias para um grupo selecionado de clientes. Ainda é preciso apresentar o espetáculo para promover a conscientização, mas isso já não é a base do marketing de serviços profissionais.

Então, você começa a monitorar. A pesquisa de percepção que você fez no começo é refinada durante o ano. Será que a percepção de nossos serviços, por esse cliente, melhorou 10% em comparação ao ano passado? E isso não será muito mais importante do que monitorar nossa influência sobre analistas e mídia, ou outros tipos de avaliações tradicionais? Mais uma vez, aplicar as mesmas técnicas, avaliar as lacunas, tentar preencher os *gaps*, desenvolver programas – só muda o contexto.

Agora, é preciso ter uma infraestrutura de apoio – bancos de dados, ferramentas, técnicas. Você tem que ter tudo que for possível para apoiar as campanhas de vendas e seus parceiros próximos a você.

COMO VOCÊ INICIA UM PROCESSO DE MARKETING CENTRADO NO CLIENTE EM UMA CONTA IMPORTANTE?

É preciso ter uma boa compreensão do seguinte:

- A estágio atual do relacionamento.
- A percepção do cliente sobre a sua empresa.
- As necessidades do negócio do cliente.
- A visão do cliente sobre o seu trabalho.
- A cultura do cliente.
- Os valores do cliente como comprador.

É necessário também seguir um plano de ação. Itens prioritários desse plano de ação devem incluir pesquisas primárias sobre a percepção, determinando as lacunas existentes e definindo as métricas que serão utilizadas. Questões a curto prazo incluem o desenvolvimento de um plano de marketing centrado no cliente com base nos resultados da pesquisa de percepção, e a elaboração de programas segmentados de acordo com o cliente e funções específicas, dentro de cada unidade de negócios.

Questões a longo prazo no plano de ação devem focar na atualização do plano de marketing, desenvolvimento de campanhas e ferramentas para aumentar o engajamento dos clientes, mensurar e divulgar as conquistas e os resultados.

Nos próximos anos, o ABM passará a ser adotado por grandes empresas de tecnologia, como o fizeram BT, Fujitsu, HP e IBM. Aquelas dispostas a explorar todo o potencial do ABM começarão a desenvolver propostas de valor baseadas em planos de vendas e marketing focados em cada conta específica. Como o ABM é, inegavelmente, intensivo em termos de recursos, as empresas que tentam escalar seus programas de ABM logo perceberão a utilidade do uso das novas tecnologias e ferramentas de marketing para crescer com eficiência, sem comprometer a natureza *one-to-one* do ABM. A Fig. 1.4, mais adiante, mostra a linha do tempo do ABM.

À medida que essas ferramentas se sofisticam, oferecem mais escopo, ainda que em bases relativamente limitadas, em áreas como personalização por IP, inteligência do cliente ou levantamento de perfil dos *stakeholders*. No entanto, como se verá no Capítulo 3, estamos caminhando para o que poderia ser denominado "próxima geração" do ABM. Novas plataformas tecnológicas estão sendo desenvolvidas com o objetivo específico de dar suporte ao ABM e ajudar a ampliá-lo com custos mais racionais, explorando avanços tecnológicos, como *big data*, engajamento digital com os clientes e *cloud computing*.

OS 10 ANOS MAIS IMPORTANTES NA HISTÓRIA DO ABM

1993 – Peppers e Rogers publicam o livro *The One to One Future*.

1997 – CSC fecha meganegócios com a abordagem *pursuit marketing*, semelhante ao ABM.

2003 – ITSMA introduz e denomina conceitos e abordagens do Account-Based Marketing.

2006 – ITSMA lança o ABM Council. Xerox e Northrup Grumman conquistam o primeiro *ABM Marketing Excellence Awards*.

2007 – ITSMA introduz o modelo de três fases para o desenvolvimento de programas de ABM.

2009 – ITSMA introduz o modelo *Collaborative Account Planning*.

2011 – BT é a primeira empresa a automatizar *account insight* para ABM.

2012 – ITSMA lança o primeiro programa de certificação em ABM.

2015 – ABM pega fogo com financiamento de capital de risco para iniciativas de ABM com base tecnológica.

2016 – Estudo da ITSMA registra o surgimento de três tipos de ABM.

FIGURA 1.4: Linha do tempo do ABM

1993

Don Peppers e Martha Rogers publicam o livro pioneiro *The One to One Future*.

1997

CSC lança, a toda pressão, o *pursuit marketing*, e conquista dois contratos de terceirização de 10 anos, de grande visibilidade, no valor de aproximadamente US$ 170 milhões.

2002

Accenture e Unisys introduzem o *Client Centric Marketing*: a demanda por gerentes de conta ultrapassa a oferta.

accenture
UNISYS

ITSMA realiza a primeira pesquisa sobre *Account Management and the Role of Marketing*.

2003

A ITSMA introduz o conceito de Account-Based Marketing (ABM), desencadeando uma nova onda no marketing B2B.

2009

ITSMA introduz o *Collaborative Account Planning Model*, para ajudar os profissionais de marketing e vendas a acelerar oportunidades com os clientes atuais e *prospects* de alta prioridade.

BT Global Services e AT&T ganham o *ITSMA Marketing Excellence Awards* em ABM.
CA e CSC ingressam no ITSMA ABM Council.

2010

BT e Microsoft ingressam no ITSMA ABM Council.

2011

BT é a primeira empresa a automatizar o *account insight* para ABM; KAM Live, baseado no Agent 3, ampliando a conversa entre marketing, vendas e o cliente.

2012

ITSMA identifica os quatro passos para a adoção bem-sucedida, o ABM: ITSMA Account-Based Marketing℠ Adoption Model.

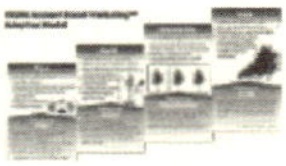

ITSMA introduz o primeiro Programa de Certificação para *ABM Marketers* da América do Norte, que já certificou centenas de *ABM Marketers* até hoje.

FONTE: © 2017, ITSMA. Para outros materiais ou informações, acesse www.itsma.com/abm/

2004

A ITSMA publica um artigo inovador: *Account-Based Marketing: The New Frontier.*

ITSMA
Account Based Marketing

Charles Doyle, da Accenture, apresenta os três objetivos do *Client Centric Marketing*, na conferência anual da ITSMA: gestão da percepção, criação de um posicionamento diferenciado, geração de demanda.

2006

Xerox Global Services e Northup Grumman ganham o primeiro *ITSMA Marketing Excellence Awards* em ABM.

ITSMA constitui o ITSMA ABM Council, tendo como membros fundadores Avaya, BearingPoint, EDS, First Data, Hewlett-Packard, IBM, Lucent, Unisys e Xerox.

2007

ITSMA introduz o modelo de desenvolvimento do ABM em três fases.

2008

BEA, Capgemini, Cisco, Deloitte e Oracle ingressam no ITSMA ABM Council. ITSMA realiza o primeiro *ABM Benchmarking Study*, e enfatiza o sucesso com o aumento da escala do ABM.

2013

ITSMA introduz o primeiro Programa de Certificação para *ABM Marketers* na Europa.
ITSMA conduz o segundo *ABM Benchmarking Study*. Principal descoberta: as empresas que posicionam o ABM como iniciativa estratégica corporativa ao invés de um programa de marketing tático apresentam melhores resultados.

2014

Juniper e Cognizant ganham o *ITSMA Marketing Excellence Award for Accelerating Growth*, com o uso do Account-Based Marketing.

2015

ITSMA lança o *ABM Skills Competency Model and Assessment.*

ABM pega fogo! Capitalistas de risco descobrem o potencial dos softwares de ABM, investindo em empresas como Engagio, Demandbase, entre outras.

SAP America, Cisco e KPMG ganham o *ITSMA Marketing Excellence Award for Accelerating Growth* com o uso do Account-Based Marketing.
Avanade, Dell, Juniper e SAP ingressam no ITSMA ABM Council.

2016

ITSMA documenta a ascensão de três tipos diferentes de ABM: ABM Estratégico, ABM Lite e ABM Programático.
Novo estudo confirma que 84% dos profissionais de marketing acham que o ABM gera um ROI mais alto do que outras iniciativas de marketing.

FIGURA 1.5: Os três tipos de ABM

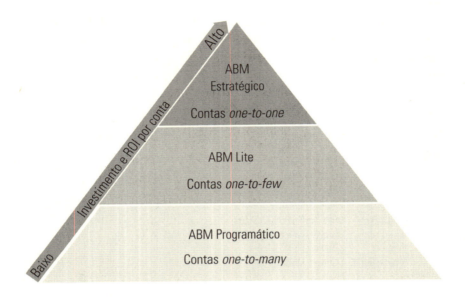

O resultado é que hoje há três tipos de ABM, apoiados por essas tecnologias, como mostra a Fig. 1.5. O primeiro, em que focamos até agora, geralmente é reservado para clientes estratégicos e executado na base *one-to-one*, ou seja, um para um. Esse é o *ABM Estratégico*. É aqui que você encontra um profissional de marketing responsável por até cinco clientes, tornando-se parte integrante do time da conta.

O segundo tipo é o *ABM Lite*. Esse é um modelo *one-to-few*, ou um para poucos, geralmente focado em um grupo mais amplo de clientes estratégicos, ou na camada seguinte de clientes. A tecnologia se torna mais importante aqui, ajudando a automatizar o processo de *account insight*, ou geração de insights sobre o cliente, assim como a execução e a avaliação das campanhas. A vantagem do ABM Lite é demandar menos recursos – tanto pessoas quanto verbas – do que o ABM Estratégico. Inevitavelmente, a abordagem mais *"lite"* leva a retornos mais *"lite"* é claro.

O terceiro tipo de ABM, considerado a grande novidade, é o *ABM Programático*. Viabilizado por tecnologias que automatizam em escala as táticas usuais do ABM, abrangendo centenas ou até milhares de clientes, é a principal fonte de todo o *hype* em torno do ABM.

Algumas empresas fazem apenas um tipo de ABM. Outras preferem uma combinação dos três. Cada vez mais, as empresas estão explorando esses três tipos, na medida em que alguns elementos da versão programática podem ser usados nos dois outros tipos de ABM, como apoio tático.

Será que o Account-Based Marketing é adequado para a minha organização?

Adotar o ABM deve ser uma importante decisão estratégica para qualquer organização, em estreito relacionamento com os objetivos da empresa e da equipe de vendas, e geralmente serve para:

- Aumentar a penetração na conta via *cross-selling* e *upselling*. Para isso, usa-se uma abordagem mais planejada e estruturada, a fim de ampliar o *share of wallet* e o *share of mind*, por meio de relacionamentos mais abrangentes e profundos.
- Mudar a percepção ou melhorar o posicionamento. Geralmente é importante quando a empresa passa por um *rebranding* ou se recupera de algum problema com o serviço.
- Desenvolver novos clientes, adotando uma abordagem integrada com vendas.
- Perseguir as melhores oportunidades já identificadas. Apoiar as contas na elaboração das requisições de propostas, as RFPs (Requests for Proposals), ou em outras oportunidades de venda identificadas. A ligação entre marketing e vendas é mais tática e breve durante esse processo.

Para que o seu programa ABM seja bem-sucedido, além do conceito e de um pequeno piloto, é preciso posicioná-lo como um programa de mudança organizacional coordenado e financiado da forma adequada, para alcançar esses objetivos, impactando pessoas, processos e sistemas, como mostrarão os próximos capítulos. A forma mais rápida de errar é posicionar o ABM como programa de marketing tático, sem o suporte e a colaboração de toda a empresa.

Pesquisa da ITSMA, em 2014,[6] revelou que:

- Posicionar o ABM como uma iniciativa de toda a empresa correlaciona-se com um ROI mais alto.
- Encarar o ABM como um programa de marketing, e não como uma iniciativa de toda a empresa, pode resultar em pouco investimento e em uma expectativa irreal de retornos de curto prazo.
- O ABM não é uma tática para encher o funil de vendas. É um programa estratégico de construção de relacionamentos, de médio e longo prazo, que exige investimentos.

A natureza de longo prazo, intensiva em recursos, do ABM significa que é extremamente importante contar com o patrocínio dos líderes de vendas e da empresa para o seu programa de ABM. Além disso, se a perspectiva da cultura organizacional for de "dentro para fora" ou se marketing for considerado atividade tática, de apoio a vendas, que se mantém distante de vendas, o ABM talvez não seja a solução adequada.

Basicamente, as decisões sobre as melhores abordagens de marketing ou de ABM devem ser tomadas à luz dos mesmos critérios das decisões sobre os melhores modelos de gestão de vendas e de contas, conforme o potencial dos clientes no mercado em que você quer fazer negócios. A Fig. 1.6 ajuda a esclarecer a estratégia de marketing mais eficaz a ser aplicada em cada nível de cliente, dentro de um mercado ou setor de atividade.

ABM Estratégico

O ABM Estratégico se situa no topo da pirâmide do ABM, como a estratégia mais adequada para os clientes que se destacam pelo potencial de receita, ou cuja proporção estimada de suas receitas futuras é tão importante, que pode garantir ou arruinar o seu negócio. Outro critério a ser aplicado nessa seleção é o *lifetime value* (LTV), ou valor vitalício do cliente. O objetivo pode ser aumentar a sua pequena participação na conta ou defender a sua grande participação nesse cliente.

---

[6] *ITSMA Online Survey ABM and ROI: Building the Case for Investment*, jan. 2014.

FIGURA 1.6: Escolhendo a estratégia de marketing adequada para as suas contas

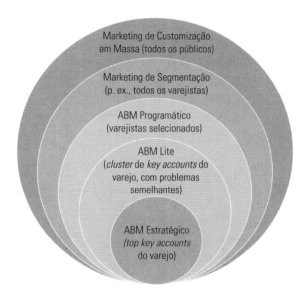

Cerca de 70% das pessoas usam o ABM para aumentar os negócios com os clientes atuais, e apenas 30% o utilizam para conquistar novos clientes.[7] O ABM Estratégico só faz sentido em contas com grandes orçamentos, por ser muito intensivo em termos de recursos, com os profissionais de marketing cuidando de três a cinco clientes, ou, às vezes, um único grande cliente. O desenvolvimento conjunto de planos integrados de vendas e marketing, relevantes e personalizados para as demandas dos clientes, exige profundo conhecimento sobre o que está acontecendo nos respectivos setores, os principais problemas da empresa em si, as iniciativas em que estão trabalhando e quem é responsável por quais atividades.

No ABM Estratégico, o plano de marketing é o núcleo do plano da conta, e deve ser revisado com outros elementos do plano, dentro dos processos de governança da conta. Embora geralmente se recorra à tecnologia para ajudar a captar insights, organizar as conversas ou acompanhar o progresso nas linhas de frente de marketing e vendas,

---

[7] ITSMA. *Account-Based Marketing Benchmarking Survey*. 2016.

o ABM Estratégico envolve muita criatividade. Isso se revela por meio de propostas de valor inovadoras, liderança de novas iniciativas e desenvolvimento de conteúdo para cada conta. Quase todos os profissionais de marketing (92%) afirmam que o ABM Estratégico oferece retorno do investimento mais elevado do que qualquer outro tipo de marketing.

No ABM Estratégico, o *ABM Marketer* é parte integrante do time da conta.

ABM Lite

O ABM Lite será composto por contas que são estratégicas, mas incapazes de serem acessadas com o ABM Estratégico, devido às restrições de recursos ou que se enquadram numa segunda camada de contas que, embora sejam relevantes, não justificam os investimentos da camada superior. Elas terão problemas comuns e/ou outras características semelhantes, que possibilitam uma forma de marketing de *cluster*, como um grupo de varejistas de alimentos, em que todos estão desenvolvendo capacidades *click-and-collect*, para tornar-se varejistas multicanal.

Com base em pesquisas,[8] o ABM Lite não se aplica apenas às contas existentes (56% em comparação aos 70% do ABM Estratégico), mas é, em geral, uma forma de entrar em novas contas.

Ele usa o mesmo processo ABM, mas um profissional de marketing executará o processo para um pequeno grupo de empresas, com problemas e negócios semelhantes. Cada profissional de marketing fará a gestão de até 25 contas, agrupando-as em pequenos *clusters* e trabalhando com vendas em decisões críticas, como concordar quanto às contas-alvo e quanto às propostas mais relevantes para promover e ajustar o conteúdo das campanhas de marketing e vendas. Pouco mais de dois terços (68%) dos profissionais de marketing que medem o retorno do investimento e usam o ABM Lite dizem que ele entrega um ROI mais alto do que outras abordagens de marketing.[9] O *ABM Marketer* trabalha com as equipes de vendas em um número limitado de contas (geralmente em *clusters* com três a cinco, entre talvez umas 25 contas no total).

---

[8] ITSMA. *Account-Based Marketing Benchmarking Survey*. 2016.
[9] ITSMA. *Account-Based Marketing Benchmarking Survey*. 2016.

ABM Programático

Em empresas com alto valor, vendas complexas, o ABM Programático é reservado para contas que ainda não justificam o investimento dos outros dois tipos de ABM. Em empresas com volumes de venda menores, que ainda assim querem adotar os princípios do ABM para melhorar a eficácia de suas campanhas, essa é, em geral, a única forma de o ABM ser praticado. A proporção é de meio a meio no uso do ABM Programático entre as contas atuais e as novas contas.[10]

Nesse tipo de ABM, os profissionais de marketing podem automatizar alguns dos passos mais estratégicos do ABM, como a coleta de insights por meio de tecnologias de *social listening* ou a produção de propaganda segmentada por meio de IP reverso. Com apenas um profissional de marketing trabalhando com dezenas, talvez centenas, de contas, em apoio a equipes de vendas inteiras, o ABM Programático é muito menos dispendioso em recursos e bem mais aplicável a empresas que não têm o mesmo volume de negócios, acordos anuais, das que usam o ABM Estratégico.

Hoje, o ABM Programático é descrito por pouco mais de dois terços (67%) dos profissionais de marketing que medem o retorno do investimento como gerando o ROI mais alto do que qualquer outra abordagem de marketing.[11] Essa é a proporção mais baixa entre os três tipos de ABM, próxima à do ABM Lite, talvez porque ambos estão se afastando do foco do ABM Estratégico e se aproximando do escopo *one-to-few* (um para poucos) das campanhas mais tradicionais de marketing de massa. Mas o ABM Programático ainda está evoluindo para ajudar a alinhar mais as vendas e o marketing no processo de geração de demanda.

Observe que nas empresas que possuem negócios de maior volume, o ABM Programático geralmente é usado para melhorar o marketing de segmentação – como em setores do varejo ou assistência médica – ou, alternativamente, para a customização em massa de campanhas de marketing mais horizontais, como as de marca ou ofertas. Também é possível aplicá-lo para apoio tático na execução de campanhas de ABM Lite ou de ABM Estratégico.

Um *ABM Marketer*, profissional de marketing ou gerente de campanha deve alinhar-se com as equipes de vendas para focar em dezenas ou centenas de contas selecionadas, identificando-as como clientes ou *prospects* valiosos, a fim de gerar *leads* de melhor qualidade.

---

[10] ITSMA. *Account-Based Marketing Benchmarking Survey.* 2016.
[11] ITSMA. *Account-Based Marketing Benchmarking Survey.* 2016.

ESTUDO DE CASO

FAZENDO A DIFERENÇA NA SAP NORTH AMERICA

A SAP North America, subsidiária da SAP, é líder no mercado de softwares corporativos, ajudando empresas e indústrias de todos os tamanhos a operar com mais eficácia e eficiência, desde o escritório até a diretoria, dos depósitos às vitrines das lojas e dos desktops aos dispositivos móveis.

Em 2014, a SAP North America desenvolveu um programa de ABM para focar e customizar os esforços de marketing em grandes contas estratégicas. Como muitas empresas B2B maduras, a SAP obtém uma proporção muito alta de sua receita a partir de um pequeno número de clientes estratégicos. Com cerca de 10% dos maiores clientes gerando 80% da receita na América do Norte, ficou claro que os profissionais de marketing precisavam tornar-se verdadeiros "parceiros de negócio" para vendas e para os clientes, a fim de impulsionar o crescimento sustentável da conta, acelerar oportunidades e cultivar o relacionamento com o cliente.

O desafio da SAP era consolidar e modificar as – até então desfocadas – iniciativas de marketing, criar uma metodologia comum em suas abordagens em todas as regiões e manter a consistência mediante o compartilhamento das melhores práticas.

Objetivos do programa

O principal objetivo era agregar valor estratégico aos relacionamentos com os seus principais clientes e tornar-se verdadeira parceira de negócios para vendas e para os clientes. A equipe também focava a construção de um *pipeline* futuro, por meio de práticas de marketing, não pelo foco em necessidades de curto prazo. O programa foi concebido para entregar valor a vendas basicamente de duas formas: capacitando os clientes a acelerar o processo de decisão e expandindo a presença da SAP nessas grandes contas.

Outra diretriz do ABM foi a necessidade de estender o apoio de forma sustentável, com um programa anual cujas atividades demonstrassem aos clientes e às equipes de vendas como o marketing pode sustentar uma parceria com a SAP – para que a empresa não seja vista como uma mera fornecedora. Ao utilizar o ABM como estratégia de marketing, a SAP poderia alcançar seu objetivo de aumentar o nível e a qualidade do engajamento com o cliente, assim como garantir crescimento sustentável e valor duradouro para o cliente.

Execução do programa

A SAP North America administrou essa necessidade com a criação de um departamento central de ABM e o desenvolvimento de um detalhado programa de ABM, em 2014. As iniciativas de marketing ABM usaram uma abordagem mais estratégica, em que programas altamente segmentados, de conscientização e de geração de demanda foram executados para contas específicas. A equipe da SAP ofereceu programas de treinamento a um grupo de profissionais de marketing, estudou as melhores práticas externas de ABM, trabalhou bem próxima e alinhada ao pessoal de vendas na seleção das contas e na definição das regras de engajamento, criou uma lista de materiais de marketing e os mecanismos de execução.

As sessões de elaboração de planos para as contas ajudaram a identificar novas oportunidades e a promover o alinhamento entre vendas e marketing. Novas táticas foram adotadas no programa de ABM, como designar um profissional de marketing exclusivo, desenvolver um plano para 18 meses e apropriar verbas para atividades customizadas. Outras táticas incluíram *newsletters* e *webinars* customizados, sites de *social networking* exclusivos, marketing digital específico para o cliente e eventos *one-to-one* presenciais.

Uma das táticas mais eficazes, conhecida como dia de *coinovação* com o cliente, promoveu eventos presenciais customizados, diretamente no cliente. O foco desses eventos era informar aos clientes sobre como eles poderiam inovar com a SAP.

Resultados para o negócio

A estratégia de marketing ABM superou as metas, em todos os objetivos críticos. Entre os indicadores usados para mensurar os resultados alcançados estão o *pipeline touched* (*pipeline* que foi alcançado pelo programa), o novo *pipeline* criado (em valor e número de oportunidades criadas), bem como o número de relacionamentos de qualidade criados em novos departamentos de compras.

Os resultados de 2014 demonstram um impacto incremental significativo:

- *Marketing pipeline touched* (MPT): US$ 209 milhões "tocados", US$ 27,6 milhões fechados.
- *Marketing progressed pipeline* (MPP): US$ 57 milhões em negociação, US$ 3,3 milhões fechados.
- Novas oportunidades criadas: 49 oportunidades, representando US$ 27 milhões em um novo *pipeline*.
- 1.200 novos contatos de negócio.

Em consequência ao sucesso do ABM, o programa se expandiu para 55 clientes, em 2015, com aumento de verba e de pessoal. A SAP criou um Escritório Global do Programa ABM, para aproveitar o impulso do programa da América do Norte e influenciar outras equipes de marketing regionais.

Além disso, o programa ABM de 2015 evoluiu de uma para quatro pessoas com dedicação exclusiva, e uma equipe total de 15 pessoas. O investimento no ABM aumentou em 50% durante 2014. Os resultados foram consequência dos efeitos impressionantes do ABM, demonstrando aos clientes e à área de vendas como o marketing pode alavancar o crescimento das contas, gerar oportunidades e entregar valor aos clientes.

Seu checklist de ABM

1. O ABM é um processo estruturado de desenvolvimento e implementação de programas de marketing, altamente customizados, para contas estratégicas, parceiros ou *prospect*.

2. O ABM faz uma diferença significativa por envolver objetivos específicos, voltados para alvos rigorosamente segmentados. Os

profissionais de marketing descrevem o ABM como a ferramenta que gera retornos sobre o investimento (ROI) mais altos do que qualquer outra abordagem de marketing.

3. O ABM deve ser visto como uma iniciativa de negócios para gerar crescimento e estar perfeitamente alinhada com a gestão de *key accounts*.

4. Graças aos avanços tecnológicos, surgiram três tipos de ABM: o ABM Estratégico, o ABM Lite e o ABM Programático.

5. O ABM é usado para aumentar a penetração na conta, utilizando o *cross-selling* e o *upselling*; para mudar a percepção ou melhorar o posicionamento; para desenvolver novas contas e para explorar oportunidades já identificadas.

CONSTRUINDO OS FUNDAMENTOS CERTOS PARA O ACCOUNT-BASED MARKETING

Dando os primeiros passos

Como mostrou o Capítulo 1, estão surgindo três tipos de ABM à medida em que os avanços tecnológicos possibilitam mais personalização e custos mais acessíveis.

No nível mais alto, o ABM Estratégico tem como alvo as grandes, complexas e críticas contas, que possam contribuir em grande proporção da receita. O ABM Estratégico é muito mais que uma iniciativa de automação de marketing personalizada ou de *account-based advertising*, embora ambas as abordagens possam desempenhar um importante papel na fase de execução das campanhas e promover o ABM Programático, como uma das versões atuais do ABM. Para oferecer o retorno que se espera do investimento, o ABM deve estar profundamente interligado com os objetivos gerais da empresa.

Deve basear-se na colaboração e no engajamento das equipes de vendas, marketing e atendimento, além dos *key account executives* (os gerentes de contas-chave) para definir como atender melhor às necessidades e aos objetivos específicos do cliente. Também deve ser encarado desde o início como um programa de gestão da mudança, com a alocação de recursos suficientes para operar com eficácia.

Seis são os elementos a considerar na construção dos fundamentos do programa de ABM:

- Definir o que se pretende alcançar com o ABM.
- Posicionar o ABM como uma iniciativa estratégica.

- Desenvolver uma estrutura adequada para uma gestão eficaz.
- Adotar métricas relevantes.
- Destinar recursos suficientes e distribuir a verba com inteligência.
- Selecionar as ferramentas e as tecnologias adequadas.

Esses seis primeiros elementos foram parte integrante da experiência da Fujitsu em implementar e expandir o programa de ABM (ver o estudo de caso "Escalando o ABM – uma nova abordagem na Fujitsu"). O último elemento é analisado no próximo capítulo.

ESTUDO DE CASO

ESCALANDO O ABM – UMA NOVA ABORDAGEM NA FUJITSU

A Fujitsu é a principal empresa japonesa de tecnologia da informação e comunicação (ICT), oferecendo uma ampla variedade de produtos, soluções e serviços de tecnologia. Quando a Fujitsu UK & Ireland decidiu que a conquista de novos negócios nos clientes atuais seria da mais alta prioridade, e parte importante da sua estratégia corporativa, o desafio para a equipe de marketing foi desenvolver o plano mais eficaz possível para a conquista desse objetivo.

Para Andrea Clatworthy, gestora de marketing para clientes da Fujitsu, havia uma resposta simples. Já tendo implantado o ABM, em caráter experimental, em três contas da empresa, e obtido bons resultados, a melhor resposta era aumentar rapidamente a escala dessa estratégia de marketing centrada no cliente. "Recebemos de braços abertos o pedido para fazer algo diferente, uma vez que, nos anos anteriores, já havíamos desembolsado quantias significativas, para gerar 'leads aceitos por vendas', que não levaram a nada", disse Clatworthy.

Mas Clatworthy sabia que teria que enfrentar grandes desafios para aumentar a escala do programa de ABM, de iniciativa experimental para projeto central do plano de marketing das equipes. Selecionar as pessoas, escolher os clientes, definir padrões e fornecer apoio adequado para programas desenvolvidos, tudo parecia importante na lista de atividades a serem executadas. E, enquanto orientava os rumos do negócio, ela ainda precisava convencer os *stakeholders* de que o ABM era o meio para alcançar os objetivos da empresa.

Para fazer toda a empresa comprar a ideia de um programa de ABM mais abrangente, Clatworthy "evangelizou" a abordagem, compartilhou os resultados obtidos por outras empresas, forneceu dados de *benchmarking* da ITSMA, e desenvolveu uma nova estratégia de marketing que mostrou como o dinheiro que gastavam com a geração de *leads* poderia ser investido, com melhores resultados, no ABM. Essa nova abordagem foi divulgada durante o processo de planejamento trienal da empresa e posicionada como a ponte natural entre a estratégia corporativa e a estratégia de marketing.

Elaborando o programa de ABM

1. Identificando as contas para o programa

A equipe trabalhou com toda a empresa para identificar as contas e os objetivos para o ABM, em que realmente havia potencial ou era possível enxergá-lo, no prazo de 18 a 24 meses. Começaram com duas listas – a lista da empresa em si e a lista do marketing – que tinham alguns pontos em comum. Junto a isso seguiu um debate para identificar as contas que comporiam a lista do ABM: primeiro com o pessoal de linha de frente e depois com o diretor da unidade de negócio. Os critérios eram:

- Volume de compra do cliente (de todos os fornecedores).
- *Share of wallet* (nossa fatia desse volume de compra).
- A quantidade de mudanças acontecendo na conta.
- Se a Fujitsu poderia agregar algum valor à conta.
- Se o marketing poderia trabalhar com o time de vendas da conta.

Essa análise gerou uma lista final com 58 contas, no Reino Unido e na Irlanda, para o exercício fiscal de 2014, iniciado em abril, incluindo um seleto grupo de clientes-alvo.

2. Construindo o *framework* certo

Clatworthy consultou a ITSMA para refinar o processo do ABM usado em projetos-piloto e desenvolveu uma estratégia para aumentar a escala do processo. "Nos reunimos e projetamos um programa de treinamento em ABM para nossos profissionais de marketing. Nesse processo, definimos um padrão do plano de Account-Based Marketing. Daí emergiu o tipo de pensamento a ser cultivado pelos *ABM Marketers.*"

Clatworthy foi clara no sentido de que não queria chegar ao ponto em que a Fujitsu simplesmente tivesse um grupo de pessoas fazendo comunicações programadas, porque, como ela disse:

> ...isso não é ABM. Eu queria que o marketing fosse a força motriz da nossa compreensão sobre o cliente, de modo a levarmos a mensagem certa, às pessoas certas, na hora certa. Em nenhum momento colocaríamos pessoas em campanhas genéricas, porque isso não faz sentido. Queríamos desenvolver ideias e criar campanhas para um cliente que reconhecesse as próprias necessidades e demonstrasse que estamos atendendo a essas necessidades.

A equipe, porém, fez uso prodigioso dos programas corporativos já existentes, como parte dos planos de ABM. A ênfase foi sobre pacotes de comunicação e engajamento sob medida, que aproveitaram atividades corporativas já existentes, fossem publicações, como a revista *iCIO*, ou eventos.

Um importante exemplo foi a série *Executive Discussion Evening* (EDE), da Fujitsu, que abrangeu um grande número de eventos durante todo o ano, sobre vários assuntos, com palestrantes notáveis. Os eventos eram oportunidades para que importantes *stakeholders* dos clientes participassem de discussões relevantes com especialistas externos, com executivos da Fujitsu e uns com os outros.

Para a equipe de ABM a "competência em ABM", como Clatworthy a denominou, consistia em identificar os eventos e tópicos específicos que despertariam mais interesse nos clientes e, de forma inteligente, incluir esses eventos no plano mais abrangente de ABM. O foco consistia em promover cada evento com aos clientes para impactá-los e motivá-los a participar.

O resultado consistiu não só em um engajamento mais eficaz com as contas ABM, mas também na melhoria do desempenho dos programas da empresa. No caso do programa EDE, por exemplo, enquanto a meta anterior era a quantidade de participantes de vários setores industriais, a meta atual era o número de participantes de contas ABM. Todas essas metas, para os EDEs e outros programas da empresa, foram alcançadas.

3. Gestão do programa

As partes críticas da abordagem de Clatworthy ao aumento da escala do programa de ABM eram um conjunto claro de padrões e metas adequadas para cada conta. O primeiro passo foi uma imersão em cada cliente, por cada *ABM Marketer* do time da conta. Municiados com esses padrões e capacitados para conduzir sessões de ABM, os *ABM Marketers* usaram o histórico e as informações de cada conta para começar a elaborar seus planos de marketing para cada cliente.

Os planos deveriam ficar prontos no final de cada trimestre. Eles eram revisados primeiro por um colega de confiança (profissionais de marketing com experiência relevante no setor e em ABM) e depois por Clatworthy, antes de serem submetidos ao *Key Account Manager*, o gerente da conta, para aprovação. Se o gerente da conta ficasse satisfeito, Clatworthy era a responsável pela aprovação final do plano. Dessa forma, tanto marketing quanto vendas contribuíam para o plano e o endossavam.

Depois disso, os planos eram revistos trimestralmente. A revisão do quarto trimestre avaliava as experiências e os resultados dos últimos 12 meses, as lições aprendidas, e as primeiras ideias para o ano seguinte. Todas essas revisões estavam disponíveis para análise a todos de vendas e marketing, em um site na nuvem. Isso garantia transparência a todos os envolvidos no projeto.

Outra inovação: a janela de transferência

Lá pelo meio do ano, a nova estratégia de ABM, mais abrangente, já estava sendo bem recebida pelas equipes das contas e pelas unidades de negócio. O desafio seguinte de Clatworthy era que algumas unidades de negócios estavam pedindo mais planos de ABM, enquanto outras queriam trocar contas. Para responder a essas demandas, Clatworthy recorreu a uma prática usual nos esportes profissionais: ela instituiu uma janela de transferência.

As regras eram extremamente rigorosas, e por boas razões. Para começar, disse Clatworthy, "eu realmente estava convencida de que o ABM não tinha nada a ver com ficar trocando contas o tempo todo. Isso é chamado *deal-based marketing*, em relação a determinada oportunidade". Esse aspecto é muito importante porque os *ABM Marketers* demoram para engrenar com as novas contas, disse Clatworthy. "Pensando bem, os primeiros dois ou três meses, como *ABM Marketer*, você gasta aprendendo sobre a conta e elaborando o plano de marketing."

Entretanto, ela queria ter condições de administrar as raras situações em que ocorriam equívocos na escolha da conta ou mudanças significativas no contexto do cliente depois da seleção inicial. Isso implicava no desperdício dos recursos do programa de ABM com uma conta que não chegaria a lugar algum. Do mesmo modo, se uma unidade de negócio chegasse à conclusão de que havia um cliente com grande potencial de crescimento, mas que não fazia parte do programa de ABM, ela poderia abrir mão de uma outra conta para dar lugar a essa.

Considerando tudo isso, ela estabeleceu as seguintes regras:

- Há apenas uma janela de transferência por ano, para todo o programa.
- Não é possível trocar todas as contas.
- Qualquer troca de contas deve basear-se em discussões e acordos entre o gerente da unidade de negócio e Clatworthy.

O conceito de janela de transferência se revelou viável. Ele ajudou a manter os times de conta e as unidades de negócios engajadas, e, no final, somente dois clientes, do total de 58, foram trocados no primeiro ano, causando um impacto muito pequeno sobre a equipe de ABM.

Financiamento

O programa de ABM mais abrangente beneficiou-se de uma abordagem pragmática para o financiamento das atividades. No caso de contas saudáveis, as quais a empresa já considerava estratégicas antes mesmo do programa, a unidade de negócio assumia os custos incrementais do programa de ABM. Para os clientes que não eram financiados pela unidade de negócio, Clatworthy tinha uma verba no orçamento de marketing exclusiva para isso. Para usar essa verba, o *ABM Marketer* passava por um processo de requisição que envolvia a confirmação de que a atividade estava incluída no plano do ABM e a elaboração de um breve estudo de caso, conforme um modelo predeterminado.

Para a surpresa de Clatworthy, essa verba não se esgotou até o final do ano. Ocorreu que "grande parte de nossas atividades consistia em fazer melhor uso dos programas corporativos, ajustando a mensagem e adequando a 'embalagem'". Os fatores que contribuíam para tornar o programa tão eficaz – a compreensão das necessidades e das prioridades de cada conta e a abordagem adequada em cada caso – nem sempre exigiam investimentos adicionais significativos.

Melhoria contínua e engajamento

Uma questão muito importante para Clatworthy era manter o engajamento de toda a equipe de marketing. Duas ferramentas a ajudaram a fazer isso. Uma era o programa *"ABM Marketer do Mês"*, que reconhecia o bom trabalho desses profissionais e enfatizava suas conquistas. A outra era a solicitação ativa de feedback das equipes de ABM. Para tanto, Clatworthy recorria a um construto "pare/comece/continue", que ela apresentou às equipes no início do terceiro trimestre. Essa abordagem não só reforçou o fato de que a equipe de ABM estava influenciando a direção do programa, mas também forneceu *input* crucial para a melhoria contínua do programa em si.

Alavancando competências essenciais em marketing

Além de trabalhar em estreito entrosamento com os programas e eventos de marketing da empresa, o ABM recorria intensamente a muitas das funções centrais de marketing da Fujitsu. Por exemplo, os *ABM Marketers* atuavam em forte interação com a equipe de inteligência de mercado na produção de relatórios para cada conta do programa de ABM. Com os *inputs* da inteligência de mercado sobre importantes tendências setoriais e tecnológicas, e com os insights dos *ABM Marketers* sobre engajamento e prioridades de clientes específicos, os resultados produzidos forneciam um resumo (na verdade, quase um estudo de caso) do que a Fujitsu havia feito pelo cliente no ano anterior, com algumas previsões sobre perspectivas e oportunidades futuras. Em colaboração com a equipe digital, esses relatórios anuais eram publicados na forma de e-books de fácil compreensão, visual atraente e acesso imediato. A equipe digital também adaptou algumas de suas atividades de *social listening* para monitorar importantes ocorrências no nível do cliente a serem compartilhadas com os *ABM Marketers* apropriados.

Resultados

O desempenho do programa ABM era monitorado sistematicamente em três áreas – receitas, relacionamentos e reputação –, embora o marketing não tivesse metas ambiciosas sobre a receita.

- **Receitas:** a receita resultante era suficientemente atraente para que as unidades de negócio reivindicassem ainda mais o uso do ABM.

- **Relacionamentos:** embora o programa usual da empresa, o "voz do cliente", com o passar do tempo, possibilitasse medições objetivas, Clatworthy, no início, acompanhava muitos indicadores. Por exemplo, uma característica do bom relacionamento com o cliente era a rapidez de resposta aos convites, mesmo quando não poderiam aceitá-los. A ausência de resposta era indício da falta de relacionamento.

- **Reputação:** era muito difícil de medir, sobretudo a chamada "jornada de defesa do cliente", que ela definiu no começo do programa. Assim, ela fazia algumas medições objetivas para ter a certeza de que a equipe tinha o que ela denominou "resumo de referências", atualizado para cada conta do programa de ABM, em que era cliente ativo durante o ano. Embora a equipe de ABM não tenha alcançado a meta no primeiro ano, ela conseguiu efetivamente produzir resumos de referências para 86% dos clientes, com a meta de 100% para o ano seguinte.

Lições aprendidas

Foram aprendidas muitas lições durante o percurso. Eis as que Clatworthy considerou as mais importantes:

- Mobilize a empresa, as equipes de vendas, a gestão de clientes e atendimento – e se envolva com elas nos níveis certos. Embora Clatworthy tenha feito um trabalho exaustivo para conquistar o apoio dos executivos seniores, ela, de início, não planejou nada para educar as equipes de vendas e de desenvolvimento de negócios. Em consequência, ela e a sua equipe acabaram gastando o dobro de esforço para conscientizar esses grupos, ao longo do processo. O conselho dela? Elabore programas de educação de vendas desde o início.
- Selecione as contas cuidadosamente. Avalie as oportunidades potenciais para um período de 18 a 24 meses, e não apenas para os primeiros três a seis meses, e garanta que as perspectivas de trabalhar bem com o time da conta são boas. A oportunidade de negócios é condição necessária, mas a compatibilidade entre as equipes de marketing e vendas também é indispensável.
- Integre-se no processo de planejamento da conta e trabalhe em interação com o time da conta. Na falta de um plano para a conta, o plano de ABM se tornou o documento de trabalho para todos. O maior desafio na maioria dos clientes era desenvolver um plano que gerasse oportunidades, mas que não incluísse marketing efetivamente no processo de aproveitá-la, uma vez que esse trabalho pertencia a vendas.
- Treine adequadamente todos os profissionais de marketing em Account-Based Marketing. Mesmo que alguns decidam não continuar, pelo menos compreenderão o que a equipe de ABM quer fazer.

- Promova treinamentos de reciclagem em ABM durante todo o ano. Clatworthy gostaria de ter planejado um dia de reforço em ABM para as equipes de marketing, no terceiro trimestre. "Parte do que você ensina às pessoas no início do processo elas só começam a usar de três a seis meses depois; portanto, é bom lembrá-las", observou.

- Seja claro quanto aos atributos de um bom *ABM Marketer*. Atitude, entusiasmo e disposição para interagir diretamente com os clientes são essenciais. Ter o mix adequado de competências de marketing é fundamental, mas grande parte dos melhores *ABM Marketers* compreende que os clientes são pessoas, não conceitos teóricos.

- Trabalhe melhor, com menos contas. Clatworthy insistia para que a qualidade prevalecesse sobre a quantidade, em se tratando do ABM. Assim, reduziu drasticamente o número de clientes do programa ABM, de 58 para 36, no exercício fiscal do ano seguinte.

- Workshops sobre inovação são poderosos instrumentos para gerar novas oportunidades. Para contas novas, especialmente, o ABM é importante para levar os *prospects* a participar de um desses workshops.

- Seja claro sobre a diferença entre *deal-based marketing* e ABM. Alguns clientes escolhidos no início para o ABM estavam envolvidos em grandes processos de concorrência, o que os fazia focar a maior parte de seus esforços no aproveitamento dessas oportunidades, em vez de apoiar o processo de ABM. Depois que esses negócios foram concluídos, Clatworthy e a equipe avançaram para expandir o escopo das iniciativas de marketing.

Decidindo o que você quer alcançar com o ABM

O primeiro passo é definir os objetivos específicos do seu programa de ABM. Isso é fundamental para evitar desperdício de recursos e resultados inexpressivos. Como sugerido no capítulo anterior, são quatro os principais contextos em que o ABM pode ser usado, e o seu programa pode considerar um ou mais deles:

- **Aumentar a penetração no cliente usando o *cross-selling* e o *upselling* –** Para isso, usa-se uma abordagem mais estruturada e planejada, com o objetivo de ampliar o *share of wallet* e o *share of mind*, mediante relacionamentos mais abrangentes e profundos, que pode, eventualmente, ser realizada com parceiros. Em empresas que vendem serviços com base na premissa de melhoria contínua otimização dos custos, geralmente é necessário praticar o *cross-selling* e o *upselling* nas contas estratégicas, para compensar a queda na receita obtida com o contrato principal.

- **Mudar a percepção ou o posicionamento –** Geralmente é importante quando a empresa passa por um processo de *rebranding*, uma fusão ou aquisição, ou está mudando o foco, da venda transacional de produtos para a entrega de soluções.

- **Desenvolver novas contas –** Uma característica importante do ABM é adotar uma abordagem integrada com a área de vendas para entrar em novos clientes. No caso de empresas empenhadas em expandir rapidamente seu *market share*, o ABM pode ser usado para mirar em clientes novos e atraentes.

- **Explorar as melhores oportunidades já identificadas –** O ABM pode apoiar clientes com base em pedidos de propostas ou em outras situações oportunas de vendas. A ligação de marketing com vendas é mais tática nessas condições e pode resultar da formação de times de especialistas.

Embora os próximos capítulos examinem mais detalhadamente a implementação da filosofia e da metodologia do ABM, vale confirmar se você realmente definiu com clareza os seus objetivos estratégicos do programa antes de seguir pelo caminho do ABM.

Posicionando o ABM como iniciativa estratégica de negócios

A forma mais rápida de errar no ABM é posicioná-lo como uma iniciativa de marketing, sem o apoio e a colaboração de toda a empresa. Os estudos de *benchmarking* da ITSMA[1] revelaram que muitas empresas ainda têm dificuldade para acertar sob esse aspecto:

---

[1] ITSMA. *Account-Based Marketing Benchmarking Survey.* 2014.

- Quase três quartos viam o ABM, predominantemente, como uma atividade do marketing, ao invés de uma iniciativa de toda a empresa.
- Dois terços dos respondentes tinham várias iniciativas sem coordenação, em diferentes regiões, unidades de negócio ou ambas.
- A maioria dos praticantes estavam atuando sem o suporte de uma gerência ou escritório de gestão do programa.
- As iniciativas de ABM eram financiadas basicamente pelo marketing operacional, ou seja, o ABM era tratado como uma atividade localizada e tática.

Mesmo que os últimos três pontos venham a ser tratados mais adiante, neste capítulo, vale enfatizar esse aspecto sobre o posicionamento do ABM. Pode ser muito comum para as organizações, principalmente no setor B2B, posicionar o marketing como apoio a vendas. Todavia, as empresas em que os profissionais de marketing são vistos exclusivamente como promotores de eventos ou produtores de folhetos, terão dificuldade em alcançar o sucesso com o ABM. O marketing e a venda terão que ser parceiros em igualdade de condições, para se integrarem com mais eficácia.

O ABM é mais bem-sucedido quando encarado como um programa de crescimento estratégico, da mesma forma como se posicionam o *key account management* (KAM) e outras abordagens de vendas. Essa consideração se tornou ainda mais importante devido às poderosas tendências delineadas no capítulo anterior, como a comoditização, a hipercompetição, a tecnologia, a globalização e a mudança no comportamento dos compradores. Ela exige que as empresas trabalhem de forma conjunta, do mercado "para dentro", em vez de da empresa "para fora" (ver box "Mudança no papel do marketing").

MUDANÇA NO PAPEL DO MARKETING

Pesquisa realizada para o relatório *State of Marketing Profession 2016*[2] constatou que o marketing parece estar evoluindo, do foco original na marca e na reputação para maior ênfase no cresci-

---

[2] ITSMA. *State of the Marketing Profession*. 2016.

mento da receita, por meio de atividades de geração e nutrição de *leads*. Essa tendência, por sua vez, está focando mais em aprofundar o engajamento e o relacionamento com os clientes, em todos os estágios do ciclo de compra.

A pesquisa mostrou que o marketing está agregando valor às organizações de várias formas:

- A exatidão do marketing está melhorando, com novas ferramentas, novas abordagens e novas formas de alcançar e engajar os clientes e *prospects*, e o deslocamento do marketing de massa para o marketing de segmentação, mais direcionado, por meio do Account-Based Marketing.

O escopo do marketing está se expandindo, à medida que os líderes e as equipes de marketing assumem novas atribuições, desde programas de engajamento de clientes até a gestão de parcerias, para fins de desenvolvimento de negócios e planejamento de clientes, de modo a contribuir para a receita, utilizando novas tecnologias.

Os profissionais de marketing estão mais envolvidos na previsão de resultados, ao invés de apenas monitorar atividades. Estão extraindo dados de sistemas internos para detectar tendências, identificar os clientes mais propensos a comprar e os menos inclinados a repetir negócios, os *prospects* mais dispostos a comprar; tudo isso com base em novas ferramentas capazes de construir modelos e prever comportamentos.

O marketing está promovendo relacionamentos muito além da simples geração e nutrição de *leads*. Nutrir *leads* é tático. Pode ser um processo automático, por meio de softwares específicos e de planos adequados. Nutrir relacionamentos é mais estratégico e exige contato humano. Os compradores, cada vez mais, querem que os fornecedores/parceiros os conheçam e, baseados nesse conhecimento, forneçam-lhes conteúdo relevante e, proativamente, proponham-lhes ideias que resolverão seus problemas corporativos ou lhes abrirão oportunidades. Acima de tudo, querem conversas honestas e abertas, de mão dupla, sobre os rumos da empresa.

O marketing está emergindo como gerador de crescimento, na medida em que os profissionais, cada vez mais, demonstram a ligação entre as atividades de marketing, os resultados corporativos e o impacto sobre os negócios.

O marketing, nas melhores condições, pode atuar como eixo central de informação para os clientes, muito parecido com o funcionamento do sistema nervoso central no corpo humano, construindo os sistemas de informação adequados, implementando processos eficientes e usando ferramentas de análise sofisticadas, conduzidas pelos melhores profissionais.

O marketing pode ser o catalisador da mudança cultural em outras áreas da organização, influenciando o processo de vendas, a priorização de clientes, o engajamento das contas e o levantamento de insights, por meio da análise de dados, para identificar problemas e oportunidades.

Criando o *framework* certo para uma governança efetiva

Depois de definir o momento estratégico, construir os fundamentos para ter sucesso com o ABM significa criar o *framework* certo, abrangendo a gestão, o financiamento e a aplicação de ferramentas e tecnologias apropriadas.

O ponto de partida é encontrar o *sponsor* certo, uma espécie de padrinho ou "patrocinador" interno. Como tem sido enfatizado reiteradamente, a forma mais rápida de errar é posicionar o ABM como o mais recente "modismo" de marketing, sem o apoio efetivo e a colaboração ativa de toda a empresa. A centralização e a formalização da gestão do ABM são essenciais, por inúmeras razões:

- Um programa de ABM será um dos principais alicerces do plano estratégico da empresa. Com o passar do tempo, deve tornar-se parte integrante da cultura organizacional.

- Decisões terão que ser tomadas em relação à exclusividade ou compartilhamento dos recursos.

- Marketing e vendas devem trabalhar na direção de objetivos comuns, com base no desempenho do time.

- O crescimento e a expansão devem ser monitorados e controlados de perto.

Uma abordagem que tem sido adotada com sucesso por inúmeras empresas é a criação de uma espécie de conselho executivo para gestão do ABM, representando marketing, vendas, unidades de negócio e equipes de atendimento (Fig. 2.1). Esse conselho executivo supervisionará a adoção, a execução e o alinhamento do programa ABM da seguinte forma:

- Definindo as regras de engajamento.
- Servindo como eixo para a tomada de decisões estratégicas em todas as atividades de ABM.
- Alocando os recursos necessários.
- Resolvendo conflitos.
- Identificando os sistemas necessários para gerenciar e monitorar o progresso.

FIGURA 2.1: Órgãos de gestão do programa de ABM

Não se precipite em definir os membros do conselho executivo, visto que essa escolha enviará fortes sinais sobre o grau de compromisso do alto escalão com o programa.

A implementação poderá ser atribuída a um escritório de gestão do programa (EGP), incumbido de:

- Promover o alinhamento, a integração e a priorização de todas as atividades de ABM, entre as áreas da empresa.
- Gerenciar e promover a implementação local das campanhas de ABM, focadas nas contas.
- Gerenciar a aplicação dos recursos.

Mensurando os resultados do ABM

Com as pesquisas da ITSMA, nos últimos dez anos, mostrando consistentemente que o ABM gera o maior retorno sobre o investimento (ROI) dentre todas as iniciativas de marketing B2B, por que será que ainda há empresas não o utilizam, ou, pelo menos, não o fazem em toda a sua extensão e com mais intensidade?

A resposta é, provavelmente, incompetência ou negligência na construção dos alicerces adequados, com o desenvolvimento de um forte conjunto de métricas para a mensuração e comunicação do desempenho do ABM, desde o início. Depois da constituição do conselho executivo, os membros precisam concordar quanto aos objetivos e às métricas que integrarão o programa de ABM.

São três os desafios básicos com os quais se defrontam as organizações para entregar e demonstrar os poderosos resultados produzidos pelo ABM:

- Primeiro, o marketing deve medir e avaliar com precisão o ROI dos programas de ABM, o que nem sempre é uma tarefa tão objetiva quanto parece.
- Segundo, os líderes de marketing devem definir os pontos de comparação com os outros programas de marketing.
- Finalmente, e mais importante, os *stakeholders* precisam concordar quanto a um prazo realista para que o ABM produza resultados. Os programas de ABM geralmente, embora não seja uma regra, demoram mais para gerar ROI do que outras abordagens de marketing, como campanhas segmentadas, com objetivos concretos, públicos-alvo mais amplos, e horizontes temporais trimestrais (Fig. 2.2).

É preciso construir um painel de métricas padronizado, no nível do cliente, para monitorar o sucesso e medir os resultados qualitativos e quantitativos, a serem agregados ao programa. As métricas ABM devem abranger três categorias principais:

- Relacionamentos: que indicam uma imersão mais abrangente e profunda nas contas.
- Reputação: que pode incluir a mudança ou a melhoria na percepção e/ou educação dos clientes sobre o seu portfólio de ofertas ou competências.

- Receitas: inclusive crescimento do *pipeline* total, assim como identificação de novas oportunidades de vendas.

FIGURA 2.2: ROI do marketing ao longo do tempo

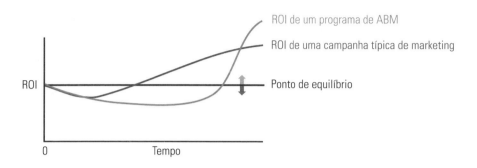

Qualquer programa de ABM deve monitorar, regularmente, o desempenho de cada conta e o desempenho do programa em si. Embora as métricas no nível da conta e no nível do programa sejam as mesmas, elas tendem a variar em importância. Métricas objetivas, como o crescimento do *pipeline* de vendas, a receita total associada às iniciativas de ABM e o crescimento da receita, estão entre as métricas mais importantes do programa. As métricas, na maioria, servem como indicadores dos resultados alcançados.

Além disso, métricas específicas geralmente podem diferir entre clientes, da mesma forma como os objetivos específicos dos planos de ABM, no nível de clientes, também serão diferentes. No estudo de *benchmarking* de 2016 realizado pela ITSMA,[3] as métricas mais populares, usadas em programas de ABM Estratégico, Lite e Programáticos, eram muito variadas. O conjunto de métricas mais comuns se dava no nível estratégico (ver Capítulo 12 para mais detalhes a esse respeito).

As métricas de clientes também incluem, geralmente, muitos critérios subjetivos, que podem abranger indicadores anteriores aos resultados do ABM. Entre eles, pode-se incluir o número de novos

---

[3] ITSMA. *Account-Based Marketing Benchmarking Survey.* 2016.

relacionamentos com executivos de conta, o número de reuniões, o número de novos relacionamentos em novas frentes de negócios, e a qualidade dos relacionamentos. Essas métricas são previsões de tendências, em especial quando o ABM não foi implementado há tempo suficiente para produzir resultados financeiros concretos.

Observe as principais métricas usadas para avaliar os três tipos de ABM, por cerca de um terço ou mais das empresas (Quadro 2.1).

QUADRO 2.1: Principais métricas usadas para avaliar o ABM

	ABM Estratégico (N = 47)	ABM Lite (N = 45)	ABM Programático (N = 29)
1º	Crescimento do *pipeline* de vendas (68%)	Crescimento do *pipeline* de vendas (67%)	Crescimento da receita (55%)
2º	Crescimento da receita (57%)	Crescimento da receita (58%)	Crescimento do *pipeline* de vendas (52%)
3º	Feedback do Representante de Vendas (34%)	Taxa de conversão (33%)	Engajamento da conta (41%)
4º	Engajamento da conta (34%)	Feedback do Representante de Vendas (31%)	Receita total associada às iniciativas de ABM (41%)
5º	Satisfação da conta (32%)	Receita total associada às iniciativas de ABM (31%)	

NOTA: Até cinco respostas permitidas
FONTE: ITSMA, *Account-Based Marketing Benchmarking Survey*, março de 2016

Garantindo recursos suficientes e gerindo o orçamento de forma inteligente

Um programa ABM demanda recursos. Pode abranger, em média, até um quinto do orçamento de marketing. No entanto, quase 70% dos profissionais de marketing esperavam aumentar o investimento em 2016[4] (Fig. 2.3 e 2.4).

---

[4] ITSMA. *Account-Based Marketing Benchmarking Survey*. 2016.

FIGURA 2.3: Tamanho do orçamento ABM de 2015 (em % do orçamento total de marketing)

No exercício fiscal de 2015, qual a porcentagem aproximada do seu orçamento de marketing foi gasta com o ABM?
% dos respondentes (N = 44)

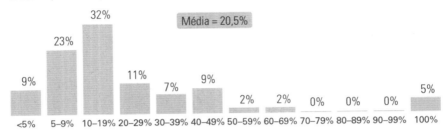

FONTE: ITSMA, *Account-Based Marketing Benchmarking Survey*, março de 2016

FIGURA 2.4: Mudanças no orçamento de ABM para 2016

Quais são os seus planos em relação aos gastos com o ABM para o exercício fiscal de 2016?
% dos respondentes (N = 94)

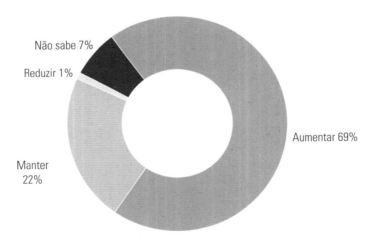

FONTE: ITSMA, *Account-Based Marketing Benchmarking Survey*, março de 2016

Decidir sobre o investimento inicial e quanto do orçamento será alocado, pode construir ou arruinar um programa de ABM. O ideal é marketing e vendas estarem suficientemente comprometidos com a iniciativa e contribuírem com os recursos necessários para garantir a cooperação.

É preciso decidir sobre várias questões, como, por exemplo:

- Quem paga pelas pesquisas necessárias para obter insights sobre os clientes?
- Quantos profissionais do marketing podemos alocar no programa? Precisamos contratar mais?
- Qual departamento pagará pelas atividades de comunicação de marketing?
- Quem pagará pelas ferramentas e pelo desenvolvimento dos padrões que tornarão mais eficazes cada plano de ABM?

A pesquisa da ITSMA revelou que: garantir o orçamento e os recursos adequados é o principal desafio para os profissionais de marketing no ABM Estratégico; o segundo maior desafio no ABM Lite; e o terceiro maior desafio no ABM Programático. Estudos de *benchmarking*[5] anteriores mostraram que a falta de orçamento e recursos pode evitar que os programas de ABM construam, padronizem, escalem e, por fim, gerem o ROI necessário (Fig. 2.5). Essa foi uma descoberta consistente.

FIGURA 2.5: Maiores desafios do ABM

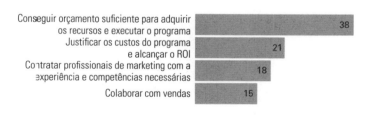

NOTA: As diferenças são significativas
FONTE: ITSMA, *Account-Based Marketing Benchmarking Survey*, março de 2016

---

[5] ITSMA. *Account-Based Marketing Benchmarking Survey*. 2013.

Seu checklist de ABM

1. Determine objetivos específicos para o seu programa de ABM, de modo a evitar gastos desnecessários de recursos e resultados inexpressivos.

2. Posicione a sua iniciativa de ABM como um programa de crescimento estratégico, da mesma forma como se posicionam outras abordagens como o *Key Account Management*, por exemplo.

3. Crie o *framework* de gestão adequado, inclusive com os *sponsors* (patrocinadores) certos na empresa e um conselho executivo de ABM representando marketing, vendas, unidades de negócio e equipes de atendimento.

4. Desenvolva um conjunto poderoso de métricas para medir e comunicar os resultados do ABM, desde o início.

5. Lembre-se: decidir sobre o investimento inicial e sobre a alocação do orçamento pode alavancar ou arruinar um programa de ABM.

INVESTINDO NAS FERRAMENTAS E NAS TECNOLOGIAS CERTAS

Desafios e oportunidades das tecnologias modernas

Os recentes avanços nas tecnologias de marketing oferecem às organizações interessadas em implementar o programa de ABM a tentadora promessa de amenizar a carga de trabalho e, mais importante, de reduzir o custo do projeto, à medida que o programa ganha escala. Agora, mais empresas podem considerar a implementação do ABM na versão Programática, graças aos avanços em áreas como a personalização por IP, inteligência sobre a conta ou levantamento dos perfis dos *stakeholders*.

As duas principais perguntas a serem feitas por quem supervisiona a iniciativa do ABM Estratégico, à medida que as tecnologias de marketing se tornam dominantes e os programas de ABM enfrentam pressões para se expandir, são:

- Como explorar as atuais tecnologias de marketing em um programa de ABM?
- O que mais existe para ajudar na implementação do ABM?

Qualquer ferramenta tecnológica capaz de melhorar a eficiência de um projeto dispendioso em recursos, de aumentar o alcance do programa ou de gerar retornos significativos é sempre muito bem-vinda. Porém, há o risco de que a ferramenta faça mais mal do que bem, como campanhas de automação de marketing padronizadas, que, embora bem-intencionadas, sejam mal concebidas em termos de impacto sobre as contas cuidadosamente selecionadas do programa de ABM. Enviar e-mails genéricos para contatos que tenham sido cuidadosamente cultivados por meio de um programa de ABM coordenado pode, rapidamente, comprometer meses de trabalho.

Parte do desafio é que muitos sistemas de automação de marketing, alicerces da infraestrutura tecnológica de marketing, foram projetados para fazer qualquer coisa, menos ABM. Embora se trate, sem dúvida, de ferramentas críticas, torná-las eficazes no contexto de ABM exige muita criatividade e paciência. Por exemplo, não é possível ter uma visão geral da conta nesses sistemas. No entanto, novas ferramentas específicas para uso em programas de ABM estão sendo desenvolvidas. Muitas são as formas como as tecnologias disponíveis podem aumentar a eficiência e a eficácia dos programas de ABM.

Existem duas áreas em especial em que as ferramentas tecnológicas são importantes: a primeira é no apoio às iniciativas de ABM em cada conta; e a segunda é na gestão das iniciativas do programa de ABM em várias contas simultaneamente.

Promovendo o ABM em cada uma das contas

As muitas e variadas atividades que entram no planejamento e execução do ABM podem ser agrupadas em cinco grandes categorias:

1. Comunicação entre marketing e vendas.

2. Coleta de dados e informações para as inteligências de mercado, de contas e de *stakeholders*.

3. Criação de planos e propostas de valor.

4. Elaboração e execução de campanhas sob medida.

5. Mensuração e monitoramento do progresso.

A Fig. 3.1 mostra onde as várias ferramentas tecnológicas disponíveis podem ser usadas no programa de ABM.

FIGURA 3.1: Mapeamento das tecnologias de marketing para uso em um programa de ABM

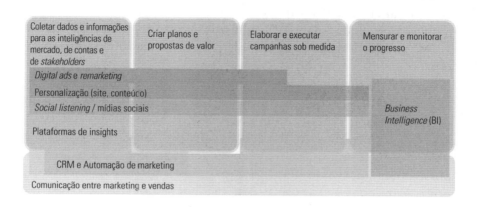

FONTE: ITSMA e Inverta, 2015

Todavia, a mais recente pesquisa da ITSMA nessa área[1] mostra que as plataformas tecnológicas ainda são pouco aplicadas nos programas de ABM. O mais comum é serem usadas para coletar insights sobre mercados, contas e *stakeholders*. Quase três quartos dos *ABM Marketers* usam a tecnologia dessa forma. Em seguida, as ferramentas de automação de marketing mais populares são as de gestão e nutrição de *leads*, usadas por dois terços dos profissionais de marketing. Cerca de metade usa plataformas tecnológicas de *digital ads* e *remarketing*. A Fig. 3.2 oferece uma visão mais abrangente do que está sendo usado atualmente.

À medida que o marketing como um todo se torna cada vez mais movido a tecnologia, o ABM provavelmente seguirá a mesma curva de adoção.

Comunicação entre marketing e vendas

O fundamento de qualquer iniciativa ABM é o esforço cooperado entre marketing e vendas. Isso depende de uma comunicação clara e consistente. Informações essenciais, como inteligência da conta e

---

[1] ITSMA. *Account-Based Marketing Benchmarking Survey*. 2016.

FIGURA 3.2: Plataformas tecnológicas usadas em programas de ABM

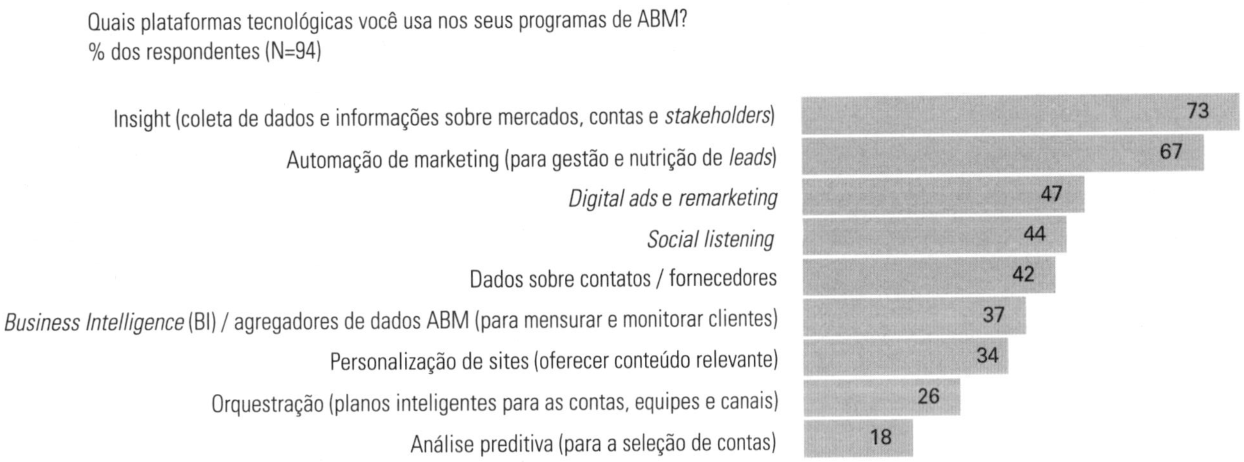

Quais plataformas tecnológicas você usa nos seus programas de ABM?
% dos respondentes (N=94)

Categoria	%
Insight (coleta de dados e informações sobre mercados, contas e *stakeholders*)	73
Automação de marketing (para gestão e nutrição de *leads*)	67
Digital ads e remarketing	47
Social listening	44
Dados sobre contatos / fornecedores	42
Business Intelligence (BI) / agregadores de dados ABM (para mensurar e monitorar clientes)	37
Personalização de sites (oferecer conteúdo relevante)	34
Orquestração (planos inteligentes para as contas, equipes e canais)	26
Análise preditiva (para a seleção de contas)	18

NOTA: Várias respostas permitidas
FONTE: ITSMA, *Account-Based Marketing Benchmarking Survey*, março de 2016

do mercado, planos para as contas, atualizações sobre a execução de campanhas, e informações sobre os conteúdos consumidos on-line, devem estar prontamente disponíveis e facilmente acessíveis. O melhor é se essas informações estiverem em um só lugar.

Evidentemente, essas várias informações têm fontes de origem diferentes. Algumas são geradas por sistemas, como no caso da automação de marketing e gestão de conteúdo, enquanto outras são produtos de projetos e podem ser renovadas manualmente, como, por exemplo, os planos das contas. O objetivo é garantir acesso à informação, a qualquer hora e em qualquer lugar, a todos que precisarem de informação.

Outro desafio é assegurar o acesso ao nível certo de informação. Certamente é possível integrar dados entre sistemas de automação de marketing e CRMs, de modo que a equipe de vendas tenha uma visão clara das atividades de marketing direcionadas aos contatos nas contam que atendem. Geralmente o problema é decidir entre o fornecimento de informações muito detalhadas, como taxas de abertura de e-mails, número de cliques, *bounced* e-mails (e-mails não entregues) e *unsubscribes* (cancelamentos); ou genéricas demais, com uma visão muito ampla das respostas dos contatos, que acabam omitindo insights críticos.

Coleta de dados e informações e gestão da inteligência de marketing, das contas e dos stakeholders

Depois da seleção das contas e da formação das equipes de marketing e vendas, o passo seguinte em qualquer iniciativa de ABM, seja para os clientes atuais ou novos, é coletar dados e informações para facilitar a compreensão atualizada da conta e levantar o perfil dos *stakeholders*. O maior problema nem é tanto lidar com a grande quantidade de dados e informações disponíveis, mas sim determinar quais serão úteis e importantes dentro do contexto.

- **Plataformas de insights –** Empresas especializadas em pesquisas, como Avention, Lead-Bridge, CRISIL e M-Brain, há muito tempo são fontes úteis de inteligência sobre contas. Nos últimos anos, surgiu uma nova categoria de empresas de pesquisa, como a Agent3, que usa métodos de pesquisa de mercado tradicionais e ferramentas baseadas na web para ajudar a elaborar os perfis de clientes. Essa nova geração de empresas desenvolveu plataformas tecnológicas para ajudar as equipes de ABM a manter, comunicar e desenvolver os primeiros insights.

- **Ferramentas de *social listening* –** Embora muitas empresas de pesquisa e de inteligência de mercado incluam o *social listening* em seus projetos de trabalho, isso é algo que as equipes de ABM podem fazer por si próprias de forma contínua. Essa é uma grande fonte de insights sobre as empresas e seus principais contatos, sobretudo se forem ativos em sites de mídias sociais, como Twitter ou LinkedIn. Há uma ampla variedade de ferramentas de *social listening*. Muitos departamentos de marketing já usam uma ou duas dessas ferramentas para monitorar menções e tendências. No caso do ABM, é só uma questão de incluir um novo conjunto de parâmetros específicos para as contas e *stakeholders* importantes.

- **Sistemas de personalização de conteúdo –** Um número crescente de tecnologias no mercado se destina a fornecer conteúdo personalizado às pessoas com base em suas preferências. Esses sistemas podem, além de melhorar o engajamento e oferecer conteúdo mais direcionado, também fornecer feedback mais preciso sobre que tipos de materiais e assuntos cada *stakeholder* considera mais relevante e a eles responde com mais frequência.

- **Digital ads e remarketing –** Embora, em geral, pensemos em *digital ads* (propaganda digital) como ferramenta para a execução das campanhas – e é –, ela também é fonte cada vez mais valiosa de informação sobre contatos e contas. Usando técnicas como o rastreamento de IP e *cookies*, alguns softwares podem identificar quem está visitando o seu site, para o que está olhando, e o que mais essa pessoa busca on-line. Isso dá uma ideia, por exemplo, de quais ofertas podem ser mais atraentes, e que concorrentes talvez também o estejam avaliando. Embora o principal objetivo dos *digital ads* e do *remarketing* seja a conscientização, essas ferramentas também podem oferecer meios para a coleta dados sobre intenções comportamentais. É possível até produzir inteligência de mercado como uma espécie de subproduto dos *digital ads* e do *remarketing*, por meio da análise da quantidade e tipos de palavras-chave usadas por uma determinada empresa on-line.

Criação de planos e propostas de valor

Talvez um dos pontos mais importantes do ABM – a elaboração dos planos que vendas e marketing vão executar na conta e a criação de propostas de valor customizadas – seja exatamente o menos abordado pelas tecnologias disponíveis. Com a exceção da plataforma de insights da Agent3, que mapeia as demandas dos clientes e as confronta com o seu portfólio de produtos, são muito poucas as ferramentas tecnológicas especializadas nessa área.

A criação de planos e propostas de valor customizadas é o "calcanhar de Aquiles" do ABM. É nessa etapa que entram em cena a análise e o pensamento criativo. E, num futuro previsível, não se vislumbram ferramentas tecnológicas capazes de alterar significativamente essa realidade.

Planejamento e execução de campanhas de ABM

A maioria das tecnologias de marketing atuais são concebidas para a execução de campanhas, seja isso extensão do ABM ou não. E, embora essas campanhas talvez sejam, por certo, muito úteis em ABM, há uma grande lacuna que, no momento, não é preenchida por nenhum dos recursos existentes: o planejamento da campanha. Embora esperemos que esse hiato seja eliminado em algum momento, nenhuma campanha jamais será capaz de substituir a intuição e o pensamento criativo com o qual as equipes de ABM contribuem para o projeto de campanhas.

A execução de campanhas ABM, contudo, é a área central em que a tecnologia de marketing pode ajudar. O tema recorrente é que essas ferramentas não são concebidas para atender a necessidades específicas do ABM, mas podem ser configuradas e aplicadas para alavancar suas iniciativas de ABM.

A seguir, estão listadas as áreas críticas das campanhas de ABM. Algumas destas ferramentas são a base da infraestrutura da tecnologia de marketing, outras estão em rápida transformação. Se elas parecerem muito semelhantes às tecnologias que são mais úteis na coleta de inteligência da conta, é porque realmente exercem essa função. A vantagem dessas tecnologias é que elas realmente criam o que é efetivamente um *loop* de feedback, se usado corretamente. As principais tecnologias são:

- **Automação de marketing e CRM –** A automação de marketing é o alicerce da infraestrutura da tecnologia de marketing, mas seus benefícios são muito limitados se ela não for bem integrada com sistemas de CRM. Esse aspecto é ainda mais notório no caso do ABM.

- **Personalização do site e do conteúdo –** Se você investiu tempo e esforço no desenvolvimento de roteiros, de propostas de valor e até de conteúdos específicos para certos clientes, faz sentido investir em ferramentas de tecnologia de marketing que o ajudarão a promover essas mensagens personalizadas para as contas e as pessoas almejadas. São dois os principais tipos de tecnologia de customização que podem ser úteis. Um tipo de ferramenta é a customização do site. Por meio da pesquisa de endereços IP, essas ferramentas customizam, em tempo real, o formato do conteúdo que determinados visitantes verão no seu site. A personalização de conteúdo, o outro tipo de ferramenta, ajuda a promover conteúdo de duas formas: definindo quais tipos de conteúdo devem ser enviados por *push* (p. ex., e-mail) e sugerindo aos usuários conteúdo correlato, em modo *pull* (p. ex., navegando ou lendo em seu site ou hotsite).

- *Digital ads e remarketing –* Ferramenta para a produção de ads, ou anúncios, altamente direcionados e para a geração de insights, por meio de *remarketing*, para onde os *stakeholders* de uma conta passam mais tempo e mostram mais interesse on-line. Em conjunto, são fontes poderosas de inteligência e excelente meio para promover a consciência da marca.

- **Mídias sociais –** Essas mídias oferecem diferentes canais para comunicação direta com os contatos em contas estratégicas. Também são um meio para transmitir mensagens personalizadas, frequentes e diretas, de forma econômica.

Mensurando e monitorando os resultados

Um fator crítico na aplicação da tecnologia de marketing em ABM é garantir a integração das ferramentas de forma que seja possível monitorar e analisar o que está acontecendo continuamente. Como em todos os programas de marketing e vendas, diferentes sistemas geram grande massa de informações, tornando muito difícil a mensuração e o monitoramento dos resultados, sobretudo em ABM.

No nível da conta, os sistemas de CRM são os mais adequados para monitorar e analisar o progresso do ABM. Eles possibilitam a visualização das atividades, das interações, das oportunidades e de negócio – sendo que esta última é a métrica mais importante para mensurar o impacto do ABM.

A desvantagem em usar sistemas CRM para monitorar resultados de ABM é que eles mostram apenas parte do panorama. Também será necessário buscar informações de outros sistemas, sobretudo de sistemas de automação de marketing e de sistemas de personalização de conteúdo. Uma vez que realmente não há forma fácil de personalizar tudo isso em um único *dashboard* (painel de controle) de CRM, a consequência é a necessidade de se analisar vários *dashboards* para captar todo o contexto.

Embora haja ampla variedade de ferramentas de baixo custo para a construção de *dashboards* flexíveis e de fácil acesso – muitas delas na nuvem – a melhor saída talvez seja avaliar as ferramentas que operam no nível do programa de ABM, e que também forneçam *dashboards* e análises no nível da conta, como a Engagio, por exemplo. Qualquer que seja a ferramenta, o maior obstáculo é conseguir dados "limpos" o bastante para possibilitar análises úteis (ver estudo de caso "CSC – Associando as atividades de marketing aos resultados corporativos").

Gerenciando os programas de ABM nas contas estratégicas

O desafio de medir e monitorar resultados do ABM torna-se ainda mais crítico quando se consideram vários clientes ABM. No nível do programa, é preciso executar com eficácia diversas tarefas, de preferência com informações atualizadas:

- Monitorar as contas do programa de ABM.
- Monitorar o desempenho do programa.
- Comparar o desempenho das contas do ABM com as que não fazem parte do programa.
- Priorizar as contas atuais e potenciais do programa de ABM.

Esse tipo de análise exige uma ampla gama de informações vindas de vários sistemas, não apenas do CRM e outras ferramentas de marketing, mas também dos sistemas de informações gerenciais. Em especial, os sistemas financeiros tendem a ser importantes fontes de informação. As funções financeira e gerencial provavelmente já usam softwares de *business intelligence* (BI) e ERPs, para a execução de outros tipos de análises e relatórios. A melhor opção para a maioria das áreas de marketing é ampliar o escopo das ferramentas de BI, para atender às necessidades específicas de análise e relatórios do ABM. Isso torna muito mais fácil a prestação de contas à equipe executiva, além de reforçar o aspecto de que o ABM é, de fato, uma estratégia corporativa.

ESTUDO DE CASO

CSC – ASSOCIANDO AS ATIVIDADES DE MARKETING AOS RESULTADOS CORPORATIVOS

A CSC prosperou ao longo dos anos vendendo serviços complexos na área de tecnologia para um monte de clientes. A empresa vinha voando baixo, com cerca de 80% da receita proveniente de quase 1.000 clientes recorrentes. A propaganda era algo execrado pelos fundadores da empresa, e o marketing, uma novidade recente na empresa.

Quando Nick Panayi, *Head of Digital Marketing and Global Brand* da CSC, ingressou na empresa, em junho de 2011, ele contava com um bom orçamento de propaganda, para cumprir sua missão de tornar a marca CSC conhecida. Essa verba nunca se materializou. Em vez disso, Panayi foi incumbido pela alta direção de avançar sobre a concorrência e construir um modelo das melhores práticas para a geração e gestão de *leads*. A CSC percebeu que o comportamento dos compradores estava mudando e que o processo de compra estava migrando para o digital. Mesmo dentro da sua própria carteira de clientes, a empresa estava perdendo oportunidades. A primeira coisa a ser feita em marketing era construir a infraestrutura necessária para rastrear as "pegadas digitais" e a linguagem corporal de cada *prospect* ou cliente.

"Parti para a comprovação de um modelo em que vendas e marketing poderiam trabalhar juntos, aumentando os esforços em algumas áreas e desinvestindo em outras. Se eu conseguisse comprovar o valor do marketing, o dinheiro viria", disse Panayi. E assim nasceu o *dashboard* de marketing.

Um ecossistema digital robusto

O poder do *dashboard* da CSC era o ecossistema digital integrado que possibilitou a sobreposição de camadas de dados. Tudo girava em torno de uma métrica: o **Valor Total do Contrato (VTC)**. Com essa métrica, o usuário do *dashboard* conseguia acessar os links para encontrar os detalhes de cada um dos *leads*: nomes e contatos em cada *lead*, estágio no processo de compra, recursos acessados no s te, eventos dos quais participou, e respostas às campanhas com *call-to-action*. Também era possível esmiuçar as diferentes campanhas, o *pipeline* de vendas, analisar a qualidade do conteúdo, e avaliar a contribuição das mídias sociais durante os eventos, em tempo real.

"A parte mais difícil não era o *dashboard* em si, mas sim juntar todas as peças", de acordo com Panayi. "Quem olhasse para a CSC de dois anos atrás veria uma empresa da década de 1990. Nada de marketing digital nem de infraestrutura de vendas. Apenas uns relances de digitalização e um marketing desestruturado, que deram origem a departamentos isolados." Tudo isso mudou. Um novo CMO (*Chief Marketing Officer*), Neil Blakesley, atuou como líder de uma iniciativa de centralização do marketing, logo que chegou, em junho de 2013, para melhorar o suporte às unidades de negócios. A empresa desenvolveu um novo site, uma plataforma de automação de marketing, plataformas de gestão de conteúdo e várias ferramentas de análise. Com base em mais de 50 sistemas digitais diferentes, totalmente integrados, a empresa construiu, em aproximadamente um ano, uma infraestrutura digital de fato. Sem tudo isso, não haveria *dashboard*. Como disse Chris Marin, diretor responsável pela plataforma de marketing digital, "há muito mais por trás de um *dashboard* do que se supõe".

As melhores soluções da categoria

Cinquenta diferentes sistemas digitais talvez pareça um exagero. Não seria melhor comprar uma solução mais abrangente, que não tivesse de ser emendada a outras? Mas, como observou Panayi, o cenário da tecnologia de marketing estava em constante evolução, com novos *players* aparecendo a cada dia. A consolidação estava acontecendo, mas esperar não era uma opção.

Além disso, Panayi era defensor convicto desse tipo de solução tecnológica. Todo novo *player* provavelmente traria novo um atributo ou benefício, que daria à CSC uma nova vantagem e que ele não gostaria de perder. Em vez disso, a abordagem dele era construir um ecossistema digital integrado e flexível, no qual a CSC pudesse ligar e desligar qualquer uma de suas partes.

Vendas e marketing sob um mesmo teto

"O marketing precisava mostrar à equipe de vendas como o marketing podia ser uma ferramenta poderosa para ajudar as vendas", disse Dorothea Gosling, líder de ABM e da Pursuit Marketing Centre of Excelence. Na verdade, a CSC integrou as áreas de vendas e marketing em uma mesma equipe, reportando-se ao mesmo vice-presidente, e escalando o marketing para participar do jogo.

O marketing na CSC era responsável pela geração de *leads* qualificados e trabalhava de mãos dadas com a área de vendas para "empurrar" os *leads* ao longo do *pipeline* de vendas. A automação de marketing tinha que se integrar com a automação de vendas. A construção do modelo de geração e gestão de *leads* era um processo cooperativo, desde as primeiras definições até a implementação e o lançamento. Em consequência, o *dashboard* de marketing demonstrou uma integração total entre vendas e marketing.

A união mais importante no ecossistema digital era a integração entre vendas e marketing. Muitas áreas de marketing se referem à "entrega" de *leads* para vendas. Na CSC, o marketing não entregava *leads* simplesmente. Ele se mantinha ativo na nutrição dos *leads*, até que eles se convertessem em receita, e muito mais. Vendas e marketing estabeleceram padrões de SLA (*Service Level Agreement*), baseados em definições e processos muito bem documentados: O que é um *lead*? O que é um *lead* qualificado? Quem recebe crédito pela geração do *lead*? Quais são os motivos para a rejeição de um *lead*? O que acontece com um *lead*, ao ser rejeitado? Tudo isso e muito mais foi parametrizado no sistema.

Colocando a análise "em forma"

A CSC descobriu que a capacidade de analisar e interpretar dados não ia muito longe. "A capacidade de usar dados para construir modelos e prever o futuro será o próximo campo de teste para a ciência do marketing", acreditava Panayi. Sem a análise preditiva, os *dashboards* nada mais eram que espelhos retrovisores. Os modelos preditivos distinguiriam o marketing medíocre do marketing excelente. A CSC começou com alguns modelos simples, a serem incrementados gradualmente:

- **Lead score** — Era um número baseado no comportamento digital, nível de engajamento, demografia e firmografia – uma espécie de perfil demográfico de empresas. O *lead score* permitia que a CSC identificasse os *leads* potenciais, antes que eles próprios *"raised their hands"* (levantassem a mão), ou seja, antes mesmo que eles chegassem a pedir alguma coisa.

- **Atribuição multicanal** — Determinava quais canais de marketing (p. ex., mídias sociais, SEO, e-mail, eventos presenciais) estavam funcionando, atribuindo pontos sempre que um *lead* o acessava. Todos os dados de contato com o *lead* eram agregados para determinar qual canal tinha mais peso.

- **Content score** — Atribuía pontos com base em visitas, downloads, *page views*, tempo médio no site, e *cross-visits*. A CSC calculou e ranqueou o *score* de 30.000 conteúdos diferentes, em seu site. Os *scores* eram recalculados diariamente.

- **Avaliação de visitas** — Previsão da atividade futura do *lead* pela modelagem das visitas ao site. A avaliação das visitas baseava-se na análise de dados de comportamentos, que se correlacionavam com a conversão do *prospect* em *lead*. O modelo excluía visitas de estudantes, parceiros, candidatos a emprego e outros "passantes" pouco propensos a comprar.

- **Personalização** — Apresentação ou sugestão de conteúdo no site adequado ao perfil do usuário, depois de identificar a empresa desse usuário, com base no endereço IP; identificando o setor de atividade e analisando os comportamentos do visitante.

Construindo o *dashboard*

O principal objetivo era construir um *dashboard* "consumível e digerível", ou seja, de fácil consumo e entendimento, para pessoas muito ocupadas e com tempo limitado para ter que lidar com as centenas de relatórios gerados por um ecossistema digital. Assim, Panayi e sua equipe partiram para a construção de um *dashboard* geral de marketing, que reuniria todas as principais métricas corporativas que interessavam à equipe executiva, assim como gráficos sintéticos das métricas de marketing mais relevantes. Queriam um *dashboard* que pudesse ser atualizado diariamente, de forma automática.

Para garantir o *dashboard* fosse usado todos os dias, e a qualquer hora, ele precisava ser intuitivo e visualmente atraente. É aqui que a arte do marketing se mostra tão importante quanto a ciência do marketing. Então, a equipe do marketing usou suas competências em design para criar um *dashboard* que, além de apresentar informações importantes e úteis, também tivesse um design atraente e identidade com a marca da CSC.

A CSC iniciou com um plano, o qual começava com a definição de *Key Performance Indicators* (KPIs). A necessidade de definir as métricas a serem usadas no *dashboard* obrigou todos os participantes a se concentrarem na mesma página, a esclarecerem o motivo pelo o qual suas contribuições eram relevantes e como se integravam no panorama geral.

A escolha e a definição dos KPIs demoraram cinco meses. Só depois do plano estar completamente concluído iniciou-se a pesquisa de softwares especializados. A escolha final foi um produto da GoodData, que recomendou um consultor para ajudar a empresa no processo de implantação. A decisão de comprar um produto, em vez de desenvolver um sistema próprio, contribuiu para que, em três meses, o *dashboard* estivesse pronto e implantado.

Os KPIs mais importantes para os executivos

O recado dos executivos da CSC para o marketing era claro: gerar *leads* que resultassem em negócios fechados, tanto com novos clientes quanto com os clientes atuais. Os KPIs que mais interessavam aos altos dirigentes da CSC eram:

- *Total Contract Value* (TCV), ou Valor Total do Contrato (VTC).
- *Marketing-Qualified Leads* (MQL), ou *Leads* Qualificados de Marketing (LQM).
- *Marketing-Sourced Pipeline* (MSP), ou *Pipeline* Suprido pelo Marketing (PSM).
- *Marketing-Assisted Pipeline* (MAP), ou *Pipeline* Assistido pelo Marketing (PIM).

A parte superior do *dashboard* – a aba de visualização do marketing – mostrava esses quatro indicadores, com os *Marketing-Qualified Leads* (MQL) e seus desdobramentos exibidos com destaque. Essas eram as métricas que os executivos da empresa mais queriam ver.

No caso de um executivo precisar de mais detalhes, o *dashboard* também oferecia recursos para uma análise aprofundada das informações, graças ao ecossistema digital da CSC. Tudo conduzia ao *Total Contract Value* (TCV), ou Valor Total do Contrato (VTC). Deste ponto em diante, o executivo podia acessar os links para encontrar os detalhes de cada um dos *leads*: nomes e contatos, estágio no processo de compra, recursos acessados no site, eventos dos quais participou, respostas a campanhas *call-to-action*, e por aí vai. Outras abas do *dashboard* resumiam os KPIs do marketing em geral: web, marca, conteúdo, mídias sociais, *leads* e canais.

Métricas que importam

A CSC não informava apenas o que era fácil de medir, e também não gerava certas métricas apenas porque era possível fazê-lo. Mensurava e comunicava apenas o que afetava o valor total do contrato, o VTC. Por exemplo, uma parte do tráfego na web tinha a ver com o VTC e outra não. Os visitantes que procuravam estudos de caso e descrições de ofertas eram mais propensos a se converter em compradores do que os que se interessavam pelo perfil da equipe gerencial ou por *press releases*. Portanto, o valor atribuído às visitas de cada *lead* era diferente, dependendo do tipo de conteúdo consumido.

O *dashboard* tinha um conjunto de métricas apenas para contas e contatos que eram parte do programa de ABM da CSC. Como explicou Marin, "é a regra 80/20. Para nós, essas visitas são mais importantes do que as dos visitantes comuns". Eles também observavam a movimentação de *leads* no funil de vendas, para identificar os recursos que funcionavam melhor, onde havia lacunas, e em quais pontos os *prospects* estagnavam, e por quê.

Lições aprendidas

A CSC atribui o sucesso dos *dashboards* a quatro fatores. Nenhum deles se relacionava diretamente com tecnologia, e todos tinham mais a ver com pessoas, e, especialmente, com colaboração, comunicação e processo:

- **Adote um vocabulário comum** — O marketing trabalhava em colaboração com a equipe de vendas, para identificar e definir as métricas, os estágios no *pipeline* de vendas, e os processos. Dessa forma, vendas, operações de vendas, marketing institucional, marketing tático, operações de marketing e TI, todos falavam a mesma língua.

- **Exagere na comunicação** — Quando tudo é novo, é preciso que haja muita comunicação. O marketing da CSC era descentralizado, com cada unidade de negócio ou equipe resolvendo suas próprias demandas. Agora, todos usam um mesmo conjunto de processos e ferramentas. A alta direção nunca sentiu muita necessidade de usar métricas de marketing, mas agora essas métricas funcionam como uma espécie de norteadores para a empresa. Todas essas mudanças exigiram um extenuante trabalho educativo.

- **Reconheça que o desenvolvimento de *dashboards* é um processo interativo** — Embora a equipe de marketing tenha planejado o *dashboard* e definido todos os KPIs antes da implementação, o plano era aberto a críticas de vendas, dos gestores de marketing e dos altos executivos. A CSC começou com uma versão preliminar para as equipes de marca e marketing digital, a fim de avaliar as informações coletadas, assim como a aparência e a percepção sobre o *dashboard*. Depois da versão preliminar ser validada, o *dashboard* foi lançado para toda a empresa.

- **Contrate as pessoas mais inteligentes que puder encontrar** — Criar uma estrutura digital robusta, integrar sistemas de automação de marketing com os de gestão da força de vendas, e construir modelos de análise preditiva não é nada fácil. Você precisa de pessoas capazes de integrar tecnologia e algoritmos num contexto de negócios. Acrescente ainda a capacidade ce cooperar e comunicar, e o *pool* de candidatos aptos se estreita ainda mais. Essas pessoas existem, embora raras. Só é preciso encontrá-las e atraí-las.

Seu checklist de ABM

1. Cada vez mais ferramentas estão sendo desenvolvidas para implantar especificamente o ABM. Certifique-se, no entanto, de que usar ferramentas de automação de marketing não o afaste dos objetivos do ABM.

2. Escolha as ferramentas certas para o trabalho certo, em termos de planejamento e execução do ABM em cada conta:
   - Integrando marketing e vendas.
   - Coletando dados e informações para a inteligência de mercado, das contas e dos *stakeholders*.
   - Criando planos e propostas de valor.
   - Elaborando e executando campanhas sob medida.
   - Mensurando e monitorando o progresso.

3. O desafio de mensurar e monitorar os resultados do ABM se torna ainda mais crítico quando se consideram várias contas e, nessas condições, demanda não só o uso de ferramentas de CRM e marketing, mas também de sistemas de informação gerencial.

4 DECIDINDO QUAIS CONTAS FOCAR

Nem todas as contas são iguais

A seleção de contas exerce um grande impacto sobre as suas chances de sucesso com o ABM, esteja você apenas começando, aumentando o tamanho e o objetivo do programa, ou gerenciando um programa já maduro. Você pode aumentar a probabilidade de alcançar os seus objetivos com o ABM, selecionando as contas com maior potencial de alcançar as metas estabelecidas para o programa.

Se a sua prioridade for o crescimento da conta, por exemplo, é essencial escolher os clientes com nível adequado de gastos (conhecido por *size of wallet*, ou tamanho da carteira), para suportar suas expectativas de crescimento. Também é improvável conseguir uma taxa de crescimento significativa em uma conta que já esteja gastando cerca de 90% de seu potencial total de compras, com a sua empresa. Se a sua prioridade for conquistar algumas empresas líderes em seus mercados, ou reter clientes de um determinado setor, você precisa selecionar aqueles que exerçam mais influência sobre seus pares e desfrutem da confiança de analistas.

Qualquer que seja o seu objetivo a curto prazo para o ABM, o propósito a longo prazo se resume, basicamente, em promover a estratégia de crescimento da sua empresa.

Embora o tamanho do orçamento de compras da conta seja importante, esse é apenas um dos vários critérios a considerar. Definir os critérios a serem avaliados e o peso que terão é um ponto importante no processo de seleção e será diferente em cada empresa.

Em outras situações, a sua empresa já deve ter passado por um processo de priorização de contas, para tomar decisões sobre onde investir os recursos destinados a vendas e clientes, ou até em outras áreas, como finanças ou recursos humanos.

Esse *ranking* dos clientes, quando existe, é o ponto de partida para a escolha das contas que farão parte do programa de ABM. Normalmente, haverá uma lista de contas estratégicas que recebem a atenção da área de gestão de *key accounts* (uma ou mais pessoas dedicadas a uma grande conta, ou ainda modelos *one-to-few*, em que um *Key Account Manager* é responsável por um grupo de clientes).

Abaixo dessa camada superior, vem uma lista de *key accounts* com potencial para se tornarem estratégicas a médio prazo, ou que estão comprando atualmente quase tudo o que podem de você, situação que as torna merecedoras de atenção. Essas contas, na maioria das vezes, também são gerenciadas em bases *one-to-few*, ou ficam sob a responsabilidade de vendedores ou até de gerentes de canal.

Depois dessa segunda camada, vem uma lista de *named accounts*, clientes ou *prospects* valiosos, com os quais a empresa tem interesse em fazer negócios. Essas contas geralmente compõem a carteira de clientes a serem prospectados pelo vendedor.

Após essas três camadas, vem o restante das contas existentes no mercado. Essas contas, geralmente, não são gerenciadas de nenhuma forma específica, mas sempre representam a possibilidade de um novo *lead* ou uma oportunidade inesperada, que deve ser considerada pela equipe de vendas.

Esse modelo de organização das contas em três camadas reflete bem os três tipos de ABM, e ajuda os profissionais de marketing a alocar investimentos e recursos a contas pré-selecionadas, como parte de uma cadeia de valor integrada ao desenvolvimento de novos negócios.

Uma advertência que vale a pena ser feita é que, geralmente, essas camadas são criadas com base no valor atual do cliente para a empresa, em vez de considerar o seu valor vitalício potencial, o *lifetime value* (LTV) ou seu alinhamento estratégico no longo prazo. Portanto, mesmo que já exista um *ranking* de clientes na sua empresa, vale revisar a classificação das contas para os investimentos relativos ao programa de ABM, ou ainda adotar um processo de priorização de contas robusto, mais criterioso e abrangente, envolvendo toda a empresa.

Definindo o processo de seleção de contas para o ABM

Existe um processo rigoroso e comprovado para avaliar e selecionar as contas a serem incluídas no seu programa de ABM, baseado na matriz de decisão desenvolvida pela empresa de consultoria McKinsey, para a General Eletric (GE) (ver Fig. 4.1):

1º Passo — Avalie a sua lista de clientes, utilizando critérios mais rigorosos, para se chegar a uma lista menor, de contas pré-selecionadas, a serem avaliadas em detalhes.

2º Passo — Analise as contas pré-selecionadas, de acordo com estes dois fatores: a **atratividade** da conta, e a **força relativa da sua empresa** como fornecedora potencial dessa conta.

3º Passo — Selecione as contas a serem incluídas no programa de ABM, de acordo com os *scores* (pontuação) obtidos no 2º passo.

4º Passo — Use os resultados do processo de priorização para planejar a sua estratégia *go-to-market* e a abordagem de ABM para cada conta, de acordo com os *scores* finais de cada uma delas.

Se o seu programa ABM envolver vários segmentos ou setores de atividade, talvez seja o caso de avaliar primeiro a atratividade de cada um deles, a fim de concentrar esforços. Para fazer isso, utilize o mesmo processo que foi aplicado na seleção das contas (2º ao 4º passo). Uma vez definidos os segmentos e setores prioritários, aplique novamente o processo de seleção das contas, conforme detalhado a seguir.

1º Passo – Crie a sua pré-seleção de contas

O primeiro passo na seleção das contas para o ABM é criar uma lista gerenciável. Como você investirá um tempo significativo na avaliação detalhada de cada conta, é prudente limitar essa lista inicial a contas que tenham um bom potencial para o ABM.

Comece com uma métrica fácil de avaliar, que represente o tipo de conta com a qual você deseja fazer negócios. A métricas que encontramos com mais frequência é a de porte da empresa, pois é fácil e rápida de ser apurada e um bom sinalizador do tamanho do orçamento de compras do cliente. Mas talvez você prefira escolher algum critério mais compatível com os objetivos da sua empresa. Por exemplo, se você estiver usando o ABM para aumentar o crescimento da sua empresa em contas que sejam pioneiras na adoção de novas tecnologias, talvez seja o caso de fazer a pré-seleção identificando os clientes mais inovadores ou os de mais alto crescimento no setor.

Não há regra objetiva e pronta sobre a quantidade das contas a serem avaliadas. Esse número depende de uma série de circunstâncias:

- O estágio do seu programa de ABM: se você está selecionando um pequeno número de contas experimentais, ou expandindo o escopo do seu programa para abranger um número maior de contas, ou avaliando um portfólio de contas ABM existentes, para incluir ou excluir clientes.
- Os recursos disponíveis para avaliar cada conta.
- O cronograma para concluir a avaliação.

Obviamente, quanto maiores forem os recursos e mais longo o cronograma, mais contas você poderá avaliar detalhadamente. Na ITSMA, geralmente recomendamos limitar o número de contas a 50 por setor ou divisão, para um programa que esteja sendo lançado em todo o âmbito da empresa. Se você estiver avaliando apenas um pequeno número de contas para um programa-piloto de ABM, começar com 25 a 50 contas ainda lhe dará bastante insumo para fazer uma pré-seleção detalhada.

2º Passo – Avalie a sua pré-seleção de contas

São dois os principais fatores que determinam a prioridade das contas potenciais do ABM:

1. A atratividade da conta para a sua empresa.
2. A força relativa da sua empresa como fornecedora da conta.

Grande parte do processo decisório, fora a análise e o processamento dos números, é mais eficaz em um ambiente de workshop que envolva os principais *stakeholders*. Isso ajuda a garantir a adesão deles ao processo e aos resultados.

Chegue a um acordo sobre os critérios de avaliação

Primeiro, chegue a um acordo quanto a um conjunto de critérios para definir e medir a atratividade da conta e a força relativa da empresa. O grupo que definirá esses critérios pode ser o comitê diretivo ou o escritório de gestão do programa (EGP) e, dentro do possível, deve incluir no workshop, algumas pessoas da área de vendas e da equipe de liderança das unidades de negócio.

Para ajudá-lo na condução do workshop e a definir os critérios de avaliação mais adequados, eis algumas perguntas que o ajudarão a instigar as ideias do grupo:

- Onde vendemos de forma mais efetiva no passado?
- Quais tipos de conta se mostraram mais lucrativas com o passar do tempo?
- Com quais segmentos trabalhamos atualmente?
- Quais são as características mais preditivas do sucesso de vendas?
- Quais são os atributos que propiciam o melhor *product fit* (adequação do produto ao cliente)?
- Quais são as características de uma conta a ser excluída do programa?
- Quais são os tipos de conta que melhor se adequam às nossas forças ímpares?
- Em quais contas já possuímos uma certa vantagem?
- Quais são as contas que nos entregam mais valor?

Para definir a atratividade da conta, faça um *brainstorm* e chegue a um acordo quanto aos critérios que serão utilizados. Veja alguns exemplos:

- Tamanho da conta (p. ex., número de funcionários, tamanho da receita).
- Volume de gastos ou compras da conta (*size of wallet*).
- Previsão de crescimento da conta (avaliação de um analista).
- Número de renovações de contrato nos próximos 2 a 3 anos.
- Previsão de ocorrência de eventos críticos (p. ex., fusões, aquisições, mudanças de liderança).
- Nível de tomada de decisão: local ou global.
- Política de compras (p. ex., contratos estruturados).

Agora, repita o processo, e defina as forças da sua empresa em relação à conta. Veja a seguir alguns exemplos de forças:

- Propriedade intelectual ou ativos relevantes.
- Mesma região de atuação.
- Falta de predileção por um dos concorrentes e/ou predileção pela sua empresa.
- Relacionamentos existentes com a alta administração comparados à concorrência.
- Experiência anterior em contas semelhantes.
- Compatibilidade cultural.

Cada conta será pontuada com base nos critérios acordados, em uma versão da matriz GE/McKinsey (Fig. 4.1). A posição das contas na matriz ajudará a orientar a decisão final.

FIGURA 4.1: Matriz GE/McKinsey de apoio à decisão sobre investimentos em contas ABM

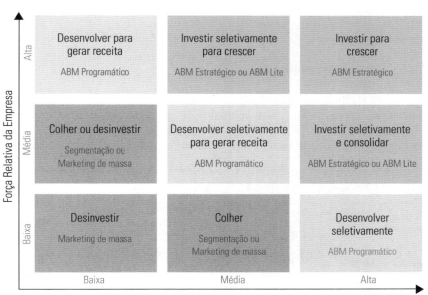

FONTE: ITSMA, 2017

Defina suas métricas e medidas

Defina, para cada critério, um peso de 0% a 100% (ou 0 a 1) – que representa a importância relativa de um critério em relação a outro – e o *score* (1, 3 ou 5) que cada conta receberá dependendo do seu enquadramento nas tabelas (Tabelas 4.1 e 4.2).

A chave é garantir que as ponderações individuais em cada categoria totalizem 1,0 (ou seja, 100%). Assim, por exemplo, você pode decidir que, ao definir a atratividade da conta para a sua empresa, o volume de gastos da conta com TI é o fator mais importante, e atribuir-lhe o peso 0,4 (ou 40%). Na sequência você pondera em 0,3 (ou 30%) o crescimento esperado da conta para os próximos três anos, e em outros 0,3 (ou 30%) o número de contratos importantes a renovar. Com esses três critérios ponderados, a soma dos pesos será 1,0 (ou 100%).

TABELA 4.1: Exemplo de tabela com critérios de atratividade da conta

Critério de atratividade da conta	Peso	*Score* = 1	*Score* = 3	*Score* = 5
Volume de gastos com TI	0,4	< $1B	$1 a 2B	> $2B
Crescimento dos gastos a médio prazo (próximos 3 anos)	0,3	Abaixo da média	Na média	Acima da média
Número de contratos importantes a renovar (próximos 3 anos)	0,3	1 – 3	4 – 6	> 6

FONTE: ITSMA, 2017

TABELA 4.2: Exemplo de tabela com critérios de força relativa da empresa

Critério de força relativa da empresa	Peso	*Score* = 1	*Score* = 3	*Score* = 5
Propriedade intelectual ou ativos relevantes	0,2	Nenhum	Alguns	Muitos
Mesma região de atuação	0,4	< 25%	25% a 50%	> 50%
Relacionamentos existentes com a alta administração comparados à concorrência	0,4	Mais fraco	O mesmo	Mais forte

FONTE: ITSMA, 2017

Depois da ponderação dos critérios, é hora de desenvolver um sistema de *scores* para cada critério. Em alguns casos, os critérios terão medidas quantitativas específicas, como contratos importantes a renovar nos próximos três anos. Nesses casos, se o cliente tiver de um a três contratos a renovar, o *score* será 1. Se houver, por exemplo, de 4 a seis 6 contratos a renovar, o *score* será de 3 pontos (Tab. 4.1). Se a quantidade passar de 6 contratos a renovar, o *score* será de 5 pontos. E assim por diante.

Em outros casos, a avaliação será qualitativa. Por exemplo, o critério "relacionamentos existentes com a alta administração" pode ser classificado como: mais fraco, o mesmo ou mais forte, em comparação com os relacionamentos dos concorrentes nessa mesma conta.

Depois de ponderar os critérios e o atribuir os *scores* para cada conta, é hora avançar para a pré-seleção das contas. Para cada conta, multiplique o *score* alcançado em cada critério pelo peso atribuído a esse critério. Então, some todos os *scores* de cada critério para chegar ao *score* total da conta, no que tange à "atratividade da conta". A seguir, proceda da mesma maneira em relação à "força relativa da empresa". O jeito mais fácil de fazer isso é usar de uma planilha eletrônica.

3º Passo – Selecione as contas para o programa de ABM

Agora que você já avaliou cada uma das contas, e todas possuem um *score* total para a atratividade e para força relativa da empresa, você já consegue colocá-las na matriz GE/McKinsey, ao longo dos eixos de X e Y, para visualizar as contas que têm maior potencial e, portanto, as maiores prioridades para cada tipo de programa de ABM: o ABM Estratégico, o ABM Lite ou o ABM Programático; ou ainda para abordagens mais amplas de marketing (Fig. 4.2).

Ao plotar as contas na matriz, convém usar o modelo de "gráfico em bolhas", no qual o raio da bolha representa o volume de gastos ou faturamento da conta. Também é possível usar uma variação dessa "bolha" apresentando, simultaneamente, o volume total de compra da conta, o *size of wallet*, representado por uma bolha cheia; e, dentro dessa bolha, a sua fatia atual de participação nessa conta, o seu *share of wallet*, representado por uma seção dessa bolha em cor ou textura diferente.

As contas situadas no quadrante superior direito da matriz são as mais atraentes e, portanto, devem ser as de alta prioridades para o ABM Estratégico. Qualquer decisão sobre incluir uma conta no seu ABM Estratégico, que esteja fora dos três quadrantes mais atraentes, deve ser gerenciada com cuidado. Esse é um ponto em que o uso das três modalidades de ABM será bastante útil, possibilitando a classificação das contas em camadas e níveis de investimento, de acordo com o grau de prioridade e os recursos disponíveis.

Novamente, a revisão dos resultados da sua análise será mais eficaz com um grupo mais amplo, em um workshop. Os líderes das unidades de negócio e de vendas podem discordar quanto ao enquadramento das contas na matriz GE/McKinsey, e, consequentemente, em relação à abordagem de marketing a ser adotada e ao tamanho do investimento a ser feito. Isso geralmente ocorre quando os indivíduos estão próximos demais da conta. A vantagem desse processo é a demonstração lógica do porquê uma conta ser enquadrada em determinado quadrante. Logo, para mover a conta para outro quadrante na matriz GE/McKinsey, a equipe precisaria concordar em alterar os critérios, os pesos, os métodos de ponderação ou a forma como o cliente foi avaliado e pontuado. Você não pode, simplesmente, movimentar a "bolha" da conta!

FIGURA 4.2: Plotando as contas na matriz e decidindo sobre os investimentos em ABM

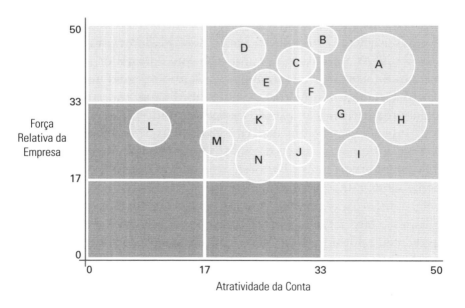

FONTE: ITSMA, 2017

Agora que você identificou as contas mais atraentes para incluir no seu programa de ABM, com base na atratividade da conta e na força relativa da sua empresa, há mais uma avaliação que você pode fazer antes de fechar sua lista final de contas ABM. Pergunte-se: até que ponto os gerentes de conta ou as equipes de vendas são receptivos ao ABM e estão dispostos a trabalhar com o marketing?

Embora não seja uma condição, evidências obtidas em projetos reais indicam que a receptividade da equipe de vendas que atende a conta pode ser um fator crítico no sucesso da implantação do ABM nesse cliente. Você pode perder muito tempo tentando desenvolver uma conta com um gerente de conta ou vendedor pouco interessado, sem chegar a lugar algum; enquanto outro gerente ou vendedor de outra conta, mais dispostos a se engajar no projeto, lhe entregarão resultados muito melhores.

4º Passo – Construa o seu plano go-to-market

Com a conclusão do exercício de priorização de contas, nota-se com clareza quais contas se qualificam para uma abordagem de ABM. Também se tem uma boa indicação da importância relativa das demais contas, o que será usado para desenvolver o plano *go-to-market* dessas contas, que será baseado na segmentação ou no marketing de customização em massa.

As contas que se enquadrarem nos quadrantes diagonais da matriz GE/McKinsey – do canto superior esquerdo para o inferior direito – são provavelmente as mais adequadas para o ABM Programático ou segmentação. As contas que se enquadrarem nos quadrantes próximos ao canto inferior esquerdo são mais adequadas para o marketing de customização em massa ou segmentação. A escolha da abordagem de ABM depende basicamente dos recursos que você tem a sua disposição para investir na sua estratégia *go-to-market*.

A análise que você fez será um valioso recurso para alimentar o processo de definição dos seus planos para cada conta. As informações contidas na sua avaliação serão um bom começo para gerar insights sobre as contas e inteligência sobre os *stakeholders*. O estudo de caso da Fujitsu é ótimo exemplo de como esse processo pode funcionar.

ESTUDO DE CASO

FUJITSU – USANDO A SEGMENTAÇÃO PARA PRIORIZAR OPORTUNIDADES DE VENDA

Em 2007, a Fujitsu, importante empresa de tecnologia de informação (TI) e comunicação, percebeu que estava dispersando sua atenção em um segmento estreito demais no mercado do Reino Unido. Ela sabia que havia clientes atuais e potenciais que valiam um esforço de vendas mais focado, mas não estava segura de onde aplicar os recursos para obter maior o retorno possível. "Estávamos todos espalhados entre muitas oportunidades", de acordo com Peter Barrett, então Gerente de Marketing da divisão de serviços financeiros da Fujitsu.

"E o perigo era a nossa falta de foco. As pessoas estavam tomando decisões sobre o que fariam com as oportunidades de venda, no nível de vendas ou do contrato. O desafio era focar em poucas oportunidades nas quais pudéssemos conseguir mais negócios e fosse benéfico para ambas as partes."

Assim, os gestores de marketing partiram para a segmentação de seus clientes e *prospects* do setor privado (principalmente grandes empresas), nos diferentes setores em que atuavam – o que a Fujitsu denominou "mapeamento do setor". O objetivo do esforço era simples: conquistar negócios maiores, com mais frequência, focando nas oportunidades mais importantes e construindo relacionamentos de longo prazo com um grupo-alvo de 30 a 40 contas. "Tínhamos de descobrir, proativamente, como dizer às pessoas em que *prospects* focar na construção de relacionamentos e em que contas atuais tentar expandir os negócios", disse Barrett.

Evidentemente, executar esse objetivo era tudo, menos simples. Mapear as contas por segmento exige um planejamento cuidadoso e uma capacidade quase mística para desenvolver parâmetros de segmentação que gerem insights eficazes. Também requer concordância e cooperação da área de vendas. "Precisávamos garantir a adesão do pessoal de vendas e de gestão de contas, que controla os clientes dos setores específicos em que estávamos focando", prosseguiu Barrett.

A Fujitsu desenvolveu um processo de mapeamento setorial e

concebeu parâmetros para identificar as oportunidades mais atraentes, em diversas indústrias. Como ocorre com muitas empresas de serviços, a Fujitsu está organizada para entrar no mercado por vertical, ou setor. Portanto, faz sentido para a Fujitsu empenhar-se na identificação das melhores oportunidades, em seus diferentes setores de atividade.

Identifique os alvos certos

A primeira tarefa era identificar as empresas de cada setor que eram atraentes para a Fujitsu e que, pelo menos, tinham o potencial de ver a Fujitsu da mesma forma. O processo tinha cinco passos:

1º Passo – Desenvolver uma lista de potenciais empresas, da Global 2000, da *Forbes*, e da FTSE (Lista do *Financial Times* das maiores empresas do Reino Unido, com ações negociadas na London Stock Exchange), com valor de mercado superior a £ 1 bilhão.

2º Passo – Filtrar essa lista, excluindo dela as empresas cujos gastos com TI eram inferiores a £ 100 milhões.

3º Passo – Submeter as listas aos vários diretores e gerentes de unidades de negócio, permitindo-lhes reintroduzir na lista as contas que não atendiam aos critérios iniciais, mas que eles consideravam importantes (com base em conhecimento pessoal deles sobre a conta).

4º Passo – Definir critérios para avaliar a atratividade das contas e a posição da Fujitsu, em colaboração com vendas, com os gerentes de contas e com os diretores de unidades de negócio.

5º Passo – Coletar dados referentes a cada um desses critérios, por meio de pesquisas, vendas, gerentes de conta e gerentes de unidades de negócio.

Ranqueie os setores

Com poucos recursos para investir em grandes negócios, a Fujitsu precisava definir que setores tinham a maior concentração de negócios atraentes, considerando a reputação e a penetração da Fujitsu em cada um deles. A Fujitsu desenvolveu um sistema de pontuação para cada um dos critérios, e um sistema de ponderação para ranquear a importância relativa desses critérios (os *scores* e os pesos específicos que a Fujitsu usou para os diferentes critérios são sigilosos e não podem ser revelados aqui). Para encontrar os setores mais atraentes, a empresa adotou os seguintes critérios:

- Lucro operacional médio das empresas do setor.
- Regulação/legislação indutora de investimentos significativos em TI.
- Tamanho dos gastos do setor com TI.
- Taxa de crescimento anual do setor.
- Quantidade de empresas que compõem os 80% da receita do setor.

Elabore critérios para testar a reputação do seu setor

As estratégias de vendas não podem basear-se apenas na escolha de alvos com o maior potencial de geração de receita. Também é importante julgar a probabilidade de que esses alvos considerem a sua empresa uma alternativa viável. Eis os critérios que a Fujitsu usou para determinar quais setores seriam mais receptivos a ela:

- Número de contas que dariam referências sobre ela, no setor.
- *Market share*, ou participação relativa de mercado da Fujitsu, no setor.
- Propriedade intelectual ou outros ativos da Fujitsu, no setor.
- Nível de globalização do setor.

Com base nesses critérios, a Fujitsu plotou matriz, usando um gráfico de bolhas (Fig. 4.3), os setores em que atuava, considerando a "atratividade do setor" e a "competitividade da empresa".

FIGURA 4.3: Mapeando os setores na Fujitsu

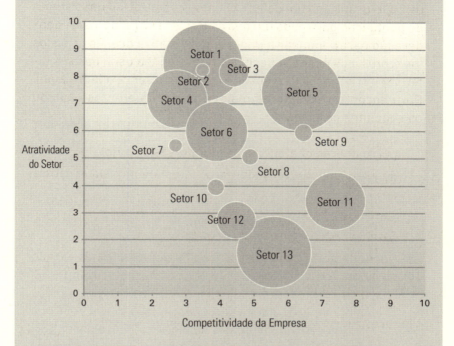

Encontrando as contas estratégicas a serem conquistadas

Não basta descobrir os melhores setores para atuar. É preciso aprofundar a análise e encontrar as melhores contas estratégicas em cada setor. Usando o mesmo plano adotado na análise dos setores, a Fujitsu seguiu os critérios abaixo para avaliar a atratividade da conta:

- Previsão de evento crítico que leva a decisões de compra superiores a £ 25 milhões.
- Média das despesas de vendas, gerais e administrativas como proporção da receita nos últimos 18 meses.
- "Geografia" do processo de tomada de decisão e desdobramentos.
- Propensão a comprar soluções de TI comprovadas, econômicas e terceirizadas.
- Compatibilidade cultural: visão de longo prazo, objetiva e realista.

Será que gostam da gente?

Uma boa segmentação demanda um exercício de autorreflexão. As empresas precisam ser extremamente honestas ao avaliar suas forças e fraquezas como fornecedoras, e seu histórico de desempenho com os clientes. A Fujitsu identificou os seguintes aspectos para avaliar suas chances com os clientes:

- Oportunidade de £ 25 milhões nos próximos três anos, em suas três principais áreas de atuação.
- Antecedentes comprovados de prestação de serviços de boa qualidade ao cliente em questão.
- Acesso privilegiado aos principais tomadores de decisão.
- *Share of wallet* atual nas despesas de TI com fornecedores externos.

Com base na combinação de critérios de internos e reputação externa, a Fujitsu mapeou suas oportunidades mais atraentes nos principais setores para os quais prestava serviços. Com isso, marketing conseguiu uma valiosa orientação, a partir dos dados desenvolvidos em conjunto com vendas, sobre os clientes que poderiam beneficiar-se de mais atenção.

Garantindo colaboração e adesão

Ao envolver vendedores na construção do plano e no processo de pesquisa, marketing garantiu que os resultados seriam confiáveis. "Conseguir a adesão da equipe de vendas realmente foi o aspecto mais importante para mim", avaliou Barrett. "No passado, entrávamos num quarto escuro, elaborávamos uma estratégia, saíamos e dizíamos: 'Vamos executá-la!' Só que você logo percebia que o resto da organização ficava pensando: 'Beleza! Tá tudo ótimo, mas eu realmente preferiria que tivéssemos tido alguma participação nisso'."

A nova estratégia da Fujitsu, no entanto, não foi produzida numa sala escura. Era fácil monitorar as suas origens e testar as suas ideias. "O processo foi todo transparente e era fácil de compreender; de modo que as pessoas podiam ver como os resultados foram produzidos", disse Barrett. "E elas foram parte do processo, o que facilitava o engajamento. Isso fez enorme diferença psicológica."

A clareza do processo e a adesão dos vendedores gerou o efeito almejado pela Fujitsu: mudou o comportamento das pessoas. Os vendedores focaram mais suas energias em um menor número de contas que alcançavam altos *scores* no processo de segmentação. "Os recursos que temos são mais limitados, mas podemos exercer mais impacto do que antes em oportunidades específicas", declarou Barrett. "Logo, é um pouco mais eficaz na em relação a resultados gerais. Como compreendemos melhor nossas oportunidades de vendas, podemos alocar recursos com mais eficácia."

Seu checklist de ABM

1. Crie para si a maior chance de alcançar seus objetivos em ABM, selecionando as contas com melhor potencial para alcançar suas metas.

2. Embora o tamanho do orçamento da conta, o *size of wallet*, seja um critério importante, esse é apenas um entre vários indicadores. Defina os pesos a serem atribuídos a cada fator, de acordo com as prioridades da empresa

3. Use o processo de quatro passos, comprovado e rigoroso, detalhado neste capítulo, para avaliar e selecionar as contas de forma mais colaborativa e ampla na empresa.

4. Aproveite as informações da sua avaliação como ponto de partida para a obtenção, com mais detalhes, de insights sobre as contas e de inteligência a respeito dos *stakeholders*, que serão necessários na elaboração de planos de ABM bem-sucedidos.

5 O MODELO DE ADOÇÃO DO ABM

Uma abordagem de marketing reconhecida

Os quatro últimos capítulos apresentaram razões convincentes para tornar o ABM um componente crítico do seu arsenal estratégico, para selecionar e administrar as contas mais importantes da sua empresa. Neste capítulo, explicaremos os principais estágios do processo de lançamento e desenvolvimento do ABM e como alcançar a escala necessária para gerar um retorno significativo do seu investimento.

Desde quando a ITSMA desenvolveu o ABM como *framework*, em 2003, foram criados padrões consistentes nas formas como as empresas abordam e adotam o ABM. Talvez o mais importante seja o de que o ABM evoluiu de "novo modelo experimental de marketing" para um "método comprovado" de exercer influência duradoura e atuar como orientador de confiança nas contas mais importantes. Em outras palavras, o ABM se tornou fator crítico das iniciativas de crescimento estratégico da empresa.

A melhor evidência desse impacto é que as empresas continuam a aumentar seus orçamentos de ABM. Por exemplo, o estudo *ITSMA Benchmark Survey*[1] mostrou que os respondentes, em 2015, destinaram cerca de 20% do seu orçamento de marketing para o ABM, e que 69% deles planejavam aumentar essa verba em 2016 (ver Fig. 5.1).

---

[1] ITSMA. *Account-Based Marketing Benchmarking Survey.* 2016.

FIGURA 5.1: O círculo virtuoso do ABM

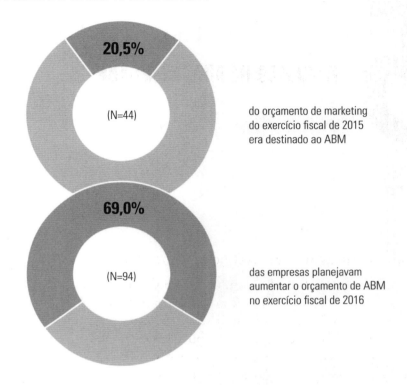

FONTE: ITSMA, *Account-Based Marketing Benchmarking Survey*, março de 2016

O principal *driver* desse aumento do investimento em ABM era o fato de a empresa ter reconhecido os resultados do programa e querer ampliar os benefícios (ver Fig. 5.2).

Com o passar do tempo, uma grande mudança ocorreu na percepção do ABM como investimento muito alto, adequado apenas para as maiores contas, que tinham grande potencial para aumento do *share of wallet*. A pesquisa da ITSMA mostrou que o ABM é escalável, mediante a adoção da abordagem *one-to-few* do ABM Lite. E, ainda, o ABM Programático, capacitado pela tecnologia, está ampliando ainda mais os princípios da abordagem ABM, com o marketing de segmentação, mais direcionado. Por meio de gestão mais cuidadosa, muitas empresas são capazes de reutilizar, com algumas adequações, os programas e os conteúdos já desenvolvidos, para as contas do ABM. Logo, parte dos custos do ABM talvez já estejam cobertos pelos programas de marketing vigentes.

FIGURA 5.2: As empresas estão demandando mais ABM

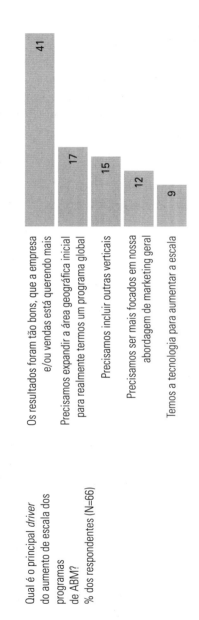

FONTE: ITSMA, *Account-Based Marketing Benchmarking Survey*, março de 2016

Várias são as dificuldades para aumentar a escala do seu programa (ver Fig. 5.3). A mais frequente é a falta de pessoal disponível em marketing para prosseguir no aumento da escala do ABM, com a mesma quantidade de pessoas por conta usada no início, durante a fase experimental, ou de prova de conceito. Mais de um terço dos *ABM Marketers* citam essa situação como a principal limitação para escalar o programa de ABM. Pouco mais de um quarto dos profissionais de marketing mencionam as restrições de investimento, ou de orçamento, como maior desafio; enquanto um quinto aponta para a falta de competências em ABM do pessoal que trabalha no marketing. A adesão e o engajamento de vendas são outros fatores mencionados na pesquisa.

Se você sabe quais desafios esperar no início da sua jornada pelo ABM, e toma as iniciativas certas para prosseguir, as suas chances de sucesso com o programa são maiores. Sem dúvida, combinar os níveis de investimento e de treinamento e contratar as pessoas com as competências adequadas são dois requisitos a incluir desde o início no seu caso de negócio.

Este capítulo identifica os quatro estágios do processo de adoção do ABM, desenvolvido com o ITSMA Global ABM Council e baseado em pesquisa, experiência e melhores práticas. Enfatizamos os pontos a considerar para maximizar as suas chances de sucesso, assim como os *drivers* que o levarão a avançar para o estágio seguinte.

Os pré-requisitos para o ABM

Como o ABM é uma estratégia, e não apenas uma tática de marketing, toda a empresa deve se preparar para implantar o programa. As empresas fracassam no ABM quando não têm os pré-requisitos adequados antes de lançar o programa:

- **Abordagem flexível a vendas** — As empresas bem-sucedidas em ABM têm profissionais de vendas capazes de ir além de negociações pontuais de vendas, ou de "tirar pedidos". Elas também adotam uma abordagem consultiva em relação às contas.

- **Aceitação cultural de uma estratégia de vendas liderada pela conta** — O sucesso em ABM exige que as empresas compreendam que, para vender, elas devem compreender e resolver os problemas dos clientes, em vez de apenas empurrar ofertas —

FIGURA 5.3: Desafios no aumento de escala de ABM

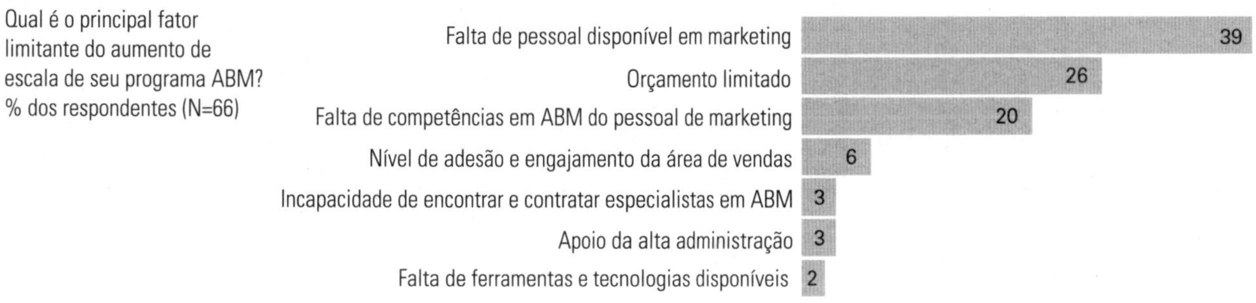

Qual é o principal fator limitante do aumento de escala de seu programa ABM?
% dos respondentes (N=66)

Desafio	%
Falta de pessoal disponível em marketing	39
Orçamento limitado	26
Falta de competências em ABM do pessoal de marketing	20
Nível de adesão e engajamento da área de vendas	6
Incapacidade de encontrar e contratar especialistas em ABM	3
Apoio da alta administração	3
Falta de ferramentas e tecnologias disponíveis	2

FONTE: ITSMA, *Account-Based Marketing Benchmarking Survey*, março 2016 e ter paciência para adotar essa abordagem mais a longo prazo. Enquanto isso, as pessoas que representam as contas devem estar dispostas a investir tempo no relacionamento com os fornecedores capazes de ajudá-las na solução dos problemas corporativos.

- **O marketing é considerado estratégico** — As empresas em que os profissionais de marketing são vistos como simples promotores de eventos ou produtores de folhetos não implementarão o ABM tão cedo. Para que o ABM seja realmente eficaz, a área de marketing deve ser percebida por vendas como parceira em igualdade de condições. Isso porque o ABM depende de que vendas e marketing sejam partes integrantes do processo de ABM e exerçam funções complementares, ao mesmo tempo que são membros de uma mesma equipe, do mesmo nível.

- **Número suficiente de grandes contas, de alto potencial** — Os investimentos em ABM não oferecem retorno com pequenos clientes. Então é preciso haver uma quantidade suficiente de grandes contas para fazer o programa acontecer.

- **Vários níveis de conta (_tiers_)** — A maioria das empresas que embarcam em um programa de ABM já criaram camadas ou _tiers_ de contas, que separam os mais importantes do resto. Algumas dessas empresas têm processos formais de criação de níveis de clientes, enquanto outras adotam abordagens informais, baseadas no potencial de receita e/ou no feedback dos gerentes de conta — os _Key Account Managers_ ou KAMs.

- **Vendedores para uma ou poucas contas** — O ABM é mais eficaz quando a empresa tem um histórico de atribuir vendedores e/ou gerentes de contas exclusivos para uma única conta ou a um grupo de contas. Do contrário, é improvável que se desenvolvam relacionamentos com contas que sejam amplas e profundas o suficiente para justificar os investimentos necessários.

- **Apetite para expandir o _share of wallet_** — Os vendedores e os gerentes de vendas devem estar sedentos para expandir seus negócios e aprofundar seus relacionamentos em grandes contas. A estratégia de crescimento da empresa normalmente se desenvolve dentro dessa perspectiva.

- **Profissionais de marketing de alto nível** – A área de marketing deve ter profissionais completos, com conhecimento do negócio, competências de consultoria, e conhecimento prático.

- **Responsabilidades compartilhadas entre vendas e marketing** – Vendas apoia o envolvimento de marketing no nível da conta para fazer coisas que vendas é incapaz de fazer sozinha (p. ex., geração de ideias, eventos, etc.).

- **Foco em relacionamentos de longo prazo com as contas** – As empresas empenhadas em focar no valor vitalício do cliente, o LTV, ou *Lifetime Value*, são mais habilitadas para o ABM. Se os números de vendas trimestrais forem o único grande *driver*, o ABM não irá longe.

O *roadmap* para o programa de ABM

Com as condições adequadas, as empresas estão prontas para iniciar sua jornada pelo ABM. Tentar passar à frente dos outros e de si mesmo, pulando etapas ou indo muito rápido, pode prejudicar o programa. Ir devagar demais, porém, envolve o risco de perder o impulso no projeto e o apoio na empresa. Como a maioria dos programas de mudança, avançar no ritmo certo é uma demonstração de equilíbrio.

São quatro os estágios de adoção do ABM (Fig. 5.4):

1° Estágio – Pilote

- Selecionar as contas-piloto.
- Definir as métricas que serão utilizadas.
- Pesquisar e analisar as contas-piloto.
- Construir e executar planos integrados para as contas.
- Divulgar os resultados.

2° Estágio – Construa

- Apurar as lições aprendidas com as experiências.
- Refinar os critérios de seleção das contas.
- Começar a definir métricas comuns e critérios de sucesso.

- Identificar fontes de financiamento e recursos.
- Desenvolver critérios de crescimento.
- Aprofundar-se no apoio da alta administração.

3° Estágio – Padronize

- Criar um escritório de gestão do programa (EGP) e um modelo de governança.
- Adotar métricas e critérios de sucesso padronizados para todas as contas.
- Desenvolver um processo para suprimento de pessoal.
- Integrar o ABM no sistema geral de reconhecimento e recompensa.

4° Estágio – Escale

- Obter escala por meio de processos padronizados, serviços compartilhados e automação.
- Construir um sistema de gestão do conhecimento para o ABM.
- Alavancar as práticas de ABM em outras áreas de marketing.
- O restante deste capítulo analisa cada um desses estágios com mais detalhes.

1º Estágio – Pilote

Principais drivers do piloto de ABM

As empresas que adotam os programas de ABM percebem numerosos temas comuns entre seus principais clientes, que as levam a experimentar um ABM-piloto, inclusive:

- **Oportunidade para aumentar *share of wallet* e o *share of mind*** — Frustração é o sinal aqui. Procure-a no rosto das pessoas do time da conta, à medida que lutam para entrar em novas divisões do cliente, com base exclusivamente no esforço de vendas.
- **Riscos para os relacionamentos com as contas** — Os *Key Account Managers* relatam que estão tendo menos reuniões com o

FIGURA 5.4: Modelo de adoção do ABM, da ITSMA

Pilote

- Selecione as contas-piloto.
- Defina as métricas.
- Pesquise e analise os clientes-piloto.
- Construa e execute planos integrados para clientes.
- Divulgue os resultados.

Drivers do Piloto

- Oportunidades para aumentar o *share of wallet* e o *share of mind*.
- Aumento da competição pelas contas.
- Riscos para os relacionamentos com as contas.
- Falta de estratégia coesa para aprofundar os relacionamentos com a conta.

Construa

- Colete o aprendizado com as experiências.
- Refine os critérios de seleção das contas.
- Comece a definir métricas comuns e critérios de sucesso.
- Identifique fontes de fundos e de recursos.
- Desenvolva critérios de crescimento.
- Aprofunde o patrocínio executivo.

Drivers da Construção

- Resultados positivos das experimentações.
- Estímulo ao feedback de vendas.
- Melhoria do processo de planejamento das contas.
- Aumento do apoio executivo para a estratégia de ABM.

Padronize

- Crie um EGP e um modelo de governança.
- Adote métricas e critérios padronizados para todos os clientes.
- Desenvolva um processo de provimento de pessoal.
- Integre ABM no sistema geral de reconhecimento e recompensa.

Drivers da Padronização

- Gerentes de conta demandam o ABM.
- ABM dispara interesse pela carreira.
- Melhoria dos relacionamentos com as contas.
- Contas ABM superam o desempenho de outros clientes.

Escale

- Alcance economias de escala por meio de processos padronizados, serviços compartilhados e automação.
- Construa um sistema de gestão do conhecimento para o ABM.
- Alavanque as práticas de ABM em outras áreas de marketing.

Drivers da Escala

- Resultados de ABM melhoram toda a empresa.
- Reconhecimento da necessidade de expandir, do âmbito original local (geografia, setor) para o âmbito global.

FONTE: © 2017, ITSMA

pessoal-chave das contas estratégicas. Igualmente importante, eles observam que os clientes não estão pedindo tanta ajuda e orientação quanto no passado. Essas empresas não estão enfrentando menos problemas, mas estão recorrendo a outras fontes, perante a percepção de que você não pode ajudá-las.

- **O *turnover* de pessoal traz poucas mudanças** – À medida que os relacionamentos com as contas ficam estagnados, as empresas contratam novos *Key Accounts*, supondo que os problemas são as pessoas. Como, porém, marketing e vendas não estão colaborando numa abordagem mais direcionada, que ponha em primeiro lugar as necessidades dos clientes, as novas pessoas são incapazes de reverter a tendência.

- **Falta de estratégia coesa para aprofundar os relacionamentos com as contas** – Alguns relacionamentos com as contas, mesmo os mais bem-sucedidos, podem ser mais o resultado de situações propositadas, do que de uma estratégia coesa e coerente para explorar sucessos passados. Quando o crescimento desacelera, essa falta de planejamento de longo prazo pode tornar-se dolorosamente notória.

Pilotando o ABM em contas selecionadas

Poucas empresas estão dispostas ou são capazes de se comprometerem integralmente com o ABM sem antes testar o conceito. Quase sempre, o ponto de partida é compor cuidadosamente um grupo seleto das contas mais importantes da empresa. Para o ABM Estratégico, três é o número mágico na maioria dos casos, à medida que um grupo de cinco contas funciona melhor para o ABM Lite, e um grupo de *prospects* valiosos, ou *named accounts*, é mais adequado ao ABM Programático. É importante que esses clientes constituam uma amostra representativa, de modo que os resultados do piloto sejam provas confiáveis para justificar a decisão de desenvolver um programa pleno, com um ou mais tipos de ABM.

PRINCIPAIS MEMBROS DA EQUIPE DE ABM ESTRATÉGICO

Pode haver muitos membros em uma equipe de ABM, mas, geralmente, só um é responsável pela gestão do plano ABM: o *ABM Marketer*. Esse profissional, com o *Key Account Manager*, coordena as atividades do time da conta.

A equipe principal geralmente inclui:

- O *Key Account Manager* e outros membros da equipe de vendas.
- Consultores de produtos e serviços, responsáveis por soluções personalizadas.
- Profissionais de marketing dos produtos, setor, comunicações e de campo.
- Pessoal de apoio e outros profissionais, como técnicos e outros gestores das áreas de *professional services* e outras funções organizacionais.

Conforme a conta e a formação da equipe, talvez você também precise de outras competências, como:

- Gestão de produtos.
- Representante de consultoria.
- Representante do setor.
- Engenheiro de soluções.
- Capacitação de vendas.
- Parceiros.

O ABM é um esporte de equipe e, assim, vale refletir sobre as pessoas que serão envolvidas nos projetos-piloto daqui para a frente. O engajamento e o suporte às pessoas da equipe farão o sucesso ou o fracasso do piloto. Portanto, invista tempo suficiente para instruí-las e envolvê-las, desde o início.

Eis alguns outros aspectos importantes da fase de piloto:

- **Desenvolva métricas** — Antes de experimentar o ABM, as empresas precisam concordar sobre como medir o sucesso. Elas devem criar meios para comparar o "antes e depois" da conta para avaliar se os objetivos do piloto foram alcançados. Depois de definir o que será considerado sucesso, é hora de criar métricas que reflitam isso. Na pesquisa da ITSMA, vimos métricas qualitativas, quantitativas e uma mistura de ambas.

- **Selecione as contas-piloto** – A seleção de critérios para o projeto-piloto em ABM pode variar de empresa para empresa. Há, contudo, alguns critérios de seleção universais de contas-piloto, que abreviam o processo mais extenso, detalhado no Capítulo 4:
  - **Escolha contas com as quais você cultiva fortes relacionamentos ou que têm alto potencial de receita.** É muito mais difícil entrar em contas em que você não tem pelo menos um contato que possa falar a seu favor. Os *prospects* com os quais você não faz negócios atualmente são difíceis por esse motivo, mas um investimento em pesquisa profunda pode fazer diferença.
  - **Escolha *Key Account Managers* experientes.** É difícil trabalhar com uma equipe de vendas que não conhece e nem acredita no valor a ser agregado pelo marketing.
  - **Evite contas problemáticas.** Se o relacionamento com uma conta é tenso, o ABM não é a solução para salvá-lo. Sem um programa e um piloto plenamente desenvolvido por trás da tentativa, é improvável que o relacionamento melhore.
  - **Escolha contas que veem o potencial para fazer mais.** Uma boa conta para um piloto de ABM é aquela que percebe a possibilidade de novas conquistas, mas não teve a oportunidade de explorar outras formas de trabalhar juntos, ou simplesmente não se dedicou a esse esforço anteriormente.
- **Pesquise e analise as contas-piloto** – Ao se preparar para trabalhar com as contas-piloto, as empresas precisam fazer pesquisas secundárias sobre a conta e seus mercados, e sobre os principais *stakeholders* da conta. O propósito da pesquisa é envolver as contas-piloto para ter uma conversa mais relevante e confiável sobre problemas e dificuldades.
- **Construa planos integrados para a conta** – Cada conta-piloto de ABM Estratégico deve passar por um processo de planejamento conjunto que inclua um *ABM Marketer*, o *Key Account Manager* e representantes de vendas. O ABM Lite e o ABM Programático precisam de integração no nível multicliente.
- **Mensure e revise** – Embora relatórios genéricos sobre o sucesso do projeto-piloto de ABM sejam importantes para reforçar o apoio dentro da empresa, é fundamental proceder uma análise formal das contas que participaram do piloto para identificar os

ganhos obtidos. A consolidação das descobertas é indispensável para desenvolver argumentos convincentes a fim de expandir o programa além do piloto.

- **Divulgue os resultados** – É importante que o resto da organização tome conhecimento do sucesso do programa-piloto. Primeiro, espalhe-o, boca a boca, na área de vendas. Os vendedores são competitivos e comunicativos. Se uma tática ou estratégia está funcionando para um colega, o caso logo se propaga por toda a força de vendas. Se o sucesso for mais que um caso fortuito ou questão de talento individual – ou seja, se ficar comprovado que o ABM foi eficaz entre diferentes contas-piloto – os vendedores começarão a reivindicar acesso às mesmas vantagens desfrutadas pelos colegas. Segundo, publique o sucesso do ABM fora da área de vendas e marketing. Desenvolver estudos de caso internos sobre o êxito do ABM ajuda a convencer executivos céticos de que vale investir no programa.

2º Estágio – Construa

Principais drivers *da construção do ABM*

Com base em nossa experiência, poucos são os casos em que dar mais atenção às contas, com pesquisa e orientação relevantes e direcionadas, não produz resultados positivos. As empresas, porém, devem empenhar-se em aproveitar o clima e o sucesso das contas-piloto de ABM antes que desvaneçam. Os líderes de ABM exploram a experiência e os resultados dos pilotos para reivindicar a expansão do programa imediatamente.

Eis alguns *drivers* importantes a considerar:

- **Resultados positivos dos pilotos** – Nada gera mais impulso para a expansão do programa que a prova clara e irrefutável de que as contas-piloto foram bem-sucedidas no cumprimento dos objetivos e das métricas.

- **Estímulo do feedback de vendas** – Os vendedores que trabalham com as contas-piloto geralmente relatam que, com o ABM, eles não se sentem mais como Sísifo empurrando pedra morro acima. Estão vendo melhorias nos relacionamentos importantes com a conta e estão conseguindo reuniões com os executivos do cliente, em áreas que até então lhes eram inacessíveis.

- **Melhoria do processo de planejamento da conta** – O ABM tem um processo formal de planejamento colaborativo da conta, envolvendo vendas e marketing. Esse processo alinhado, em vez de abordagens propositadas ou oportunistas, melhoram o desempenho.

- **Aumento do apoio executivo à estratégia de ABM** – O sucesso com as contas-piloto leva os executivos de marketing e vendas a dar mais atenção ao programa e a considerar a sua expansão.

Construindo os fundamentos

À medida que você avança de alguns pilotos bem-sucedidos para a construção de programas formais, não deixe que o entusiasmo e a paixão se sobreponham à ponderação e ao planejamento. O que funcionou nos pilotos nem sempre funciona no programa em si, com pretensões a aumento de escala. Os objetivos gerais se deslocam da ênfase no sucesso das contas específicas para a ênfase em práticas e métricas que propiciarão, ao mesmo tempo, o sucesso para numerosas contas diferentes. Se o programa não for ampliado com economicidade, ele não irá além do estágio piloto.

É importante também garantir que o ABM não se transforme em apenas um exercício tático e imediato de preenchimento do funil de vendas. Trata-se, isto sim, de um programa estratégico associado aos objetivos gerais mais amplos da empresa. Por exemplo, logo, não deve haver cinco tipos diferentes de programas de ABM, com diversos objetivos, em determinada unidade de negócios.

Outros passos importantes na construção dos fundamentos do programa são os seguintes:

- **Realize pesquisas entre as contas-piloto** – Programas que exigem mudança organizacional, como o ABM, devem apresentar uma narrativa. Os defensores do ABM empacotam os sucessos e as melhores práticas em estudos de caso e apresentações, para os que querem informações detalhadas da estratégia e *pitches* para espalhar o assunto entre vendedores e demais funcionários.

- **Refine os seus critérios de seleção de contas** – Durante a fase de piloto, a seleção de contas é orientada tanto para a necessidade de provar o conceito quanto pelo verdadeiro objetivo do ABM: acelerar o crescimento. À medida que as empresas ultrapassam a fase de piloto, elas ajustam os critérios de seleção de clientes conforme as circunstâncias.

- **Comece definindo métricas comuns e critérios de sucesso** – As contas-piloto fornecem um modelo bruto dos critérios de sucesso e dos objetivos de ABM gerais, mas, novamente, o modelo bruto é ofuscado pela necessidade de demonstrar o valor do ABM. Você precisará de objetivos e critérios que continuem relevantes à medida que o programa se expande. Além disso, durante a fase de piloto, é bom focar na mensuração no nível de cada conta. Todavia, à medida que você constrói os fundamentos para o aumento de escala do programa, mensure por cada conta individualmente, por tipo de ABM, e pelo programa como um todo.

- **Identifique as fontes de financiamento e de recursos** – Uma das vantagens do ABM é nem sempre exigir a criação de novas campanhas de marketing. Os mecanismos de divulgação dos programas de relacionamento, dos programas de lealdade e de liderança já existentes podem ser usados nas campanhas de ABM. Mas o conteúdo gerado por esses programas precisará de algum ajuste mais fino. E marketing talvez necessite de financiamento para fazer pesquisas em profundidade sobre contas específicas. Nossas pesquisas revelaram que, tanto quanto possível, esse financiamento extra para ABM deve vir da unidade de negócio e de vendas, que geralmente têm mais orçamento e flexibilidade para alocação do que marketing. Há aqui um fator de alinhamento importante. O financiamento pela área de vendas também ajuda a garantir que vendas se interessará em participar do programa ABM e em apoiá-lo de maneira mais ampla. Os líderes de ABM deverão decidir se tentarão obter financiamento do atual orçamento de vendas ou se pressionarão pela inclusão de um novo item no orçamento de ABM.

- **Treine e eduque os profissionais de marketing** – Os líderes do programa ABM devem identificar as competências necessárias para o ABM, desenvolver programas de treinamento e estabelecer sistemas de mentoria e "duplas de parceiros", em que pares se ajudam mutuamente.

- **Obtenha mais apoio da alta administração (*sponsorship*)** – Para ampliar os fundamentos do ABM, o apoio da alta administração deve começar a irradiar-se para cima (o *Chief Marketing Officer* e os dirigentes de vendas devem tornar-se fortes defensores do programa). Agora, os líderes do programa ABM também devem olhar para outras áreas da empresa que poderiam beneficiar-se com o programa e incluí-las no cenário. Mas não basta conversar com os vice-presidentes de vendas e de marketing. Descubra quem são os influenciadores nas áreas-alvo e converse com eles sobre os êxitos do piloto, a estratégia e os objetivos do programa, e seus critérios para a avaliação dos resultados. Acompanhe-os até o ponto em que tiverem compreendido plenamente o valor da abordagem ABM. Convença-os de que o programa é importante para o sucesso da empresa – e que o patrocínio deles é importante para o sucesso do programa. Por fim, peça-lhes objetivamente que defendam a iniciativa.

Também é útil obter o apoio de executivos fora das áreas de vendas e marketing, como finanças (que, em breve, verão o ABM como mais uma linha no orçamento) e TI (que deverá ajudar a instalar ferramentas, plataformas tecnológicas e *dashboards* para monitorar o ABM). Nesses casos, contudo, construir o apoio direto não é tão importante quanto educar e conscientizar a todos de que o ABM é um programa que vendas e marketing apoiam e consideram importante para o sucesso de toda a empresa.

3º Estágio – Padronize

Principais drivers da padronização do ABM

O programa ABM já cresceu até o ponto em que está sendo usado com sucesso em diferentes partes da empresa. O conceito está comprovado, desfruta de ampla aceitação, e os seus riscos são reduzidos. As tensões da "adolescência", contudo, estão começando a se manifestar. O compartilhamento de métodos e de melhores práticas poderia ser mais eficaz, e as empresas já estão tendo acessos de ciúme em relação ao uso dos recursos. Eis alguns sinais de que é hora de o programa de ABM amadurecer:

- **As contas ABM superam o desempenho de outras contas** — Um dos maiores retornos do ABM é um processo de vendas mais eficaz e eficiente. Como as empresas investem antecipadamente no aprendizado sobre as contas, as propostas de vendas se tornam mais relevantes para as necessidades específicas dessas contas. Ocorrem menos idas e vindas de propostas e o retrabalho dos vendedores é reduzido, encurtando o ciclo de vendas. As equipes de ABM também perdem menos tempo procurando oportunidades pouco lucrativas e mal ajustadas, por terem melhores insights das especificidades das novas oportunidades. Com efeito, as equipes de ABM podem ser convocadas para ajudar a desenvolver essas oportunidades, abrindo a possibilidade de fechar negócios como fornecedor exclusivo, sem qualquer processo licitatório ou concorrencial (fora do setor público).

- **Os relacionamentos com as contas melhoram** — O ABM não consiste apenas em conquistar mais negócios este ano. Também contribui para a construção de relacionamentos que são os fundamentos de angariar mais negócios todos os anos, maximizando o *Lifetime Value* (LTV), ou valor vitalício do cliente. À medida que as equipes de ABM estabelecem relacionamentos mais frequentes e profundos com contatos nas contas-alvo, elas também constroem os fundamentos do aumento sustentável do valor dos negócios para ambas as partes. Quando as empresas percebem a estabilidade proporcionada pelo ABM, elas buscam formas de estender o programa a outras contas.

- **Os *Key Account Managers* pedem o ABM** — O boca a boca está à solta entre os vendedores: se nos associarmos ao marketing na gestão das contas e adotarmos uma abordagem mais formal na pesquisa das questões mais importantes para essas contas, fecharemos mais negócios. E assim se deflagra uma certa pressa na promoção do ABM. As empresas, porém, devem gerenciar esse fluxo com cuidado, pois nem todas as contas serão candidatas adequadas ao ABM. Os líderes de ABM encarregados de gerenciar o programa devem ter razões fáticas para dizer sim ou não aos pedidos de apoio do ABM, como o descrito no Capítulo 4.

- **O ABM impulsiona o interesse pela carreira** – Ser um *ABM Marketer* é um sonho para muitos. Isso exige ampla variedade de competências, estratégicas e táticas, e é fonte inesgotável de estímulo, à medida que os profissionais tentam acompanhar as mudanças em curso no âmbito das grandes e complexas contas. Na pesquisa da ITSMA, constatou-se que o ABM atrai – e, igualmente importante, nutre – talentos de alto nível em marketing. Vendo as oportunidades oferecidas pelo ABM, em termos de trabalho e experiência, os profissionais de marketing mais ambiciosos começarão a afluir em ondas crescentes, impulsionando ainda mais a expansão do programa.

O QUE BUSCAR EM UM *ABM MARKETER*

Os *ABM Marketers* são generalistas, que têm conhecimento suficiente de todas as especialidades de marketing, para merecer credibilidade e cultivar bom julgamento, ao mesmo tempo em que aprimoram competências de liderança e relacionamento, para preconizar e gerenciar programas de ABM internamente, por toda a empresa; e externamente, com clientes e parceiros.

De suas posições em equipes colaborativas de planejamento de contas, com os vendedores, esses profissionais precisam fazer nada mais que quase tudo, desde reuniões com altos executivos das contas até o ajuste de slides de apresentações para *experts* de diferentes áreas. Eles estão ajudando a gerenciar todo o relacionamento com as contas. Algumas das características desses *ABM Marketers*, com base em nossa pesquisa com o ABM Council, da ITSMA, são:

- **Competências com pessoas** – Os *ABM Marketers* aprendem a enfrentar a área de vendas e os altos executivos (na própria organização e nas contas), ao mesmo tempo em que mantêm bons relacionamentos com os grupos de apoio e com agências externas que mantêm em andamento os programas de ABM. Eles acumulam experiência valiosa ao falarem para grupos internos e parceiros, assim como para as contas, e desenvolvem boas competências de apresentação.

- **Foco externo** – Os *ABM Marketers* desenvolvem tanto a paixão por servir as contas quanto por praticar o marketing.

- **Compreensão de negócios** – Os *ABM Marketers* compreendem não só os negócios da conta, mas também os próprios. Eles são capazes de gerir as contas em discussões espontâneas e de oferecer insights e sugestões de ambos os lados da mesa.

- **Tolerância pelo trivial** – A prática do ABM tem um mix saudável de desafiador e trivial. Por exemplo, os *ABM Marketers* têm a amplitude da experiência de fazer o planejamento das contas de alto nível, mas também a paciência e a habilidade para facilitar uma apresentação ou para gerenciar a logística de eventos.

- **Conhecimento sobre *business development*, ou desenvolvimento de negócios** – Ao trabalhar como parte de uma equipe com vendas, os *ABM Marketers* desenvolvem a compreensão dos desafios e a empatia pelas dificuldades com que se defrontam os colegas de *business development*.

Padronização do programa de ABM

Quando o ABM tiver obtido repetidos sucessos, numa ampla variedade de contas, o programa terá alcançado um ponto de decisão: para que o ABM continue a crescer com eficácia, é necessário pensar em formas de padronizar o programa, para que seja tão eficaz e eficiente quanto possível. As empresas começam a incorporar o ABM em seus modelos operacionais. Isso significa padronizar os processos de ABM em toda a empresa e falar sério sobre a criação de uma estrutura de gestão formal.

Eis as principais formas de as empresas padronizarem seus programas de ABM:

- **Criar um escritório de gestão do programa (EGP) e um modelo de gestão** – O EGP é o mecanismo de gestão e controle que mantém a qualidade e a consistência entre todas as contas ABM, e melhora o desempenho geral de todo o programa. Iniciar um EGP significa designar um líder para todo o programa de ABM. As atividades do EGP são:

- Gestão do projeto.
- Integração entre as áreas funcionais internas.
- Treinamento, educação e mentoria.
- Execução e implementação.
- Infraestrutura de sistemas e processos.
- Métricas, mensurações e relatórios.

- **Estabelecer métricas padronizadas e critérios de sucesso entre todas as contas** – A empresa agora tem experiência suficiente com grupo crítico de contas ABM para definir objetivos e critérios para o programa como um todo. O EGP desempenha funções críticas na avaliação e aprovação do conjunto final de critérios e métricas de sucesso.

- **Desenvolver processos de recrutamento de pessoal** – As empresas deverão estipular um conjunto de critérios a serem adotados no recrutamento e seleção de pessoal e na definição dos planos de carreira dos *ABM Marketers*.

- **Integrar o ABM no sistema geral de reconhecimento e recompensa** – O ABM enfatiza aspectos de vendas e marketing que não são considerados nos sistemas-padrão de reconhecimento e recompensa. Por exemplo, o pessoal de vendas que atua no ABM está investindo mais tempo na construção de relacionamentos do que se estivessem apenas fazendo vendas transacionais. Devem ser alvo de reconhecimento e recompensa por desenvolver relacionamentos em vez de simplesmente fechar vendas; do contrário, a motivação declinará e o programa pode fracassar. O EGP desempenha um papel importante na pressão por sistemas de reconhecimento e recompensa adequados ao ABM.

- **Alavancar práticas de ABM para perseguir grandes oportunidades de vendas** – Um número crescente de empresas adotam as práticas e os princípios de ABM em busca de oportunidades importantes – mesmo que não sejam contas ABM. As grandes oportunidades justificam o investimento em abordagens ABM, mesmo que por tempo limitado. A metodologia e o *framework* desenvolvido para o ABM até este ponto podem ser adaptados para uma abordagem de "tropa de elite" a oportunidades excepcionais, com propósitos específicos.

4º Estágio – Escale

Principais drivers para escalar o ABM

Depois da comprovação do sucesso do ABM e do desenvolvimento de processos formais e de estruturas da gestão, chega-se a um ponto em que o ABM se torna parte do DNA da empresa – estratégia central de *go-to-market* para as contas. O valor do ABM é tal, que a empresa pensa em ampliá-lo tanto quanto possível.

Eis alguns sinais de que a empresa está pronta para escalar o ABM:

- **Os resultados do ABM alavancam o negócio como um todo** – Quando se tem grandes quantidades de clientes em uma operação B2B (*business-to-business*), aplica-se o princípio 80/20 – em que 80% da receita provêm de 20% das contas. O ABM, tradicionalmente, foca nesses 20% das contas mais relevantes. À medida que o relacionamento com as contas estratégicas melhora e o ciclo de vendas encurta, as empresas começam a perceber que as principais contas passam a contribuir com uma fatia ainda maior da receita, mudando a proporção de 80/20 para 85/15 – em que 15% das contas respondem por 85% da receita. Além disso, como o ABM faz uso de programas de marketing já existentes, os ganhos da empresa geralmente são obtidos com um pequeno investimento incremental, o que proporciona uma melhoria na lucratividade do negócio.

- **Reconhecimento da necessidade de mudança de uma atuação regional/setorial para global** – Geralmente o ABM cresce numa área específica da empresa, como uma unidade de negócio ou região. Mas agora que há práticas e gestão padronizadas, outras áreas da empresa veem menos risco em também implantar o ABM. O EGP começa, então, a receber pedidos para lançar o ABM em outras áreas da organização.

Escalando o programa de ABM

Quando as empresas decidem mobilizar o ABM da forma mais ampla possível, elas inevitavelmente se veem em um beco sem saída. Os líderes de ABM durante todo o desenvolvimento do programa pressionarão por sua ampliação para abranger tantas contas quanto possível. Inevitavelmente, alguém na empresa observará: "Se o ABM é tão bom, vamos aplicá-lo a todas as contas, e não apenas às Top 50".

O diferencial do ABM, porém, é concentrar recursos extras nas contas mais importantes, em que o investimento adicional tende a oferecer maior retorno. Se você dispersar esses recursos entre clientes demais, perde-se a diferenciação e reduz-se o retorno. É aqui que entram em ação os vários tipos de ABM.

À medida que os programas de ABM amadurecem, as empresas enfrentam uma decisão importante, politicamente difícil. Até que ponto aumentar o programa ABM e quantas contas incluir em cada tipo de ABM? Na pesquisa da ITSMA, descobrimos que cada profissional de marketing do ABM Estratégico é capaz de gerir de uma a cinco contas de cada vez. Já os profissionais de marketing do ABM Lite, tradicionalmente, gerenciam cerca de 25 contas, agrupando-as em grupos de cinco para a execução das atividades. O ABM Programático permite direcionamento, monitoramento e comunicação com centenas de clientes, por meio do uso de várias ferramentas tecnológicas. Sua popularidade crescente talvez seja, pelo menos em parte, resultado das eficiências daí decorrentes, à medida que os profissionais de marketing tentam aumentar o âmbito de aplicação dos princípios do ABM em mais contas.

Na verdade, a pesquisa da ITSMA revela que as ferramentas e os paradigmas são considerados os pré-requisitos mais importantes para escalar o programa de ABM (ver Fig. 5.5), antes mesmo da contratação de mais profissionais adequados ou do aumento do orçamento.

Eis alguns exemplos de como direcionar as eficiências:

- **Alcançar economias de escala com processos padronizados, serviços compartilhados e automação** – À medida que o programa ABM cresce, as empresas podem reduzir custos, constituindo serviços compartilhados e automatizando alguns aspectos do processo. Por exemplo, a BT, importante empresa de serviços de comunicação, automatiza o processo de pesquisa de clientes usando a plataforma Insight3, da Agent3, de modo que os *Key Account Managers* recebam automaticamente atualizações diárias das notícias e das informações mais recentes sobre suas contas. Assim, elas podem concentrar mais tempo em construção de relacionamentos e em vendas. Outras empresas usam plataformas de automação, como Demandbase, para direcionar e personalizar os *digital ads* em escala.

FIGURA 5.5: Fatores importantes para escalar o ABM

O quão importantes são esses fatores para escalar o seu programa ABM?
Avaliação Média da Importância (N ~ 66)

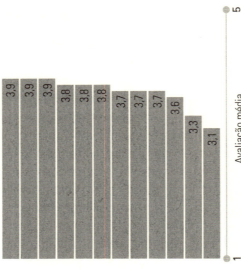

Fator	Avaliação
Ferramentas e modelos para a padronização dos processos ABM	3,9
Contratar mais profissionais de marketing adequados	3,9
Orçamento adicional	3,9
Sistema de gestão do conhecimento para compartilhar campanhas, ferramentas e conteúdo de ABM	3,8
Customização em massa de marketing/liderança/conteúdo	3,8
Plataformas de tecnologia para automação de marketing	3,8
Ferramentas e modelos para a padronização das campanhas de ABM	3,7
Dashboard de métricas baseado em tecnologia	3,7
Plataformas de tecnologia para automatizar a coleta de insights sobre as contas	3,7
Reuniões ou *conference calls* regulares para compartilhar as lições aprendidas e as melhores práticas	3,6
Programas formais de treinamento e avaliação de competências em ABM	3,3
Ferramentas de colaboração interna para compartilhar as melhores práticas (p. ex. Sharepoint)	3,1

NOTA: avaliação média baseada em escala de cinco pontos, onde 1 = Sem importância e 5 = Muito importante
FONTE: ITSMA, *Account-Based Marketing Benchmarking Survey*, março de 2016

MOMENTOS ARRISCADOS NO PROCESSO DE ADOÇÃO DO ABM

A ITSMA identificou[2] dois momentos de maior risco no processo de crescimento e ampliação do ABM:

1. Passagem do estágio de piloto para o de construção.
2. Passagem do estágio de padronização para o de ampliação da escala.

De piloto para construção

Problema: o programa de marketing corre o risco constante de ser eliminado na próxima rodada de cortes orçamentários.

Solução:

- Posicionar o ABM como programa de crescimento da empresa, não como tática de marketing. Com muita frequência, os programas são iniciativas táticas, centradas em marketing.
- Alinhar com vendas, para integrar plenamente o marketing no processo de planejamento da conta. As funções, as atribuições e os processos para a criação e execução de planos de ABM integrados, de marketing e vendas, precisam ser compreendidas pela equipe de vendas da conta.
- Medir e reportar resultados intermediários, tanto quantitativos quanto qualitativos. A maioria das campanhas de marketing tem horizonte de curto prazo e objetivos concretos. Elas se destinam a impulsionar a demanda por produtos e/ou serviços específicos, gerar *leads* qualificados e mostrar resultados no prazo de 30 a 90 dias. Os programas de ABM têm horizontes mais longos e as oportunidades de receita nem sempre são conhecidas antecipadamente. O ABM é concebido para mudar percepções ou posicionamentos no âmbito da conta, construir relacionamentos mais fortes para preservar a colaboração e a criação de valor como processos contínuos e para promover o crescimento da empresa com as contas atuais e outras novas, por meio de um marketing mais direcionado.

---

[2] ITSMA. *Account-Based Marketing Benchmarking Survey*. 2016.

De padronização para ampliação da escala

Problema: o sucesso gera enorme pressão para aumentar a cobertura das contas; e você precisará investir em pessoas, processos e tecnologia para alcançar economias de escala.

Solução:
- Formalizar os seus programas de ABM, constituindo um escritório de gestão do programa, ou um centro de *expertise*; gestão formal, ou uma comunidade de marketing. A criação de uma gestão ou comunidade centralizada para o programa de ABM é um pré-requisito para se alcançar escala.
- Desenvolver seus *ABM Marketers* e elaborar planos de carreira formais.
- Implementar tecnologias para a obtenção de insights, execução das campanhas, orquestração dos esforços e apuração das métricas.

- **Criar um sistema de gestão do conhecimento para ABM** — Ter um diretório de arquivos centralizado, com as melhores práticas e material de treinamento sobre ABM ajuda as equipes a aprimorar suas competências e a desenvolver novas contas com mais rapidez.
- **Alavancar as práticas de ABM em outras áreas de marketing** — As empresas geralmente descobrem que, depois de terem implementado o ABM há algum tempo, ocorre um efeito de gotejamento. Por exemplo, os relacionamentos mais profundos de ABM com uma empresa de pesquisa específica, promovidos pelas equipes de contas, podem ajudar as equipes de marketing setorial a tornar seu conteúdo mais relevante.

Lembre-se de que o compromisso o processo de desenvolvimento de um programa de ABM é coisa de anos, não de dias ou meses. Os benefícios, entretanto, tendem a ser significativos:

- Maior crescimento das contas ABM, em comparação com as outras contas.
- Encurtamento dos ciclos de vendas.

- Movimentação mais rápida das oportunidades, ao longo do *pipeline* de vendas.
- Aumento do número de relacionamentos com as contas.
- Aumento do *share of wallet*.
- Mais oportunidades de fornecimento exclusivo.
- Melhoria na lucratividade das contas.
- Unidade de imagem para o cliente.
- Aumento na satisfação da conta.
- Maior visibilidade e acesso a oportunidades.

Seu checklist de ABM

1. O modelo de adoção do ABM, testado e comprovado, tem quatro estágios distintos: piloto, construção, padronização e aumento da escala.

2. Pense em experimentar todos os tipos de ABM que podem ser relevantes para a sua empresa.

3. Como *ABM Marketer*, você precisa ser um generalista, com conhecimento suficiente de todas as especialidades de marketing para ter credibilidade e capacidade de julgamento, assim como capacidade de liderança e habilidades de relacionamento.

4. Observe que há dois momentos de risco ao promover o crescimento e a ampliação do ABM: na passagem do piloto para a construção, e na passagem da padronização para a ampliação da escala.

PARTE DOIS
O PASSO A PASSO DO ACCOUNT-BASED MARKETING

Introdução

Vamos trabalhar agora com o processo de sete passos para desenvolver e executar um plano de ABM Estratégico para uma conta. Estes são os sete passos apresentados na Fig. P2.1:

1º Passo – Conhecer o que direciona a conta.
2º Passo – Jogar com as necessidades da conta.
3º Passo – Mapear e levantar o perfil dos *stakeholders*.
4º Passo – Desenvolver propostas de valor específicas.
5º Passo – Planejar campanhas integradas de vendas e marketing.
6º Passo – Executar campanhas integradas.
7º Passo – Avaliar os resultados e atualizar os planos.

Embora esse processo tenha sido desenvolvido para o ABM Estratégico, o mais dispendioso em recursos dos três tipos de ABM, seus princípios se aplicam igualmente ao ABM Lite e, em menor proporção, ao ABM Programático.

No ABM Estratégico, você trabalha no processo com uma conta de cada vez. Na abordagem do ABM Lite, você simplesmente aplica o processo a um grupo, ou *cluster*, de contas semelhantes. Isso significa analisar *drivers*, objetivos, estratégias e iniciativas importantes em andamento, em cada uma das contas do seu *cluster*, e identificar os pontos em comum. E, então, examinar o seu próprio portfólio (e os de seus parceiros de negócio, se for o caso) para decidir como e onde ajudar as empresas do seu *cluster*.

FIGURA P2.1: Processo de ABM em sete passos

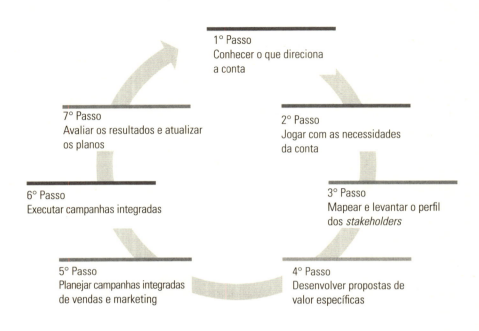

FONTE: © 2017, ITSMA

Assim decidido, você mapeia os *stakeholders* em cada uma de suas contas-alvo, além dos influenciadores a quem esse grupo de *stakeholders* escuta. Feito isso, é hora de desenvolver uma proposta de valor específica para o grupo como um todo (ou para os principais segmentos dentro dele), e então construir a campanha com recursos a serem alocados para cada *stakeholder*, em cada empresa do seu *cluster*. Sua campanha pode ser rastreada com um único *dashboard* de métricas, contendo informações sobre todas as contas.

Se você estiver usando o ABM Programático, é provável que você obtenha menos insights profundos sobre os *drivers* das contas em seu programa – talvez características demográficas simples sobre tamanho, localização, setor, número de funcionários, uso de determinada tecnologia (p. ex. sistemas Microsoft, SAP ou Oracle) e taxas de crescimento – geralmente para qualificá-los no programa. Você identificará problemas comuns com que se defrontam, como: disrupção digital em seus modelos setoriais, ou mudança para forças de trabalho móveis multigeracionais, e adaptará o seu portfólio para enfrentar esses problemas. Então, você provavelmente focará os papéis dos diferentes *players* ou personas específicas nas quais focar como destinatárias das mensagens.

O planejamento da campanha provavelmente focará com mais intensidade as mídias digitais, com o aprofundamento da personalização das mensagens avançando, à medida que aumenta o engajamento com cada cliente, durante a campanha. O processo provavelmente será apoiado pelas vendas internas ou pela força de vendas em geral, com as quais a colaboração consistirá principalmente no repasse de *leads* de marketing qualificados, para que se convertam em *leads* de vendas aceitos. Seu painel de métricas será genérico para todas as contas e acionado no nível programático.

Para os propósitos deste livro, focaremos a aplicação do processo de sete passos no ABM Estratégico, supondo que, depois de aprendê-lo em seu nível mais profundo, você pode começar a aplicá-lo em versões menos intensivas, nas abordagens ABM Lite ou ABM Programático.

Um último ponto a ter em mente, à medida que você percorre a Parte Dois deste livro, é que esse processo é genérico. O verdadeiro sucesso do ABM decorre do desenvolvimento do seu próprio processo, integrando-o nos processos de gestão da conta e de vendas, já existentes na empresa, usando os sistemas disponíveis para fornecer os *inputs* e monitorar os *outputs* do processo. Em suma, use o nosso processo como ponto de partida para desenvolver o seu próprio estilo de fazer ABM.

6 CONHECENDO O QUE ESTÁ DIRECIONANDO A CONTA

Em que ponto você se encontra hoje? Aonde você quer chegar?

Ao iniciarmos o processo de sete passos do ABM Estratégico, este capítulo o orienta na aquisição dos insights profundos de que você precisa para desenvolver e executar planos de ABM poderosos. Coletar e utilizar a inteligência sobre a conta é o primeiro passo.

Depois de selecionar as contas a incluir em seu piloto ou programa atual, de identificar as fontes de recursos e alocá-los para contas específicas, você está pronto para realizar as pesquisas primárias e secundárias que constituem a essência da atividade do ABM.

A inteligência da conta lhe permite:

- Identificar e explorar proativamente novas oportunidades.
- Ampliar os relacionamentos de alto nível com as contas e desenvolver outros novos.
- Expandir o escopo e os termos de engajamento,
- Melhorar o alinhamento entre marketing e vendas.

Sua primeira tarefa é identificar o que você já sabe sobre a conta e, de uma perspectiva crítica, o que é necessário descobrir para preencher as lacunas. Comece avaliando onde você está hoje, como fornecedor, e quais são os seus objetivos para a conta (Quadro 6.1). É provável que você já tenha algumas dessas informações, oriundas do processo de seleção de contas, descrito no Capítulo 4. Sabemos que

142

essa é uma forma de pensar de dentro para fora, mas é importante definir a compreensão básica de onde você quer estar e o quão distante é esse lugar de onde você está hoje. Isso feito, deixe-o de lado e volte a pensar sob a perspectiva da conta.

QUADRO 6.1: Ponto de partida e planos vigentes

Onde estamos?	Aonde queremos chegar?
• Quão grande é essa conta para nós? • Quão lucrativa é a conta? • Quais são os nossos relacionamentos? • Como os principais *stakeholders* nos percebem hoje? • O que fazemos por eles atualmente? • Estamos atendendo bem? • Como estamos trabalhando com os parceiros?	• Quão grande queremos que esta conta seja? • Como queremos ser percebidos pelos principais *stakeholders*? • Quais propostas de valor queremos vender (em um cenário ideal)? • Quais outros objetivos ou planos já existem para essa conta?

A melhor forma de responder a essas perguntas é se reunir com o diretor e com o time que convive com a conta no dia a dia. Geralmente, isso é feito sob a forma de uma *kick-off meeting*, ou reunião de início de projeto, onde se dá o pontapé inicial, explicando o propósito e o processo do ABM à conta e definindo a base de comparação, para que todos conheçam a situação atual e os planos para a conta no ponto de partida. A agenda típica de uma *kick-off meeting* poderia ser a seguinte:

1. Apresentações.

2. O processo de ABM.

3. Visão geral da conta:
   • Nossa história com a conta.
   • Situação atual.
   • O que fazemos por eles agora?
   • Estamos entregando bem?
   • Quão grande é essa conta?
      • Tipos de contratos.
      • Valor dos contratos.

- Projeção de receita para os próximos três a cinco anos.
- Número de pessoas trabalhando para a conta.
- Porcentagem do orçamento que nós temos.
- Principais concorrentes e seus contratos.
- Status do relacionamento com os *stakeholders*.

4. Objetivos da conta.

5. Resumo e próximos passos.

Se já existe um plano da conta, é possível que ele já contenha muitas das informações necessárias – mas tome cuidado, pois nem sempre é esse o caso. Nossa própria experiência com planos para contas é que eles variam muito em qualidade, com alguns cheios de inteligência do cliente, mas vazios em estratégia para a conta; e outros vazios em inteligência sobre a conta, mas cheios de relatórios sobre os projetos em curso e de listas do que vender ao cliente em seguida... Queiram eles comprar ou não! Mesmo quando a empresa tem um padrão de formato e processo de planejamento, o grau em que se observam esses paradigmas são muito diferentes.

Entrevistas de percepção do ABM

Informação fundamental para compreender a conta é a forma como o cliente percebe você hoje. Isso é importante, esteja você tentando mudar a percepção do cliente sobre você atualmente; ou pretendendo aumentar as vendas, via *cross-selling* ou *upselling*; ou partindo para um grande investimento na conta.

Essa primeira pesquisa de percepção lhe dará alguma compreensão de como os principais decisores e influenciadores da conta se sentem hoje em relação à sua empresa, e de quão grande é a diferença entre o que eles pensam de você agora e o que você quer que eles pensem a seu respeito.

Se você já não tiver essas informações, com base em suas pesquisas gerais sobre a marca, satisfação do cliente, *net promoter score* e estudos *win-loss*, vale considerar algumas entrevistas de percepção para concluir a base de comparação no ponto de partida. Essas entrevistas lançam luz sobre a conscientização dos principais *stakeholders* quanto ao sucesso da sua empresa, na condição de fornecedor, com as contas até agora, o que você representa e no que se destaca, suas forças competitivas, sua gama de soluções, e o valor total que a sua empresa oferece para ajudar a conta a alcançar seus objetivos.

Geralmente, um profissional de marketing ou empresas terceirizadas fazem de seis a oito entrevistas com cada conta ABM. As entrevistas podem ser repetidas anualmente, para avaliar o progresso e fornecer um excelente conjunto de métricas para reportar o impacto e os resultados do ABM. O Quadro 6.2 é uma sugestão de roteiro para essas entrevistas.

QUADRO 6.2: Guia de entrevistas para a percepção das contas sobre o ABM

1. De que forma você descreveria os serviços e as soluções prestados pela empresa X?	**8.** Até que ponto você está satisfeito com a capacidade da equipe da conta da empresa X de propor soluções inovadoras que resolvam ou promovam o atendimento das necessidades ou dos objetivos do projeto?
2. Que tipo de valor a empresa X agrega ao seu negócio?	
3. Quão familiarizado você é com as soluções da empresa X?	**9.** Que fornecedores de soluções você considera mais parecidos com a empresa X?
4. Quão efetiva é a empresa X em instruí-lo sobre todo o portfólio de negócios?	**10.** Em que áreas você considera a empresa X melhor do que as concorrentes?
5. Como tem crescido e evoluído a sua relação com a empresa X ao longo dos anos?	**11.** Em que áreas você considera a empresa X pior do que as concorrentes?
6. Como você avalia a empresa X sob os seguintes aspectos: conhecimento do negócio, conhecimento técnico, capacidade para reduzir os seus custos, pontualidade da entrega, iniciativa?	**12.** Se você fosse procurar um fornecedor desse tipo de solução hoje, que critérios seriam mais importantes na sua avaliação?
	13. Você considera a empresa X como um dos seus principais consultores estratégicos?
7. Quão satisfeito você está com a capacidade da equipe da conta da empresa X de prever as tendências e as demandas setoriais e oferecer-lhe essas perspectivas?	**14.** Em quais áreas a empresa X poderia melhorar?

Qual é o contexto da conta?

Você executou todas as tarefas para definir a base de comparação no ponto de partida. Agora, vamos focar no essencial: o que está acontecendo com a conta. Para tanto, será necessário responder a algumas perguntas fundamentais sobre o contexto em que o cliente está operando e como ele está respondendo. Isso não é simples. Esses clientes geralmente são organizações grandes e complexas, em fluxo constante. Que problemas eles estão enfrentando neste momento? Será que estão passando por algum processo significativo de aquisição ou desinvestimento? Eles estariam enfrentando transformações em toda a dinâmica do negócio, envolvendo estratégia, direção, operações, organização ou pessoal?

Basicamente, você fará uma auditoria de marketing na conta, quase como se você fosse o *Chief Marketing Officer* (CMO). Para tanto, será preciso coletar informações sobre:

1. Como o mundo, no sentido macro, está impactando a conta (uma análise PESTEL dos fatores políticos, econômicos, sociais, tecnológicos, ecológicos e legais que estão afetando ou podem afetar a conta).

2. Como a dinâmica do mercado está impactando a conta, à medida que os seus clientes e concorrentes evoluem (As Cinco Forças de Porter para a análise das barreiras de entrada, ou seja, poder de negociação dos clientes, poder de negociação dos fornecedores, ameaça de novos entrantes, ameaça de produtos ou serviços substitutos e rivalidade entre os atuais concorrentes).

3. Como tem sido o desempenho da conta em comparação com o de seus pares (sobretudo o percebido por analistas de investimento, que orientam indivíduos e instituições sobre a atratividade relativa da conta cliente como veículo de investimento a curto, médio e longo prazos).

4. Qual é a estrutura da conta, a situação financeira, as divisões de negócio, a abrangência geográfica, o mix de produtos e serviços, os dirigentes e lideranças, e a cultura corporativa.

5. A estratégia expressa da conta, os projetos em andamento, e o progresso de cada iniciativa diante da estratégia.

6. Como a conta compra serviços como os seus, com quem ele está trabalhando hoje, sua situação competitiva dentro da conta e quaisquer planos para novos contratos ou renovação de contratos na sua área.

As perguntas que você basicamente está tentando responder são apresentadas no Quadro 6.3, a seguir.

QUADRO 6.3: Principais perguntas sobre o contexto da conta

---

1. Como o panorama do setor de atividade da conta está mudando e o que está surgindo?

a) Que fatores são mais importantes para a conta?
b) Qual é o impacto dessas mudanças na conta?

2. Como a conta está respondendo hoje? Quais são os principais negócios, operações e iniciativas de TI dentro da conta?

3. Quais são os principais *stakeholders* da conta que controlam as iniciativas, e como eles se enquadram na organização?

4. Quais são os critérios de decisão em cada iniciativa, e como compreendê-los melhor?

5. Quem são os *gatekeepers* (controladores) das iniciativas, e como podemos trabalhar com eles ou em torno deles?

Uma nota sobre como os compradores compram atualmente

Um dos aspectos mais importantes a ser compreendido pelos *ABM Marketers*, e um dos que é menos compreendido hoje, é como os compradores consomem as informações, à medida que avançam no processo de compra. No caso de grandes compras, como as de sistemas de tecnologia e serviços profissionais complexos, simplesmente não é verdade que os compradores decidem de quem comprar antes mesmo de conhecer os vendedores, como sugerem alguns observadores.

Ao ouvir alguém dizer algo tipo "os compradores já percorreram 70% do processo de compra antes de falar com um vendedor", não deixe de perguntar a quais compradores se refere e o que eles estão comprando. Essa afirmação talvez se aplique a bens de consumo, até os de alto valor, como carros ou cozinhas, mas a pesquisa da ITSMA mostra que ela não é verdadeira no caso de compras B2B de alta complexidade e de alto valor. As pessoas ainda desempenham um importante papel nesses processos de compra.

Todavia, é certo que o comprador de hoje tem acesso a mais conteúdo, por meio de mais canais, do que nunca. A mudança no comportamento de compra e a proliferação em si dos canais de marketing acarretaram grandes desafios para os profissionais de marketing, inclusive o de oferecer ao comprador uma experiência completa e de otimizar o mix de marketing para alcançar esses compradores com mais eficácia. Os profissionais precisam conhecer o conteúdo almejado pelos *seus* compradores e os canais preferidos *deles*.

A essa altura, empenhe-se para compreender como os compradores tomarão as decisões de compra: quais são os critérios deles para selecionar um fornecedor como você? Isso definirá tanto o conteúdo de suas vendas integradas, quanto as campanhas e os canais de marketing que você usa para alcançar os compradores.

FIGURA 6.1: Como os compradores B2B avaliam os fornecedores

NOTA: Os entrevistados foram solicitados a classificar por importância
FONTE: ITSMA, *How B2B Buyers Consume Information Survey*, 2016

Nossas próprias pesquisas sugerem que as três principais questões a demonstrar em sua campanha são o seu conhecimento do setor dos clientes, a sua compreensão dos problemas de negócio específicos deles, e o valor quantificável da sua solução como fornecedor (Fig. 6.1). Supõe-se que você esteja plenamente preparado em relação aos dois primeiros pontos, com base em suas análises já feitas, e falaremos mais sobre propostas de valor no Capítulo 9. (Oferecemos mais detalhes sobre o processo de compra no Capítulo 10.)

Fontes de informação

Se responder às perguntas dos Quadros 6.1 e 6.2 parece assustador, lembre-se de que você tem muitas fontes potenciais de informação. E, mesmo que você não tenha todas as respostas imediatamente, encontrá-las talvez seja um dos seus primeiros objetivos em ABM.

Há um fluxo (Fig. 6.2) nesse processo de pesquisa que é bom ter em mente. Depois do pontapé inicial, na *kick-off meeting*, você terá uma visão das informações secundárias já disponíveis internamente sobre a conta. Analise-as em detalhes e identifique as lacunas, para preenchê-las com informações secundárias, disponíveis externamente. É importante compreender o máximo possível com essas informações secundárias, antes de ter conversas aprofundadas sobre a conta, como pesquisa primária, com o time da conta e parceiros.

FIGURA 6.2: Fluxo do processo de pesquisa depois da *kick-off meeting*

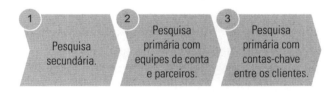

Você terá conversas muito melhores se já tiver feito o dever de casa sobre a conta. Só depois de ter sido plenamente orientado dentro da sua empresa você deve pensar em entrevistas primárias fora da empresa, com as próprias contas.

Fontes iniciais de pesquisas secundárias

Para responder às perguntas contextuais, primeiro recorra a fontes de informação secundárias (Fig. 6.3). Algumas dessas fontes serão os seus sistemas internos ou pesquisas primárias existentes, que a sua empresa já fez, em outras iniciativas, como pesquisas sobre personas de comprador ou enquetes sobre satisfação do cliente. Convém passar algum tempo com colegas de finanças e de atendimento, para compreender as informações que eles têm e seus insights sobre a conta.

FIGURA 6.3: Fontes de informação secundária

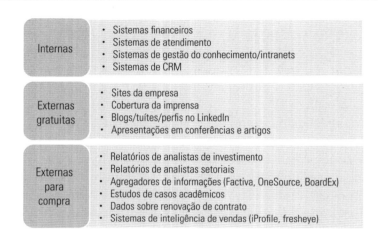

Outras fontes gratuitas estão disponíveis em âmbito externo. Aí se incluem sites da empresa e, no caso de companhias abertas, as S/A, que fazem emissões públicas, com ações negociadas em bolsas de valores, as páginas de relações com os investidores são especialmente úteis, na medida em que apresentam as visões da empresa sobre o contexto em que ela atua, como o panorama de mercado, os desafios que enfrenta, suas estratégias e iniciativas prioritárias. Outras fontes públicas também oferecem informações gratuitas. Aí se incluem analistas de investimento e setoriais, que, regularmente, analisam o desempenho de companhias abertas e as iniciativas dos executivos da empresa.

Vemos muitos programas de ABM que recorrem a empresas de pesquisa para ajudá-los a desenvolver o histórico da conta, com base em várias fontes. Essa pode ser uma boa tática para suplementar a limitação de recursos do ABM, e, se você estiver usando ferramentas especializadas e plataformas de insights (ver Capítulo 3), disponibilize imediatamente as informações para as equipes de vendas e marketing.

Pesquisa primária interna

Os vendedores são notórios por saber muito mais do que geralmente revelam em sistemas ou apresentações de vendas. Portanto, são geralmente fontes inexploradas de informações sobre a conta. Depois de fazer sua pesquisa básica sobre o histórico da conta, o passo seguinte é entrevistar o time da conta para sondar os conhecimentos dos seus membros. As equipes de conta geralmente ficam muito satisfeitas com a oportunidade de falar sobre o que sabem, mas raramente estão dispostas a perder tempo escrevendo relatórios.

Recorrer a discussões em grupos de foco semiestruturados (Quadro 6.4) é a forma mais eficaz de extrair esse conhecimento. Se possível, tente envolver as pessoas que trabalham com a conta no dia a dia, como equipes de atendimento, especialistas ou consultores comerciais e pessoal de RH, assim como vendedores.

QUADRO 6.4: Guia de entrevista com as equipes de venda e da conta

1. Apresentações: Quais são as suas funções na conta e as áreas em que você está mais envolvido?
2. Quais são os desafios e as prioridades da conta e como você as vê atualmente?
3. Descreva, por favor, a cultura da conta e como você a vê.
4. Qual é a situação atual dos projetos em que você está trabalhando?
5. Como você descreveria a percepção pela conta daquilo em que somos bons?
6. Em que projetos você vê nossos concorrentes trabalhando na conta e qual é a situação desses projetos?
7. Por que os concorrentes ganharam (e nós perdemos) negócios específicos no passado?
8. Em quais áreas nossos concorrentes têm relacionamento/*sponsors* fortes na conta?
9. Como você descreveria a percepção pela conta dos pontos em que nossos concorrentes são bons?
10. Qual é a sua compreensão sobre os gastos da conta em serviços relevantes atualmente?
11. Qual é a sua compreensão sobre os gastos da conta com planos e projetos futuros?
12. Onde você acha que poderíamos ser mais bem-sucedidos na conta?
13. O que você acha que precisamos fazer para sermos bem-sucedidos na conta?
14. Há outros pontos importantes no processo de planejamento?

Talvez seja o caso de não incluir nessas discussões o *Key Account Manager*, pois talvez seja mais difícil para os membros juniores se abrirem e falarem francamente, se sentirem que terão de pisar em ovos para não embaraçar o KAM. Essa sugestão é ainda mais aplicável em culturas nas quais é importante se resguardar o tempo todo e não ser visto como contestador da autoridade.

Dependendo da complexidade e da escala da conta, do tamanho dos negócios em curso com ele, e da forma como a sua organização gerencia grandes contas internacionais, talvez seja necessário realizar várias sessões, com equipes de diferentes unidades de negócio ou regiões geográficas, sobre a conta. Algumas podem ser feitas por videoconferência, por *calls*, ou quem sabe você prefira simples conversas individuais por telefone.

Use o seu julgamento político sobre com quem falar primeiro e a quem convidar para cada sessão, para manter engajados os principais *stakeholders* internos da sua organização.

Pesquisa primária externa

É fácil ter a ideia de que ABM é uma *blacks ops*, ou "operações especiais", que faz tudo às ocultas. Na verdade, alguns dos programas de ABM mais bem-sucedidos adotaram a abordagem oposta, debatendo abertamente as ideias básicas com as contas e usando essas discussões como trampolim para maior transparência.

Essa abordagem abre uma fonte extremamente valiosa de insights sobre a conta: contatos importantes de dentro da conta. Novamente, a forma mais eficaz de desbloquear esses insights é por meio de uma entrevista semiestruturada (Quadro 6.5). A ideia é compreender com nitidez o que você gostaria de saber e, ao mesmo tempo, manter a flexibilidade suficiente para descobrir informações que você talvez não tenha imaginado.

Lembre-se: primeiro, faça o dever de casa, via pesquisa secundária e entrevistas com o time da conta, de modo a se aproximar das contas munido de ideias, em vez de simplesmente pedindo informações.

As duas perguntas iniciais do Quadro 6.5 demonstram como usar o seu conhecimento durante as entrevistas e como evitar fazer perguntas cujas respostas, na opinião da conta, você já deveria conhecer. (Talvez seja o caso de conjugar essas perguntas com as do Quadro 6.2, se você também precisar de percepções básicas.)

A pesquisa primária às vezes pode ser usada não só como base de comparação para as atuais percepções e para as futuras prioridades, mas também como ferramenta em si da campanha ABM, por seus próprios méritos. A KPMG usou com êxito uma mistura de pesquisa primária e pesquisa secundária, para descobrir o foco do cliente em Objetivos de Desenvolvimento Sustentável, e também para desenvolver índices setoriais de Objetivos de Desenvolvimento Sustentável para apoiar o cliente no seu trabalho, e, em consequência, reposicionando-se no cliente (ver o estudo de caso "KPMG").

QUADRO 6.5: Guia sugerido de entrevista com o cliente

1.	Você poderia confirmar seus objetivos corporativos para mim? Minha pesquisa sugere que eles são os seguintes: _____
2.	Com base em minha pesquisa, parece que estes são alguns dos objetivos e obstáculos que você enfrenta: _____. Quais são os mais urgentes para você?
3.	Quais são as suas prioridades para serviços ou soluções?
4.	Pensando nessas prioridades para futuros serviços, quais fornecedores você consideraria e por quê?

ESTUDO DE CASO

KPMG LLP – CAUSANDO BOA IMPRESSÃO EM UMA *KEY ACCOUNT* GLOBAL

A KPMG Internacional é uma rede global de empresas de serviços profissionais. Em 2013, a sede americana da KPMG decidiu fazer um esforço coordenado para reforçar a visibilidade da marca e aprofundar os relacionamentos com um importante cliente humanitário global, lançando uma estratégia de campanha ABM em apoio aos Objetivos de Desenvolvimento Sustentável – ODS (SDG) do cliente.

Objetivos ambiciosos

O objetivo derradeiro era transformar a percepção da KPMG pelo cliente, de apenas um entre muitos fornecedores não diferenciados de serviços profissionais em um verdadeiro consultor confiável, com valores compartilhados e responsabilidade plena pela construção da agenda do cliente – em 2015 e além. A KPMG dos Estados Unidos coordenou-se com várias empresas afiliadas para apoiar esse cliente em âmbito global.

A equipe de *Global Account* alcançou uma série de marcos pioneiros, ao executar a campanha *SDG Industry Matrix*. Essa não foi só foi, efetivamente, a primeira campanha ABM deles, mas também a ponta de lança no desbravamento de novos territórios na área de marketing da KPMG, pelas seguintes razões:

- Essa foi a primeira campanha de marketing ABM que combinou um mix de canais de mídia tradicionais e digitais, para impulsionar a marca, os relacionamentos e as vendas da KPMG nos Estados Unidos.

- A coordenação integrada na organização de marketing da KPMG ofereceu aos clientes os melhores recursos da rede. Ao explorar as ferramentas de pesquisa de mercado interno, assim como recursos locais, nacionais, internacionais e globais, a equipe foi capaz de alcançar economias de custo de aproximadamente US$ 225.000 em produção de impressos, execução de marketing de eventos, pesquisa de mercado e custos de gestão.

- Esse foi o primeiro plano de marketing integrado, centrado no cliente, com alcance e escala global dessa magnitude e proeminência, reunindo altos executivos e líderes globais de oito países.

Resultados corporativos

Foram vários resultados corporativos relevantes:
- Aquisição de *leads* que acelerou o entendimento e a conexão do time da conta com os principais compradores, influenciadores e *coaches* do cliente.
- Criação de aproximadamente 85 novos relacionamentos.
- Identificação e gestão pela KPMG de oito novos compromissos de palestra, que "credenciaram" a *Global Lead Partner* como importante especialista no assunto, no debate global pós-2015.
- Adoção da metodologia de *scores* de relacionamento de vendas da KPMG nos Estados Unidos. A campanha resultou no

aumento de 40% nos *scores* de relacionamento dos contatos estratégicos pós-2015 das 10 maiores entidades desse cliente.

- Estudo da percepção da marca por terceiros confirmou que a campanha ABM ajudou a mudar as percepções da KPMG pelo cliente.

- Um diretor do cliente observou que a KPMG é "interlocutor inovador em ampla variedade de tópicos relacionados com desenvolvimento" e atribui à empresa americana e à rede KPMG o fornecimento de ideias sobre desenvolvimento sustentável e sobre defesa do crescimento inclusivo liderado pelo setor privado.

- Outro líder da Organização de Desenvolvimento do cliente observou que a KPMG é uma "importante organização profissional na área de desenvolvimento global", com "capacidade e *know-how* de contribuir significativamente para o enfrentamento de desafios urgentes na agenda pós-2015".

- O sentimento positivo da mídia depois da campanha aumentou o *brand equity* total da KPMG.

- Altos executivos da KPMG foram abordados pela mídia quanto às suas opiniões sobre os ODSs e como o setor privado poderia orientar as decisões sobre investimento para enfrentar desafios econômicos, sociais e ambientais, criando, assim, valor tangível real e comum.

- As opiniões da empresa americana da KPMG sobre os ODSs geraram cobertura positiva nas plataformas sociais e digitais, principalmente depois do envolvimento ativo do cliente no desenvolvimento de programas de para eventos *high-touch*, altamente personalizados, como no World Economic Forum.

- O time da conta identificou e participou de 37 eventos relacionados ao cliente, dos quais 11 foram patrocinados pela KPMG, nos Estados Unidos, gerando mais de cinco milhões de impressões sobre a marca, em oito países, ao longo de seis importantes setores de atividade.

Sob a perspectiva de crescimento da receita, a equipe *Global Account* esperava que a campanha contribuísse para o aumento de 33% da receita nos Estados Unidos, ao fim do exercício financeiro de 2015, e de 45% da receita global no mesmo período, diante de sua eficácia comprovada para o aumento contínuo da exposição e credibilidade da equipe em toda a organização do cliente.

A análise dos números do Relatório Anual do Cliente, em 2014, mostrou que a KPMG passou do sétimo para o terceiro lugar entre os maiores prestadores de serviços do cliente, e para o segundo maior entre as *Big Four*, as quatro maiores organizações de serviços profissionais, em âmbito global.

Lições aprendidas

Considerando a complexidade da conta e da rede global da KPMG, o projeto foi bem executado, produzindo resultados impressionantes e gerando vantagem competitiva significativa. Com presença relativamente baixa no cliente, a KPMG nos Estados Unidos usou o ABM para mudar as percepções dela própria dentro do cliente, de "bom fornecedor" para "consultor de confiança" – parceiro que realmente compreende as necessidades organizacionais do cliente, e que poderia aproveitar seus próprios relacionamentos corporativos mais amplos para ajudar a promover a agenda do cliente.

Desenvolveu-se, também, boa compreensão de um cliente grande e disperso, com muitas culturas e critérios de relacionamentos/aquisições. Finalmente, a experiência demonstrou boa coordenação entre as empresas participantes da rede KPMG.

Gerando insights

Agora que você tem boa compreensão do que está acontecendo no cliente, é possível converter as informações coletadas em insights reais. Há, pelo menos, duas formas de conseguir esse resultado. A maioria das pessoas, normalmente, usa uma análise SWOT, enfatizando suas forças e fraquezas relativas na conta, as oportunidades a aproveitar e as ameaças a evitar (ver Fig. 6.4).

Infelizmente, muitas análises SWOT acabam parecendo listas de lavanderia, cheias de informações, sem indicação clara da importância relativa de cada item nem das providências a tomar, como resultado. Se você realmente recorrer à análise SWOT, tente limitar-se aos dois ou três fatores mais importantes em cada caixa, e seja claro sobre as implicações de cada um para a empresa e para o plano ABM.

O Quadro 6.6 mostra uma Power SWOT, com um exemplo de fator e as implicações em cada categoria.

FIGURA 6.4: Matriz SWOT

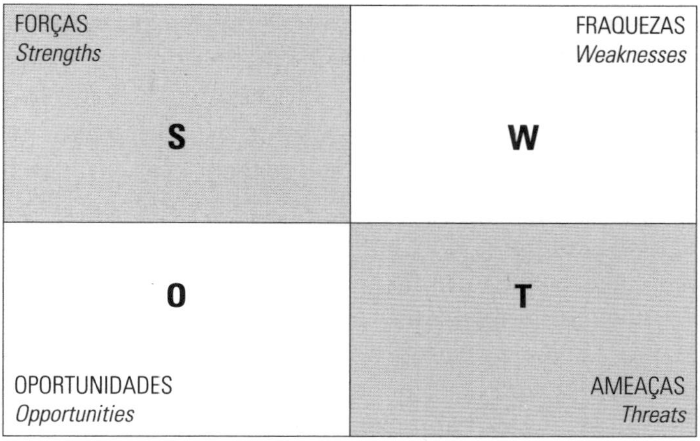

FORÇAS *Strengths* **S**	FRAQUEZAS *Weaknesses* **W**
O OPORTUNIDADES *Opportunities*	**T** AMEAÇAS *Threats*

QUADRO 6.6: Exemplo de uma Power SWOT para um plano ABM

Categoria da SWOT	Fator	Implicação
Forças Em que somos relativamente mais fortes que os nossos concorrentes.	Temos uma melhor reputação como parceiros terceirizados do que os concorrentes X e Y.	Oportunidade de renovação do contrato em 18 meses.
Fraquezas Em que somos relativamente mais fracos que os nossos concorrentes.	Não somos vistos como proativos e inovadores.	Desenvolver um programa sistemático de inovação e contato proativo para os *stakeholders* da conta.
Oportunidades Em que podemos tirar vantagem de algo que está acontecendo externamente.	Nova legislação aumentará a pressão sobre o *back office* da conta e impulsionará uma iniciativa para aumento da eficiência.	Adote ideias proativas e comprovadas para promover mudanças transformadoras na conta, reduzindo custos e oferecendo a melhor experiência ao cliente, com o uso de tecnologias digitais.
Ameaças Em que podemos correr riscos por força de acontecimentos externos.	Os concorrentes X, Y e Z têm relacionamentos com a pessoa que talvez venha a ser contratada como novo *Chief Digital Officer* (CDO) da conta.	Desenvolva relacionamentos e visibilidade com os altos executivos.

157

Se você quiser avançar ainda mais nessa análise, sugerimos-lhe refletir sobre os imperativos enfrentados pela conta e sobre as iniciativas a adotar como resposta. Isso é importante porque lhe permite "seguir o dinheiro" no cliente, uma vez que as iniciativas sempre têm um responsável e um orçamento para a sua execução.

Os imperativos de negócio ou de mercado são uma dinâmica, uma questão e/ou uma tendência importante que afeta a capacidade da empresa de alcançar seus objetivos declarados. Um exemplo do setor de telecomunicações pode ser a crescente expectativa dos clientes de assistir a vídeos no percurso entre dois lugares, em seus smartphones ou tablets. Outro exemplo do setor de varejo pode ser a expectativa crescente dos consumidores de serem reconhecidos e de fazer compras por vários canais, como um site acessado por um dispositivo móvel, seguido da entrega da compra na loja mais próxima.

Uma iniciativa de negócio é uma atividade ou um conjunto de atividades que ocorre em resposta direta a um ou mais imperativos, e essas iniciativas podem abranger funções financeiras, operacionais e tecnológicas na empresa. Portanto, é provável que as empresas de telecomunicações, às voltas com clientes em movimento que querem assistir a vídeos em dispositivos móveis, tomem iniciativas para ampliar, além de melhorar, os sistemas de CRM e de faturamento. E a empresa varejista que lida com os clientes por meio de vários canais tenderia a desenvolver projetos *omnichannel*, com mudanças em sites, bancos de dados de clientes e sistemas de ponto de venda em lojas, para oferecer uma experiência de compra integrada, além de promover o treinamento de pessoal e agilizar a cadeia de suprimentos, para possibilitar a entrega rápida de mercadorias.

Ao listar as exigências com que se defronta a empresa e as iniciativas em andamento para enfrentar os desafios, além de considerar as pessoas e os orçamentos associados e os critérios de sucesso para a avaliação dos resultados, você estará em condições de compreender e aproveitar as oportunidades que esse cliente oferece à sua empresa.

Partindo para o próximo estágio, se você, como fornecedor, for capaz de definir as iniciativas necessárias, ainda não detectadas pela conta, você estará em condições de assumir a atitude proativa de levar ideias valiosas ao cliente. Essa última abordagem, embora mais difícil, é a que lhe oferece maiores chances de influenciar o pensamento do cliente e de se posicionar como consultor de confiança no processo.

Seu checklist de ABM

1. Use a *kick-off meeting*, ou pontapé inicial, com o diretor da conta para compreender a atual situação da sua empresa em relação à conta, aonde a conta quer chegar e em quanto tempo.

2. Pense em recorrer a pesquisas de percepção para fornecer a base de comparação de como os *stakeholders* da conta veem a sua empresa antes de iniciar o programa de ABM.

3. Prepare-se para trabalhar a todo vapor com a conta, usando as informações já existentes em seus sistemas internos e preenchendo as lacunas com quaisquer informações externas disponíveis.

4. Se você ainda não tiver plena compreensão do contexto da conta, seus objetivos, estratégias, principais iniciativas, *stakeholders* e as formas como compra os seus serviços, pense em fazer uma pesquisa primária tanto com o seu próprio time da conta quanto com os clientes da conta que está analisando.

5. Identifique suas forças e fraquezas relativas e as oportunidades e ameaças que podem afetá-lo na conta, usando a abordagem Power SWOT.

6. Lembre-se: para propiciar insights, identifique as principais exigências que a conta enfrenta e as iniciativas que ela está empreendendo em resposta. Ao descobrir as pessoas, os orçamentos e as métricas de sucesso que a conta está adotando em cada iniciativa, você será capaz de "seguir o dinheiro" e concluir onde estão as melhores oportunidades.

7. Para posicionar-se claramente como parceiro de confiança, pense nas iniciativas que a conta deveria tomar, mas ainda não tomou. Esse é o ponto em que você pode mudar de mentalidade e agregar valor para os *stakeholders* da conta.

7 JOGANDO COM AS NECESSIDADES DA CONTA

Mudando o seu *mindset*

O segundo passo do processo de ABM para contas específicas consiste em definir e selecionar "jogadas". Jogada é uma oferta ou solução, que aborda um imperativo e uma iniciativa, no âmbito da conta escolhida, definidas no primeiro passo do processo de ABM. A jogada pode ser estreita (pense numa oferta avulsa, como um contrato de consultoria) ou abrangente, envolvendo uma solução complexa (pense num serviço de gestão de tecnologia, que inclua hardware, software, prestação de serviços e propriedade intelectual, com base em processos de melhores práticas). É o fornecimento da solução para o problema que afronta a conta.

O fator decisivo para acertar esse passo é a mentalidade da empresa, ou aprender a pensar "de fora para dentro" em vez de "de dentro para fora". O que estamos dizendo com isso? Pode ser muito fácil, não importa que estejamos em vendas ou marketing, focar no que podemos oferecer, sem primeiro pensar de forma definitiva sobre os desafios e o contexto da conta. Nós nos aproximamos do cliente com a nossa lista de compras, e esperamos que ele identifique e escolha os itens que melhor atendam às necessidades dele.

Lembramos de como nos divertíamos ao ouvir a história de uma empresa de contabilidade cujo gestor de desenvolvimento de negócios descreveu bem o desafio, dizendo: "Se um parceiro do cliente tem conhecimento profundo de tributos internacionais, isso é o que ele tentará vender a todos os clientes, mesmo que o cliente queira conversar sobre finanças corporativas para um processo de aquisição. Ele não consegue descartar a mentalidade tributária e entrar na cabeça do cliente".

Como enfatizamos reiteradamente em todo este livro, o ABM consiste em compreender as necessidades de cada conta e direcionar ou desenvolver soluções para atender a essas necessidades. Isso é o que diferencia o ABM da venda típica de produtos ou serviços. O ABM é mais adequado a métodos de venda consultiva, como *challenger selling* ou *SPIN selling* (*situation, problem, implication, need payoff*), em que o foco é sobre o cliente e seus problemas.

Há quem a denomine "venda com a folha em branco", uma vez que o vendedor geralmente procura o cliente para ouvi-lo, sondando os problemas que o cliente enfrenta e as implicações de não gerenciá-los com eficácia, antes de falar sobre como poderia ajudar. Tem mais a ver com construir um relacionamento de longo prazo, que cria valor mútuo duradouro, do que com vendas transacionais imediatas e fugazes.

Portanto, depois de identificar os principais desafios, as iniciativas imediatas e a pessoa na conta que se sente no controle e é considerada a responsável pelo sucesso da iniciativa, a próxima providência é perguntar: O que podemos fazer para ajudá-los? Qual é a nossa solução, o nosso produto ou o nosso serviço que atende a essa necessidade? Essa é a sua jogada.

Preparando a jogada

Desenvolver a jogada é o que lhe permite falar sobre o que a sua organização tem a oferecer, no contexto do que importa para a conta. É um grande avanço em relação às abordagens tradicionais de marketing de produto. Em vez de encher o cliente com um monte de atributos dos produtos e serviços, que podem ser relevantes ou irrelevantes, você já fez o trabalho duro de empacotar os seus produtos e serviços para a conta. Esse é o ponto de partida de uma conversa muito mais eficaz sobre os imperativos e as iniciativas que você identificou na conta e sobre as suas ideias para ajudá-la.

Jogada é um conceito amplo. Pode ser um produto, uma combinação de produto e serviço, ou uma combinação de produto, serviço e as pessoas que contribuem com determinada *expertise*. Pode incluir propriedade intelectual, *frameworks* e metodologias. Abrange toda e qualquer coisa que seja possível pôr em campo para ajudar a conta a gerir seus imperativos e implantar suas iniciativas, com sucesso.

Também pode incluir a escalação de parceiros, pois problemas complexos muitas vezes exigem soluções fora do escopo de um único fornecedor. Quando você está avançando rumo a áreas complexas, como a transição para uma plataforma digital, por exemplo, logo surgem questões de segurança e conformidade, além da tecnologia.

Logo, a solução pode ser composta de vários itens de hardware e software, serviços de instalação, e *expertise* de operação, que também podem ser fontes de diferenciação competitiva. Lembre-se, a jogada é com você. Todo o resto é com a conta.

Melhor se conduzido em ambiente de workshop, o caminho ideal para identificar possíveis jogadas a serem propostas é mapear os imperativos que a conta enfrenta e as iniciativas em andamento, ou apenas idealizadas, e compará-las em com o seu portfólio de produtos e/ou serviços. O Quadro 7.1 mostra como fazer esse mapeamento.

QUADRO 7.1: Mapeando imperativos e iniciativas para o seu portfólio

Suas ofertas	Imperativo/ Iniciativa de Negócio 1	Imperativo/ Iniciativa de Negócio 2	Imperativo/ Iniciativa de Negócio 3	Imperativo/ Iniciativa de Negócio 4	Imperativo/ Iniciativa de Negócio 5
Produto 1	Jogada #1			Jogada #4	
Produto 2		Jogada #2			
Serviço 1					
Solução 1			Jogada #3		Jogada #5
Há a necessidade de um parceiro?	Não	Sim	Sim	Não	Não

Os profissionais de marketing geralmente facilitam o processo, orientando a *expertise* do time da conta e os especialistas no assunto, de toda a empresa. Vez por outra, pareceu-nos útil convidar para o workshop os *Key Account Managers* de clientes semelhantes, do mesmo setor, pois eles podem contribuir com ideias de como a empresa desenvolveu jogadas para conjuntos semelhantes de imperativos e iniciativas, em outra conta.

Use o Quadro 7.1 como paradigma para ajudar a explorar os detalhes e identificar as principais jogadas. Esse exercício não deve ser uma "lista de lavanderia", com a descrição e a quantidade de peças; mas, sim, concentrar-se nas soluções adequadas, de alto nível, para os imperativos e as iniciativas de negócio do cliente. Defina o desafio. Tem a ver com segurança? Globalização? Mobilidade? Essa abordagem eleva o nível da discussão. Comece a deslocar o pensamento de "O que *nós* oferecemos" para "O que *cliente* realmente precisa?".

Por exemplo, uma importante empresa de serviços profissionais, investigando os desafios enfrentados por uma empresa de mídia global, descobriu que a conta estava sendo questionada por gastar muito com atividades de *back-office*, em vez de no desenvolvimento e produção de conteúdo valioso, que pudesse ser vendido em todo o mundo. Em consequência, a conta teve de desenvolver uma iniciativa para diminuir as despesas de vendas, gerais e administrativas, de 12% para 9% do total de gastos.

Enquanto isso, o pessoal de finanças estava gastando muito tempo e recursos com atividades administrativas de baixo nível, em vez de promover atividades ligadas ao desenvolvimento e à produção de conteúdo criativo. Além de comprometer iniciativas financeiras relevantes, essa distorção estava alienando jovens promissores da equipe financeira, que se ressentiam de perder tempo com trabalhos burocráticos.

Assim, a empresa de serviços profissionais recomendou que a conta transferisse parte de seu pessoal de finanças júnior para o trabalho mais burocrático, possibilitando que a empresa de mídia desse aos seus ambiciosos gestores de nível médio mais tempo para se dedicarem a soluções criativas, voltadas para a produção de programas, que agregavam valor, em vez de apenas manter o *back-office* funcionando. Esse direcionamento de pessoas que compõem grande parte das ofertas da empresa para uma necessidade específica não teria ocorrido sem a compreensão das imperativos e iniciativas do cliente.

Depois de definir as suas jogadas, descreva-as da forma mais clara possível. Os Quadros 7.2 e 7.3 mostram outros exemplos de jogadas desenvolvidas para atender a imperativos e iniciativas específicas.

QUADRO 7.2: Exemplo de jogada tecnológica em apoio a uma iniciativa de globalização

Imperativo/Iniciativa de negócio priorizada	Características da jogada
Globalização	• Plataforma de localização 24 x 7 • Soluções de segurança sob medida • Apoio virtual para cada fuso horário; deslocamento do processamento para diferentes fusos horários • Comoditização global • Integração de solução com parceiros locais • Software e serviços localizados

QUADRO 7.3: Exemplo de jogada tecnológica em apoio a uma iniciativa de redução do risco

Imperativo/Iniciativa de negócio priorizada	Características da jogada
Redução do risco resultante de aumento da regulação e da segurança	• Plataforma segura • Aplicação das regras certas para garantir a atual tolerância ao risco • Segurança: pode ajustar-se ao desejo de redução do risco • Modelagem preditiva, ser proativo no fornecimento de informações ao cliente, não depois de terem atingido o limite de tolerância ao risco • Gestão de processos de negócios – ações automatizadas para lidar com violações de risco • Serviços customizados

Priorizando as possíveis jogadas

Talvez você se veja na posição de ter muitas jogadas possíveis para a sua conta. Embora seja bom ter esse problema, o perigo aqui é falta de foco – de fazer muita coisa ao mesmo tempo e de não fazer nada bem-feito. Se isso acontecer em um workshop sob a sua liderança, é hora de definir as prioridades.

A matriz GE/McKinsey é uma ferramenta que pode ser usada aqui. Se, porém, parecer difícil demais (e você não tiver tempo para interromper o processo e fazer as análises necessárias), outra abordagem mais rápida é definir prioridades com base em uns poucos critérios simples. A Tab. 7.1 mostra os critérios adotados por uma empresa num workshop de ABM para um banco, que propôs uma quantidade excessiva de jogadas possíveis.

TABELA 7.1: Exemplo de abordagem para priorizar as possíveis jogadas

Questão	Inovação multicanal	Redução de custo nos pagamentos	*Business Intelligence*
É importante para o cliente? (0 = Não, 5 = Bem importante, 10 = Muito importante)	10	10	5
Temos algo diferente a dizer? (0 = Nada, 5 = Basicamente o mesmo dos concorrentes, 10 = Diferente)	5	5	10
Temos as credenciais? (0 = Não, 5 = Igual aos concorrentes, 10 = Mais que os concorrentes)	5	10	10
Será que levará a uma grande oportunidade em larga escala? (0 = Não, 5 = Alguma oportunidade, 10 = Meganegócios)	10	10	5
Será que posicionará a empresa de forma mais abrangente no setor bancário? (0 = Não, 5 = Até certo ponto, 10 = Definitivamente)	5	10	10
SCORE TOTAL	35	45	40

Nesse exemplo, a empresa em questão resolveu desenvolver a jogada "redução de custo nos pagamentos", por ela ter alcançado o *score* mais alto no exercício de priorização, com a jogada *business intelligence* correndo em paralelo. A jogada "inovação multicanal" não foi abandonada, mas incluída no plano, para ser executada na segunda metade do ano, depois que as duas jogadas iniciais terem sido desenvolvidas e testadas com a conta.

As empresas que usam plataformas de insights contínuos se veem na invejável posição de serem capazes de mapear o seu portfólio de iniciativas das contas, de forma contínua e sistemática (ver estudo de caso "BT"). Os sistemas podem sugerir as ofertas que soariam melhor para os clientes da conta, que materiais estão disponíveis para remessa, a proposta de valor para a conta e os *proof points*, ou pontos de prova, em que o produto, o serviço ou as soluções têm sido entregues com sucesso antes.

Aqui é preciso equilibrar entre aproveitar as oportunidades que se apresentam em tempo real, e esclarecer o que, para você, é mais importante realizar na conta, assim como a prioridade ou jogada a longo prazo em que você está focado. Para os vendedores que estão trabalhando com a conta, é importante receber orientação clara sobre os tipos de oportunidade que são mais compatíveis com a estratégia geral que o diretor da conta está executando.

ESTUDO DE CASO

BT – CRIANDO CONVERSAS MAIS EFICAZES DE VENDAS COM O KAM LIVE

Em 2007, a BT, uma importante empresa de serviços de comunicação, decidiu multiplicar as oportunidades de negócios em seus maiores clientes. Uma análise das operações de marketing da BT Global Services revelou oportunidades para ampliar o *share of wallet* e impulsionar um *pipeline* mais lucrativo, nas contas mais importantes. A BT adotava uma abordagem de portfólio para engajar-se com as contas. Os vendedores focavam no que tinham a vender, mas nem sempre eram capazes de demonstrar conhecimentos profundos sobre as necessidades das contas.

Concluímos que ganharíamos com uma abordagem mais direcionada para marketing e vendas", de acordo com Neil Blakesley, então *VP of Marketing* da BT Global Services (BTGS). "Dissemos, vamos focar no indivíduo e na empresa em que ele ou ela está. Para empresas que vendem para organizações muito, muito grandes, quanto mais você conhece sobre a conta, melhor. E não só a nível da organização, mas também a nível individual. Resolvemos gastar nossas verbas de marketing com a conta, não com propaganda".

E, assim, a BT criou o programa Key Account Marketing (KAM), em 2008, depois de um breve piloto para teste. Começou com um intenso esforço de pesquisa entre suas principais contas. Os pesquisadores executaram primeiro uma varredura interna, extraindo informações do sistema de Gestão do Relacionamento com o Cliente (CRM) sobre cada conta-alvo, incluindo:

- Receita atual da BT com a conta.
- Nível e áreas de penetração na conta.
- Problemas na prestação de serviços ao cliente (eles nos amam, nos odeiam ou são indiferentes?).
- Relacionamentos (quem conhecemos na conta, quais são as suas funções e atribuições e como se sentem em relação à BT?).

Em seguida, os pesquisadores reuniram informações secundárias sobre as contas, vasculhando a web e outras fontes de informação, como relatórios de analistas setoriais, mídias sociais e fornecedores de informações financeiras. A equipe de pesquisa debruçou-se sobre a montanha de informações referentes a cada conta para elaborar relatórios que revelassem insights convincentes e os mapeassem para o portfólio de forças da BT.

Os relatórios eram entregues por um portal que classificava as informações em algumas categorias, para cada conta, como:

- Atualização abrangente da empresa/TI para cada conta.
- Inteligência competitiva, detalhando fornecedores das categorias primárias de TI.
- Recursos de marketing para ajudar no engajamento (p. ex., estudos de caso, eventos, materiais de apresentação relevantes etc.).
- Conversas/oportunidades potenciais.

O novo programa foi um sucesso imediato. As equipes de vendas da BT que não participavam do programa pressionaram para serem incluídas. Infelizmente, a minúscula equipe KAM já estava distendida até o limite. Considerando o grande porte das contas-alvo, a quantidade de informações geradas por essas pesquisas era massiva. E as metodologias de pesquisa viviam dentro da mente dos pesquisadores, que pesquisavam manualmente a percepção de cada cliente KAM por entre uma profusão de critérios (ou seja, digitando manualmente "Joe Smith e empresa X" ou "empresa X e consolidação de TI").

A tarefa era extremamente demorada e a variedade de áreas e critérios a pesquisar era tão difícil de gerenciar, que a equipe KAM só podia atualizar a pesquisa sobre cada conta uma vez por ano. Acrescentar mais clientes seria impossível.

Escalando o programa sem aumento de verba

Todavia, essa foi exatamente a incumbência da equipe. A expansão deveria ser feita sem aumento de verba nem de pessoal. "Nossa única opção era inovar", observou Richard Fitzmaurice, *Global KAM Lead* da BTGS, que liderava o desenvolvimento do KAM Live e gerenciava o programa.

A necessidade levou Fitzmaurice a uma estranha fonte de informação: sites de comparação de preços. Constatando a capacidade dos sites de coletar, processar e atualizar rapidamente grandes quantidades de informações sobre preços de diferentes sites de empresas, a equipe de KAM achou que tinha descoberto uma forma de atenuar a carga sobre seu pessoal de pesquisa.

A BT usou a *expertise* em *web crawling* (rastreamento) e *web scraping* (extração) dos sites de preços para automatizar as funções de coleta de informações. A equipe trabalhou com os principais mecanismos de busca disponíveis para abastecer de informações o novo KAM *engine* e integrou no processo outras fontes de informação, como mídias sociais e sites de análise. Desenvolvido em um período de, mais ou menos, seis meses, o novo mecanismo, o KAM *engine*, automatizou a, até então, pesquisa manual a fim de coletar insights por entre centenas de diferentes critérios e domínios.

Um *pool* de informações filtradas

Diariamente, o KAM *engine* gerava um *pool* de informações sobre cada conta, em cinco grandes áreas, para revisão pelo analista de KAM (Fig. 7.1). O KAM *engine* foi projetado para aprender quais informações a equipe KAM já tinha visto, de modo a nunca mostrar a mesma informação duas vezes, garantindo que as informações apresentadas ao analista eram atuais e completamente novas.

Os analistas, então, vasculhavam as informações filtradas e compilavam relatórios detalhados sobre cada cliente. Embora agora o KAM *engine* estivesse fazendo o serviço pesado em termos de pesquisa, os analistas eram mais importantes do que nunca. Precisavam compreender bem a BT e seus clientes para saber se as informações geradas pelo KAM *engine* seriam realmente úteis. "Treinamos nossos pesquisadores como se fossem uma equipe de vendas", disse Fitzmaurice. "Efetivamente nos tornamos os donos do portfólio – os principais especialistas da BT em cada área – para treinar a equipe KAM. Os analistas são MBAs e PhDs extremamente brilhantes, muito bem qualificados em termos técnicos e de tecnologia da informação."

Esse tipo de formação e treinamento era importante porque os analistas, as equipes de vendas e as equipes de marketing setorial tinham a capacidade de sintonizar o KAM *engine* de modo a produzir os melhores insights para determinada empresa, de determinado setor.

FIGURA 7.1: Analista de Insight: Exemplo de conta

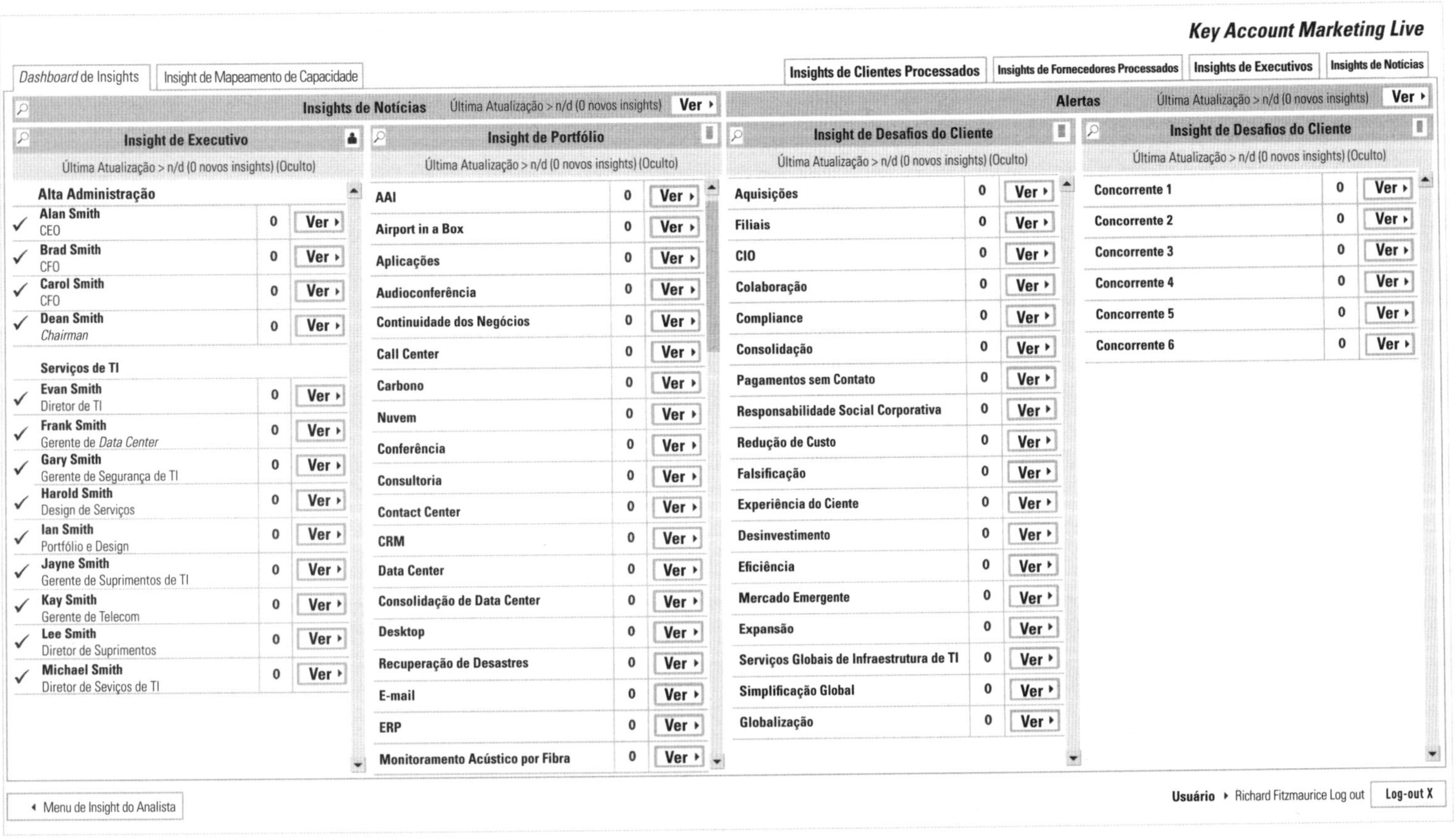

Um investimento no cliente

As informações geradas pelo KAM Live mudaram a dinâmica da conversa com os clientes, que deixaram de se basear no portfólio, para se basear na empatia e na compreensão. "Conquistamos negócios onde o cliente percebia que os levávamos a sério", observou Fitzmaurice. "Eles diziam que não estávamos olhando apenas para o aumento da proposta sobre a mesa, também estávamos considerando mais o longo prazo em que poderíamos ajudar diferentes áreas da empresa a alcançar o sucesso. A informação nos dá mais credibilidade com os clientes." O melhor de tudo é que o KAM *engine* permitiu que a BTGS mantivesse a atualização contínua dos insights diariamente. A nova velocidade e eficiência do processo significava que o número de contas cobertas pelo KAM poderia aumentar em até 50% sem qualquer aumento de custo ou de pessoal.

A agilidade do KAM *engine* e a reformulação do portal, agora apropriadamente apelidado de KAM Live, significava que as equipes da BT podiam reagir às mudanças nos clientes quase em tempo real. Blakesley explica:

> Digamos que nossos vendedores estejam participando de uma conferência em que um de nossos clientes esteja falando sobre a expansão de seus recursos no ano seguinte. Agora imaginemos que alguém tuíte sobre o comentário. Nosso software de agregação de dados da web captará esse comentário, nosso pessoal na Índia o contextualizará, e, então, ele aparecerá como sugestão de conversa no BlackBerry do vendedor. É nisso que estamos trabalhando. O cliente desceria do palco e nosso vendedor estaria lá, esperando para conversar com ele sobre como poderíamos ajudar nos planos de expansão.

Essa busca de interações em tempo real levou a uma gama de novos atributos e ajustes na funcionalidade do KAM Live:

- **Alertas de notícias** – Quando surgiam novas notícias que poderiam ter grande impacto sobre uma conta, o KAM Live gerava um e-mail de alerta automático para o vendedor da conta.

- **Modelos de conversas** – Com base nas informações geradas, a ferramenta levantava um perfil dos clientes que ajudava os vendedores a compreender como abordar o cliente, sugerindo o que as equipes de contas deveriam dizer, com quem falar no cliente, como posicionar a BT, e que ferramentas de marketing usar.

- **Probabilidade de vitória** – A ferramenta sinalizava as chances de conquistar o negócio, em termos de "bloqueado", "possível", "conquistado" e "indeterminado".

- **Atualizações de perfis individuais** – A ferramenta analisava informações referentes a indivíduos específicos no cliente-alvo. Os vendedores recebiam atualizações sobre promoções e entrevistas com a imprensa, envolvendo esses indivíduos. Se as informações no KAM Live tivessem relevância para produtos e serviços específicos no portfólio da BT, a ferramenta alertava os vendedores, que também recebiam orientações específicas sobre como proceder com a venda. A ajuda podia incluir contatos na BT referentes a ofertas de *cross-selling* e *upselling*, e histórias de sucesso para ajudar a fechar o negócio.

- **Funcionalidade de busca *self-service*** – Os vendedores da BT não precisavam esperar que os pesquisadores gerassem insights no KAM Live. Eles podiam fazer buscas de informações referentes a todas as contas. Por exemplo, um especialista em vendas de CRM, atuando no setor de manufatura na Europa, Oriente Médio e África (EMEA), podia usar a função busca para acessar um relato completo sobre todas as conversas e clientes KAM compatíveis com seus critérios, que poderia ser exportado ou visto imediatamente. Também podiam se inscrever para receber informações sobre todas as oportunidades emergentes que atendessem a seus critérios.

A arma secreta no ABM

A vantagem da velocidade do KAM Live possibilitou não só que a BT aumentasse a escala do programa para mais contas, mas também permitiu a adoção de uma abordagem mais completa e consciensiosa em relação às contas mais importantes. Em 2011, por exemplo, a BT começou um programa de ABM altamente direcionado, para seus clientes KAM mais importantes.

A pesquisa da ITSMA mostra que, em média, a maioria das empresas atribui de uma a cinco contas a cada profissional de marketing com dedicação exclusiva. Com o apoio do KAM Live, os profissionais de marketing da BT podiam, cada um, cuidar de oito contas. O processo para gerenciar cada conta incluía o seguinte:

- **Examine a situação atual da empresa na conta** – A BT fazia uma enquete com cada membro do time da conta, para verificar:
  - Qual era a atual estratégia de vendas para a conta.
  - O que a BT vendia para a conta e se a BT era consistente em sua abordagem entre as diferentes ofertas.
- **Crie um mapa de relacionamento** – A BT criou um mapa de relacionamento contendo os principais executivos das contas atendidas. O objetivo era identificar e priorizar as principais relações dentro das contas e medir a força desses relacionamentos. O resultado desse exercício era discutido e, então, o time da conta identificava quais eram os relacionamentos que ainda precisavam ser desenvolvidos e quais já eram fortes o suficiente para ajudar a aprofundar os demais.
- **Identifique os pontos críticos na conta** – A BT realizava um workshop de dois dias para cada conta-alvo e então sintonizava o KAM Live para monitorar os pontos críticos identificados pela equipe.
- **Organize um workshop para a conta** – A BT reunia as pessoas-chave das contas e contratava palestrantes externos de empresas de análise para fazer apresentações sobre tendências e questões regulatórias, a fim de compreender o que se passava na cabeça dos clientes. A agenda era o que estava acontecendo na conta. A BT compartilhava os resultados de sua pesquisa no KAM Live e de seus exercícios de mapeamento dos relacionamentos. O segundo dia do workshop focava no desenvolvimento de um plano de ação. A equipe identificava de 15 a 20 pessoas da conta que eram consideradas críticas para o sucesso e para a análise das atividades planejadas.

Um *dashboard* para mensurar o progresso

O KAM Live se integrou de tal forma no fluxo de trabalho diário dos vendedores, que se tornou mais do que uma ferramenta para a apresentação de informações. Também se transformou em um *dashboard* para a mensuração do progresso. Eis algumas das formas como a BT alcançava esses resultados:

- *Scores* **do relacionamento** – Ao fim de cada trimestre, o portal KAM Live da BT fechava os *scores* do relacionamento do programa como um todo e de cada conta específica. Os *marketers* e os vendedores, então, tinham de apresentar planos para melhorar os *scores* durante o trimestre seguinte (os *scores* eram parte do processo de avaliação dos vendedores). A abordagem do *score* foi tão exitosa, que a BT a aplicou a outros 600 clientes não incluídos no KAM Live.

- **Rastreamento de conversas** – As conversas estruturadas geradas pela ferramenta eram rastreadas para verificar se eram aceitas pelas equipes de conta, qual era a situação atual da conversa, como outras áreas de marketing estavam apoiando a conversa e se o programa KAM tinha identificado novos desafios, ideias de portfólio e contatos do cliente. O KAM Live conectava-se com o sistema de *CRM Siebel* da BT para monitorar o valor e o progresso das oportunidades. O rastreamento de conversas era atualizado com intervalos de oito a doze semanas no sistema de CRM da BT para acompanhar o progresso do cliente. Por exemplo, quando os gerentes de contas aceitavam uma conversa gerada pelo KAM Live, eles eram obrigados a fornecer informações sobre se estavam participando do processo, se haviam lido o material, e assim por diante.

- **Logins individuais** – As atividades dos usuários do KAM Live podiam ser rastreadas no nível individual e nas respectivas regiões.

- **Consumo de conteúdo** – O KAM Live podia monitorar se cada insight gerado pela ferramenta tinha sido lido pelos vendedores (o texto do título do conteúdo do KAM mudava de negrito para normal após ser lido).

- **Mudanças no conteúdo** – O KAM Live rastreava os acréscimos e as mudanças no conteúdo, feitos pelas equipes de contas, monitorando quando e de que forma determinadas partes do portal tinham sido editadas pelas equipes de contas (como o rastreamento de conversas ou as prioridades de insights das equipes de contas).

- **Feedback das equipes de conta** – As equipes de conta podiam contribuir com feedback para o sucesso do programa e com ideias para a sua contínua melhoria.

- **Rastreamento da proposta de valor** – O KAM Live rastreava a popularidade das propostas de valor que a ferramenta havia associado aos desafios das contas-alvo.

- **Relatórios automáticos** – As métricas do KAM Live eram coletadas e desdobradas automaticamente, por regiões ou setores (verticais ou mercados), e por soluções ou áreas de portfólio, e separadas em relatórios individuais.

Não uma substituição dos vendedores

Por melhor que fosse o KAM Live, o fato de o programa jamais ter tido a pretensão de substituir um bom vendedor era considerado importante. Tudo o que o KAM Live podia fazer era dar sugestões e orientações. O sucesso decorria da capacidade dos vendedores de construir um relacionamento de confiança. "Você não pode abordar um vendedor com algo como o KAM e dizer: 'Você tem um ótimo relacionamento com os seus clientes e estamos aqui para ajudar'", explicou Blakesley. "Em vez disso, você deve dizer: 'Olha, há algumas oportunidades para aumentar o seu *share of wallet*, e desenvolveremos uma infraestrutura para você, que iremos gerenciar, manter e atualizar. Você se concentra em conversar com a conta, e focaremos em apoiar as suas conversas.' Quem não se interessaria por isso?"

Blakesley, porém, advertiu que os vendedores precisavam ter habilidades de consultoria para ajudar as contas a apresentar soluções para problemas corporativos complexos. Os insights produzidos por uma ferramenta como o KAM Live não seriam úteis se os vendedores fossem meramente tiradores de pedido.

Bons relacionamentos são fundamentais

Embora a construção do KAM Live tenha sido um desafio, conquistar o coração e a mente dos vendedores foi muito mais difícil. Os profissionais de marketing não teriam conseguido introduzir um sistema destinado a transformar o processo de vendas sem primeiro ter bons relacionamentos e muita credibilidade dentro da área de vendas. "Tudo é credibilidade", disse Blakesley.

A credibilidade decorre da sua experiência nos mercados em que atuam os vendedores e das suas demonstrações de se esforçar ao máximo para compreender os desafios dos vendedores. Então, é preciso encontrar o grupo de pessoas que sejam seus possíveis defensores, porque você desenvolveu fortes relacionamentos com elas. Ajude essas pessoas a serem mais bem-sucedidas que as demais, e o resto do grupo virá correndo bater na sua porta.

Seu checklist de ABM

1. Uma jogada é uma oferta ou um grupo de soluções que abordam um imperativo e uma iniciativa específicos, no âmbito da conta. Ela pode ser estreita, como um produto ou serviço específico, ou abrangente, como uma solução complexa.

2. O ABM envolve mudança de mentalidade, que deixa de ser de "dentro para fora" e passa a ser de "fora para dentro". O desenvolvimento da jogada permite que você fale sobre o que a sua organização tem a oferecer no contexto do que importa para a conta.

3. Mais adequada num ambiente de workshop, a melhor forma de imaginar possíveis jogadas que poderiam ser executadas com a conta é mapear os imperativos que afrontam a conta e as iniciativas empreendidas por ela (ou a serem adotadas), à luz do seu portfólio.

4. Os profissionais de marketing frequentemente facilitam esse processo, orientando a *expertise* das equipes de conta e dos especialistas no assunto de toda a empresa.

5. Você talvez se veja na posição de realizar muitas jogadas potenciais para a conta. Embora esse seja um problema positivo, o perigo aqui é falta de foco: de fazer demais e não fazer nada bem-feito. Se isso acontecer no workshop de ABM que você estiver dirigindo, defina prioridades.

6. Quando as jogadas são mapeadas continuamente, por meio de sistemas de insights, as orientações são úteis para os vendedores que trabalham na conta, com os tipos de oportunidades mais compatíveis com a estratégia geral que o diretor responsável pela conta está executando

8 MAPEANDO E LEVANTANDO O PERFIL DOS *STAKEHOLDERS*

> Não conte as pessoas que você contatou;
> contate as pessoas que contam.
>
> — *David Ogilvy*

Compreendendo a Unidade de Tomada de Decisão (UTD)

A esta altura, você deve ter uma ideia muito mais clara sobre as contas a serem procuradas, em termos de retorno sobre o investimento, o ROI. Você fez pesquisas suficientes sobre problemas internos e externos que afetam os seus clientes prioritários e sobre as iniciativas e soluções que eles estão considerando em resposta a esses imperativos. Essa pesquisa constituiu a base das jogadas que você concebeu para ajudar as contas nessas iniciativas.

Cada conta terá designado uma ou mais pessoas-chave para supervisionar essas iniciativas estratégicas. Você precisa descobrir quem são essas pessoas e quais são as caraterísticas delas, bem como sobre outros indivíduos que provavelmente participarão do processo de compra de suas soluções, diretamente e indiretamente, como influenciadores na tomada de decisões. É bem possível que você já conheça muitos dos participantes, ou talvez elas representem um novo conjunto de contatos a serem cultivados na conta. Seja como for, é hora de fazer algumas pesquisas mais aprofundadas sobre quem são esses indivíduos e o que mexe com eles.

Isso é muito mais do que simplesmente preparar um relatório sobe o organograma da conta (que você já deve ter analisado no 1º

Passo, ao levantar o perfil do cliente). O ponto aqui é compreender a atual Unidade de Tomada de Decisão (UTD) em que você lançará as suas jogadas. Como essas pessoas tomam decisões? Quem dá a aprovação final para determinado projeto? Quem influencia a decisão, em médio e alto nível? Quem é responsável pelos principais resultados da empresa?

A melhor forma de montar esse quadro é em uma reunião ou workshop com o time da conta. Eles terão acesso a cada informação a ser reunida para formar o todo. A partir daí, é um processo de pesquisa e levantamento de perfis.

A Fig. 8.1 mostra um modelo simples de UTD que pode ser usado para mapear as pessoas com maior probabilidade de participar de qualquer decisão referente à jogada que você gostaria de executar para apoiar uma iniciativa específica.

FIGURA 8.1: Exemplo de Unidade de Tomada de Decisão (UTD)

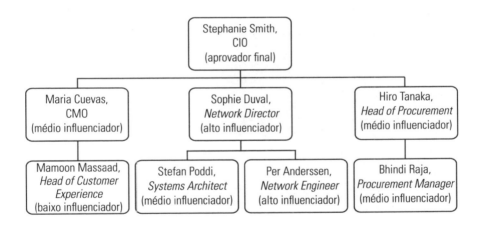

Esse exercício é o cerne de um ABM bem-sucedido, pois encoraja uma abordagem muito mais direcionada, ponderada e, em última instância, muito mais relevante para todas as atividades subsequentes de troca de mensagens e comunicação com os participantes. Ela o induz a pensar mais profundamente sobre quem é cada pessoa, onde se encaixa na UTD e, acima de tudo, como quer receber qualquer informação que você pense em enviar-lhes como começo de conversa sobre a jogada.

Levantando o perfil dos *stakeholders* da UTD

Na maioria dos programas de ABM Estratégico, o foco é nas contas existentes: essas empresas com que você já tem relacionamento, mas em que seria possível aumentar em muito o seu *share of wallet*. A pesquisa da ITSMA[1] mostra, de fato, que quase três quartos dos participantes do ABM Estratégico realmente miram muito mais nas contas atuais do que em contas novas (Fig. 8.2), enquanto no ABM Lite e no ABM Programático a divisão é mais justa.

Nas contas atuais, esse processo de levantar o perfil dos principais *stakeholders* é sempre muito mais fácil. O time da conta já conhecerá alguns deles ou conhecerá alguém a quem perguntar.

FIGURA 8.2: O foco de diferentes tipos de ABM

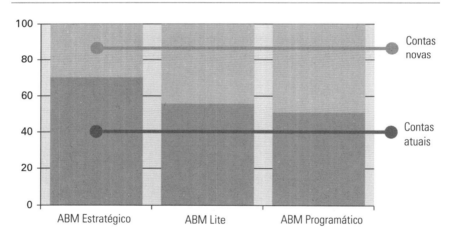

FONTE: ITSMA, *Account-Based Marketing Benchmarking Survey*, março de 2016

Seja como for, comece a levantar os perfis, perguntando ao diretor da conta, aos vendedores, às equipes de atendimento ou aos especialistas no assunto sobre os contatos que eles têm na conta. Talvez eles saibam os tipos de informação que nem sempre serão captadas em um perfil profissional público ou por uma ferramenta de automação de vendas, como a instituição filantrópica para a qual contribuem, seus interesses mais amplos, e seus hobbies.

---

[1] ITSMA. *Account-Based Marketing Benchmarking Survey*. 2016.

Nesse ponto, vale observar que a forma como você analisa e armazena essas informações envolve questões de privacidade, sujeitas a leis e regulamentos. Dependendo do país em que você estiver trabalhando e em que os *stakeholders* estiverem estabelecidos, a legislação sobre privacidade poderá ser mais ou menos rigorosa. Com base em nossa experiência, os países com as leis mais severas (Alemanha, por exemplo) terão menor disponibilidade de informações públicas sobre os *stakeholders* cujo perfil você está tentando levantar. Em caso de dúvida, peça orientação à sua equipe jurídica, antes de começar a localizar, captar e armazenar informações sobre cada *stakeholder*.

Supondo que você possa armazenar algumas informações como parte do plano para a conta, do plano ABM, ou até para o próprio sistema de CRM, ainda é necessário confirmar com os seus contatos que você tem as informações atualizadas. Com os novos contatos, depois de montar um banco de dados de nomes, é possível começar a preenchê-lo com as informações necessárias.

Muitos *ABM Marketers* procuram as seguintes informações para completar seus perfis, onde possível:

1. Uma fotografia (você quer conhecer a aparência dos *stakeholders*, antes de topar com eles!).

2. Título do cargo, descrição da função e há quanto tempo está nela.

3. Funções anteriores na empresa.

4. Funções anteriores em outras empresas.

5. Funções atuais e anteriores não executivas exercidas em outras empresas ou em instituições filantrópicas.

6. Associações profissionais.

7. Prêmios e distinções profissionais.

8. Contribuições profissionais (palestras, artigos, blogs).

9. Qualificações e instituições acadêmicas.

10. Características demográficas pessoais, hobbies e interesses.

O objetivo é desenvolver uma imagem muito mais envolvente da pessoa do que a tipicamente disponível nos registros da organização ou no plano da conta. Ao fazer o dever de casa dessa forma, você tem muito mais chances de garantir que as suas mensagens a cada indivíduo não sejam apenas estruturadas da forma correta, mas também que sejam entregues pelo meio mais eficaz possível. Para tanto, é necessário compreender o contexto em que os *stakeholders* receberão a sua mensagem e torná-la tão relevante e personalizada, nas atuais circunstâncias.

Cada vez mais, captar informações de redes sociais facilita o nosso trabalho. É possível automatizar o *social listening*, com a seleção de indivíduos específicos e de palavras-chave para monitorar as várias conversas que estão ocorrendo on-line. Mas e se alguém se recusar a deixar qualquer tipo de pegada digital? Há agências especializadas, capazes de executar pesquisas qualitativas ou de acessar redes profissionais para ajudá-lo a preencher as lacunas; o processo, porém, tende a ser caro.

A forma como você usa a informação coletada é quase tão importante quanto a disponibilidade de meios de coleta. Talvez seja necessário ter experiência em ABM para identificar os dados úteis, que são relevantes para as iniciativas do cliente e para a jogada que você quer executar. O segredo de ser um bom *ABM Marketer* é distinguir os insights realmente importantes. Ser sucinto é fundamental, uma vez que poucos *Key Account Managers* se estarão dispostos a vasculhar calhamaços de informações sobre cada indivíduo. Escolher os insights que farão diferença para a sua jogada também pode tornar claro para os colegas como o marketing está agregando valor ao processo de vendas.

Lembre-se: aqui não se trata de um exercício avulso. As informações armazenadas sobre os principais *stakeholders* devem ser atualizadas continuamente, como parte do plano ABM e do plano da conta. Monitorar o nível de engajamento de cada indivíduo com a sua empresa, à medida que você avança na fase de execução do ABM, deve ser um indicador-chave de desempenho (KPI). Esse acompanhamento ampliará os seus conhecimentos sobre cada *stakeholder*, com base na maneira como efetivamente respondem e se comportam.

Mapeando as redes mais amplas dos seus *stakeholders*

Você precisa compreender não só os participantes diretos no processo decisório, mas também a rede de influenciadores mais ampla, capaz de moldar as percepções e as prioridades dos decisores (Fig. 8.3). Alguns desses influenciadores serão muito impactantes. Outros, nem tanto, mas também o perfil deles deve ser levantado, assim como o nome deles deve ser incluído no planejamento de mensagens e comunicações, se eles realmente exercerem influência significativa na tomada de decisões. A evolução das redes sociais aumentou substancialmente a abrangência e a intensidade dessas influências, ao mesmo tempo que torna mais transparentes os relacionamentos dos influenciadores com os decisores.

Influenciadores significativos

A rede capaz de exercer influência significativa sobre os decisores pode incluir uma gama de influenciadores próximos, nos contextos profissional e pessoal dos decisores. O seu trabalho é, primeiro, identificar esses influenciadores, examinando o perfil público e as atividades em mídias sociais dos decisores, e vasculhando suas conversas com conhecidos que ficariam felizes em atuar como seu *coach*. Em seguida, você precisa julgar até que ponto esses influenciadores são importantes, quanto à intensidade da influência que exercerão sobre os decisores nessa sua jogada, em especial. Finalmente, lembrando-se disso, você pode decidir quanto à adoção de mensagens e táticas específicas para contatar esses influenciadores, como parte da sua campanha ABM.

FIGURA 8.3: *Stakeholders* e suas redes mais amplas

FONTE: ITSMA, 2016

Colegas de conselho de administração ou membros da equipe gerencial

Como parte da equipe, essas pessoas podem ser impactadas diretamente pela decisão dos compradores da conta e sem dúvida terão algum interesse ou preocupação quanto a esse efeito. Eles talvez procurem moldar a decisão em favor deles e, assim, você deverá se envolver com eles para compreender suas motivações e intenções políticas, conquistar a adesão deles à sua jogada e induzi-los a influenciar a decisão também a seu favor.

Diretores não executivos da empresa

São geralmente pessoas muito influentes, que trazem novas ideias, baseadas na experiência deles com iniciativas semelhantes em outras empresas. Em geral, terão sugestões sobre indivíduos com quem os compradores devem pensar em trabalhar, à luz das experiências pessoais deles em outros lugares e seus atuais relacionamentos. É preciso saber se, na verdade, eles estão defendendo os interesses de um dos seus concorrentes, e, como tal, tenderão a recomendar uma política protelatória ou uma abordagem alternativa, em lugar da sua sugestão. Pelo lado positivo, eles podem ser pessoas que possuem muita experiência em trabalhar com a sua conta e que, portanto, o influenciarão a seu favor.

Seus próprios vendedores, pessoal de atendimento e especialistas no assunto

Ninguém merece mais confiança que o pessoal de atendimento, pois são vistos como pessoas que zelam sobretudo pelos interesses dos clientes, ao contrário de muitos vendedores, que, não raro, são considerados suspeitos de cuidarem acima de tudo dos próprios interesses. Dito isso, tanto o pessoal de atendimento, quanto os vendedores podem ter relacionamentos em curso com membros da UTD e talvez sejam capazes de instruí-los e envolvê-los na jogada que você pode oferecer a eles para apoiar a iniciativa deles. É surpreendente quantas equipes de contas não incluem em sua rede de mensagens todas as pessoas envolvidas com os clientes e com seus principais *stakeholders*, contando a todos a mesma história de como você, como fornecedor, quer ajudar esses *stakeholders*.

Seus especialistas no assunto são vistos como as fontes de informação mais confiáveis sobre empresas emergentes, tendências tecnológicas e soluções potenciais.[2] Se algum de seus especialistas no assunto tiver relacionamentos com importantes decisores, estes podem ser alavancados como parte de seu plano de campanha de ABM. Se não, você deve pensar em criar esses relacionamentos em seu plano de campanha.

Outros membros da equipe interna

Muita gente que trabalhou em grandes organizações complexas conhece as redes de poder informal que podem existir em paralelo à "hierarquia" oficial. Um ótimo exemplo de influenciadores, que talvez nem sempre sejam óbvios à primeira vista, é a rede de assistentes pessoais de uma empresa. Esses indivíduos especiais, não raro, podem decidir se as suas mensagens chegam aos destinatários, podem dar opiniões sobre como a sua empresa se conduz fora das reuniões formais que você dirige e podem sondar a rede que permeia a organização, para compartilhar opiniões e experiências com outras unidades de negócios.

Do mesmo modo, consultores internos, assessores de estratégia e mentores dos membros da UTD, todos podem influenciar as ideias deles, atuando como caixa de ressonância e perspectiva alternativa para a tomada de decisão, sem ser parte oficial da UTD.

Fornecedores atuais

Nas grandes empresas, a maioria das pessoas trabalhará com vários fornecedores no exercício de suas funções. Alguns desses relacionamentos com a conta podem ser mais fortes do que o seu, embora nem sempre esses fornecedores sejam seus concorrentes ou parceiros. Um ótimo exemplo disso é a empresa de contabilidade que trabalha com o seu cliente. Ela estará interessada em que a conta tome as melhores decisões para os acionistas, e é muito possível que o cliente peça a opinião dela sobre a iniciativa em questão e sobre possíveis empresas capazes de promovê-la. A sua empresa, como fornecedora, pode ter ou não relacionamentos com esses outros for-necedores (por exemplo, você pode trabalhar com a mesma empresa de contabilidade, o que é sempre muito bom), mas o importante é,

---

[2] ITSMA. *How Buyers Consume Information Study*: Moving towards an omnichannel experience. 2015.

primeiramente, identificar esses outros fornecedores e, então, pensar em como coexistir com eles.

Pares profissionais

A maioria dos executivos usa pares dentro e fora da empresa como caixas de ressonância e fontes de conselho e recomendações. Esse canal boca a boca, da mais absoluta confiança, é, provavelmente, a principal influência sobre suas decisões de tomar alguma iniciativa e com quem trabalhar. Esses pares podem ser amigos da universidade, ex-colegas de empresas anteriores ou relacionamentos desenvolvidos na UTD por meio de redes profissionais. Eles podem ser visíveis em redes sociais, como LinkedIn, ou talvez precisem ser "descobertos" em perfis profissionais. Mais uma vez, o seu trabalho é identificá-los e trazê-los a bordo.

Aqueles com alguma influência

É muito mais difícil identificar as pessoas que exercerão menor influência sobre os seus decisores. Pode não ser fácil descobrir as associações a quais elas pertencem, que jornais ou blogs elas leem ou com que consultores independentes trabalham. Siga o mesmo processo que você adotou com os influenciadores significativos. Explore o que já é conhecido pelo time da conta, fale com os *coaches* do cliente, analise os perfis públicos e as atividades em mídias sociais, em busca de pistas. Então, decida qual ou quais desses influenciadores devem ser parte de sua campanha ABM.

Jornalistas e editores de negócios e de comércio

Os decisores da conta são profissionais e, como tal, é provável que leiam pelo menos algumas publicações que se relacionem com a especialidade deles ou com o setor de atividade a que pertence a empresa deles. Eles também podem recorrer a periódicos genéricos, como *The Economist, The Financial Times* ou outros títulos conceituados, com grande apelo em áreas de negócios. Mesmo que você não saiba ao certo o que eles leem, é possível fazer deduções fundamentadas, explorando a lista de publicações dirigidas para pessoas como eles.

Em seguida, é a hora de verificar quem são os editores e os jornalistas que tratam dos tipos de imperativos, iniciativas e soluções em que você está interessado. Se eles, de fato, exercerem alguma influência sobre os seus principais decisores, talvez seja o caso de acrescentar algumas atividades de relações com a mídia especializada à sua campanha ABM.

Blogueiros

Pense em blogueiros independentes, que atuam fora de publicações de negócios e de comércio e que exercem influência sobre os decisores da conta. Uma pesquisa on-line revelaria quem está escrevendo ou falando sobre o tema em questão. Uma olhada rápida na lista de assinantes deles e no grau de envolvimento com os esses blogs dá uma ideia de até que ponto eles são realmente influentes para facilitar o seu planejamento.

Membros de instituições profissionais e de associações comerciais ou profissionais

Os profissionais de organizações grandes e complexas tendem a manter-se atualizados sobre questões relacionadas com a respectiva profissão e com os exemplos de como outros profissionais as geriram com recursos oferecidos por essas entidades. Com o apoio de instituições e associações para todos os setores, funções e atividades, disponíveis na maioria das regiões, é possível fazer estimativas claras sobre aquelas a que pertencem ou de que participam os decisores da conta.

Alguns decisores divulgarão sua participação nessas entidades em seu perfil público, enquanto outros as revelarão em mídias sociais, por pertencerem a grupos específicos no LinkedIn ou por seguirem certo perfil no Twitter. Depois de identificar as instituições relevantes, é possível pesquisá-las para descobrir os membros da equipe com que você deseja se envolver como parte da sua campanha.

Academia

Os acadêmicos são capazes de influenciar os seus decisores de duas formas. Primeiro, podem estar ligados, atualmente, a algum projeto de pesquisa referente a assuntos da sua UTD. Muitas organizações de grande porte mantêm relacionamentos com universidades, financiando programas de pesquisa ou participando de um grupo de pesquisa (como o da BAE Systems e da IBM, na *Cambridge Service Alliance*, no Reino

Unido, dirigido pelo professor Andy Neely). Segundo, os membros da UTD podem participar de associações de ex-alunos. Novamente, os membros ativos desses grupos geralmente os mencionam em seus perfis públicos. O grau da participação deles na academia influenciará sua decisão de incluir entidades específicas como parte do público-alvo de sua campanha ABM.

Redes sociais

A pesquisa da ITSMA mostra que o LinkedIn é a rede social em que as pessoas de negócio mais recorrem em suas decisões de compras complexas, fora da China. O LinkedIn lançou o *Sales Navigator* para apoiar o *social selling*, ou vendas sociais, possibilitando que o usuário pesquise e busque as pessoas em que estão mais interessadas, para relacionamentos profissionais. Você pode usar essa ferramenta para compreender com mais extensão e profundidade as redes sociais das suas UTDs. Onde você tiver acesso a perfis públicos, é possível identificar as redes de grupos a que alguém pertence em mídias sociais como LinkedIn, as quais também podem ser incluídas na sua campanha.

Analistas do setor de TI

O poder das empresas de análise, como Gartner e Forrester, não deve ser subestimado no mercado de soluções tecnológicas. Simplesmente ao publicar seu "Quadrante Mágico", ou *Wave*, sobre determinada área de soluções corporativas, eles ajudam os decisores a estreitar o *pool* de potenciais fornecedores a serem considerados. Compradores e fornecedores gastam milhões por ano com esses analistas, para terem a certeza de receberem as orientações certas ou de se posicionarem da forma certa, respectivamente. Mas é preciso compreender a intensidade com que a UTD específica da conta está recorrendo a analistas. É possível que a UTD os tenha contratado para receber orientação sobre a iniciativa em questão ou sobre o respectivo processo de compras (ou ela tenha contratado uma empresa de consultoria em captação, como a PA Consulting, para apoiar o processo de compras dela).

Como alternativa, é possível que simplesmente tenham lido relatórios relevantes da empresa de análise e talvez tenham tido breves conversas com o autor. Outra hipótese é que não tenham levado em conta as opiniões da empresa de análise. Se a UTD estiver usando uma empresa de análise para ajudar na decisão, os analistas específicos que participaram do processo são um público importante para a sua empresa. E, mesmo que você tenha uma equipe de relacionamento com os analistas para operar o seu envolvimento mais amplo com empresa de análise, é preciso pensar em como aproveitá-los e, talvez, suplementar o trabalho deles referente à sua jogada e à sua conta.

Consultores independentes

Consultores independentes às vezes são contratados com o propósito específico de ajudar na iniciativa. Trabalhando como recursos interinos ou assessores autônomos, talvez seja difícil localizá-los. Num desses casos, um fornecedor de TI foi chamado por uma UTD para oferecer uma solução de tecnologia, sem saber que um profissional oriundo de um de seus principais concorrentes estava trabalhando provisoriamente na UTD (e, portanto, pouco propenso a decidir em favor do novo fornecedor de TI). Pergunte ao time da conta e pesquise os perfis dos componentes da UTD e de quaisquer participantes temporários, para descobrir eventuais consultores independentes e compreender até que ponto são relevantes para a sua jogada.

Uma nota sobre segmentação

Em algumas contas, serão tantos os decisores e influenciadores, que talvez seja necessário segmentá-los em grupos, com necessidades e percepções comuns. Pode ser algo tão simples quanto agrupá-los em decisores (que precisarão de informações mais profundas sobre a sua jogada), influenciadores significativos e aqueles que só exercem alguma influência (ver o estudo de caso da Juniper).

Ou, se você estiver tentando recuperar a sua reputação em uma conta, depois de alguma ruptura no serviço, talvez seja o caso de reunir em grupos distintos os que foram afetados pessoalmente pela ruptura e aqueles que só ouviram falar a respeito. Ou talvez você queira constituir segmentos, com as pessoas que o defendem, com as que são neutras ou não conhecem você, e com as que o atacam. Esse é o ponto em que as primeiras pesquisas sobre percepção se tornam oportunas. Se você não as fez no começo, descubra quem está em cada campo, conversando com o time da conta e com o *coach*. Você precisará de uma estratégia diferente para cada segmento.

ESTUDO DE CASO

A JUNIPER É BEM-SUCEDIDA COM O ABM

A Juniper Networks é líder em inovação tecnológica de redes, desde o surgimento do Vale do Silício, em 1996. Todavia, em 2013, a empresa enfrentou um desafio importante. Ela sabia que sua maior conta estava avaliando potenciais parceiros para um projeto crítico: a próxima geração de redes, virtualizadas e definidas por software.

Esse projeto, na fronteira da tecnologia, provavelmente daria a direção e o tom de toda a indústria, e, no processo, definiria os líderes da tecnologia. O sucesso futuro da Juniper dependia de garantir a participação dela na parceria. O cliente, porém, via a Juniper como pequeno fornecedor de hardware, não como parceiro estratégico. O objetivo da Juniper era, portanto, mudar a percepção da conta sobre ela, de pequeno fornecedor de hardware a parceiro estratégico de software, que podia apoiar com mais eficácia os negócios da conta no futuro, mesmo em comparação com os concorrentes maiores.

O primeiro passo foi montar um time da conta, composta por representantes de áreas funcionais da empresa, como marketing e vendas. A Juniper precisava de um gerente de marketing exclusivo para supervisionar as atividades do ABM. O ponto de partida da equipe foi a realização de uma ampla análise interna e externa para desenvolver uma visão abrangente da situação presente e futura da conta. Em seguida, a equipe desenvolveu um plano de marketing integrado, de três anos, alinhado com o plano de vendas e a visão do cliente.

O marketing trabalhou com vendas para segmentar os contatos da conta em três grupos: os decisores, os círculos de influência e as equipes operacionais. A cada contato foi atribuído um *mindshare score*. Todo o trabalho de ABM foi projetado para aumentar esses *scores* ao longo do tempo.

Os principais componentes da estratégia de execução eram um plano de comunicação de longo prazo, liderança de ideias por meio da educação, conscientização, e táticas de capacitação de vendas.

Um plano de comunicação em etapas incluía mensagens altamente direcionadas para cada indivíduo. As informações eram entregues por comitês, mesas redondas, orientações e instruções, *newsletters*, *webinars* e eventos. A equipe também se comunicava com os círculos de influência externos, incluindo analistas, blogueiros e tecnólogos, seguidos de perto pelos decisores. A equipe primeiro definiu a quem procurar com base na atual situação do *mindshare* e, então, desenvolveu o conteúdo adequado.

A Juniper focou seus esforços de liderança de ideias na educação dos clientes sobre novas tecnologias e sobre as implicações dessas inovações, em vez de em produtos. Os públicos-alvo recebiam o conteúdo por meio de eventos customizados, como o Dia de Inovação, grupos de usuários, *webinars*, marketing direto e reuniões individualizadas. A equipe de marketing também desenvolveu relatórios extensos sobre insights de clientes, para capacitar as vendas a trazer mensagens extremamente relevantes de contatos individuais.

A Juniper tornou-se o segundo parceiro estratégico na nova estratégia de rede da conta e o primeiro em seu conjunto competitivo. A receita proveniente da conta aumentava à taxa de 30% ao ano. A contribuição de marketing também crescia, até representar 30% de um *pipeline* de muitos bilhões de dólares. A Juniper desde então expandiu o seu programa ABM para outras contas e verticais.

Fazendo o perfil dos *stakeholders* para o ABM Lite e para o ABM Programático

Até agora, neste capítulo, focamos no ABM Estratégico, tratando de criar o perfil dos *stakeholders* em profundidade, um de cada vez.

A criação de perfis também é importante no ABM Lite e no ABM Programático, mas é preciso decidir quanto tempo e dinheiro você está disposto a despender, sobretudo com novas contas, quando as chances de conquistar novos negócios não são tão altas. No mínimo, você terá de compreender quais são, geralmente, as funções que atuam na tomada de decisão sobre o tipo de jogada a executar. Em seguida, no ABM Lite, será necessário criar o perfil executivo básico das pessoas que exercem essas funções no seu *cluster* de contas.

Você pode procurar pontos em comum em termos de escopo das funções deles e de quaisquer instituições ou periódicos profissionais direcionados para esse tipo de pessoas. No entanto, muitas das informações pessoais mais detalhadas que são coletadas num contexto de ABM Estratégico serão desperdiçadas no ABM Lite, porquanto você não personalizará as suas mensagens e os seus canais para cada indivíduo, mas, sim, elaborará mensagens que refletirão o suficiente no *cluster* de contas e percorrerão os canais que eles têm em comum.

Alguns *ABM Marketers* usam personas de comprador na ponta de volume do ABM Lite e no ABM Programático. De acordo com o *Buyer Persona Institute*,[3] uma persona de comprador mostra o que os potenciais clientes estão pensando e fazendo, enquanto ponderam suas opções, com base em entrevistas com compradores reais (ver box "O poder das personas"). As palavras dos compradores revelam as atitudes, os interesses e os critérios de decisões a serem geridos para conquistar um negócio. Usar essa abordagem pode ajudá-lo a desenvolver mensagens importantes e a decidir sobre canais de comunicação adequados para a sua campanha, em menos tempo do que tentando criar o perfil de centenas de indivíduos.

O PODER DAS PERSONAS

As personas foram usadas pela primeira vez em conjunto com o projeto de aplicativo de interface do usuário e depois foram adotadas por *ABM Marketers*. De acordo com Kim Goodwin[4]:

> Uma persona é um arquétipo de usuário... Ao projetar o arquétipo – cujos objetivos e padrões de comportamento são bem-conhecidos – você pode enquadrar o grupo mais amplo de pessoas representadas pelo modelo. Na maioria dos casos, as personas são sintetizadas depois de uma série de entrevistas etnográficas com pessoas reais e, então, captadas em descrições de uma a duas páginas,

---

[3] BUYER PERSONA INSTITUTE, s.d. Disponível em: <http://www.buyerpersona.com/>. Acesso em: 26 ago. 2019.

[4] GOODWIN, Kim. Perfecting Your Personas. *Cooper Professional Education,* s.d. Disponível em: <http://www.cooper.com/journal/2001/08/perfecting_your_personas/>. Acesso em: 26 ago. 2019.

que incluem padrões de comportamento, objetivos, competências, atitudes, e ambiente, com alguns detalhes pessoais fictícios para vivificar a persona. Uma boa descrição de persona não é uma lista de tarefas e atribuições; é uma narrativa que descreve o fluxo de atividades da jornada de alguém, assim como suas competências, atitudes, ambiente e objetivos.

Os *ABM Marketers* podem usar personas como substitutos ou representações de compradores reais. O foco no modelo dos desejos, necessidades, objetivos e motivações do comprador manterá a equipe de marketing no caminho "de fora para dentro", ao elaborar as propostas de valor. As personas levam a segmentação do mercado para um novo patamar, dando vida a indivíduos hipotéticos dentro do segmento.

Ao usar personas, as empresas geralmente criam personas primárias e secundárias. As personas primárias representam os decisores; as personas secundárias são os influenciadores da decisão.

Ao recorrer a personas para aumento de escala, pense em explorar a tecnologia de automação de marketing para refinar, continuamente, a forma como você se envolve com os decisores e influenciadores, conforme seus comportamentos e reações. Em qual conteúdo estão interessados? Será que preferem comunicação por e-mail em vez de engajamento pelas mídias sociais? Seu objetivo deve ser "qualificar" progressivamente os que estiverem demonstrando interesse por você, à medida que você executa a sua campanha, até o ponto em que você começa a tratá-los como pessoas reais, não mais como personas artificiais.

Seu checklist de ABM

1. Cada conta terá uma ou mais pessoas-chave designadas para supervisionar as iniciativas estratégicas, em resposta aos imperativos de negócio que a conta enfrenta. É preciso descobrir quem são essas pessoas e aprender muito mais sobre elas.

2. Esse processo envolve compreender a Unidade de Tomada de Decisão (UTD) em questão para a sua jogada. A melhor forma de elaborar esse quadro é em uma reunião ou workshop com o time da conta.

3. Identifique as pessoas que exercem influência significativa sobre a sua UTD e aquelas que têm alguma influência. Essas pessoas também devem ser parte de seu plano de campanha ABM, além dos *stakeholders* em si da UTD.

4. A forma como você armazena informações sobre os *stakeholders* é uma questão de privacidade, sujeita à legislação e regulação relevantes, que variam em todo o mundo. Se houver dúvida, peça orientação à sua equipe jurídica, antes de identificar, captar e armazenar informações.

5. Em algumas contas, haverá tantos decisores e influenciadores a serem gerenciados, que talvez seja o caso de segmentá-los em grupos, com necessidades e percepções comuns.

6. Para o ABM Lite, procure pontos em comum entre os *stakeholders*, para orientar as suas campanhas. Muitas das informações pessoais mais detalhadas, coletadas no contexto do ABM Estratégico, serão ociosas aqui, porquanto você estará fazendo marketing para um *cluster* de contas ao mesmo tempo.

7. Para o ABM Lite e o ABM Programático, pense em construir personas de comprador. Elas o ajudarão a desenvolver mensagens importantes e a decidir sobre canais de comunicação adequados para a sua campanha, com mais rapidez do que criando o perfil de centenas de indivíduos.

DESENVOLVENDO PROPOSTAS DE VALOR SEGMENTADAS

O que é uma proposta de valor?

Enquanto o 2º Passo do processo ABM foca na descrição das jogadas a executar com um cliente, em termos das características tangíveis e intangíveis da sua solução para o problema do cliente, este quarto passo do processo consiste no desenvolvimento de mensagens direcionadas para a UD identificada no 3º Passo, a fim de comunicar o valor da solução que você entregará. A Fig. 9.1 é a representação gráfica do processo.

As melhores propostas de valor começam com um problema de negócio do cliente, nas palavras do cliente e na perspectiva do cliente. Em termos de ABM, esse é o imperativo que está impactando a conta e a iniciativa que ela está empreendendo, ou poderia empreender, em resposta ao imperativo. A proposta de valor é a descrição da sua solução para o problema da conta (a sua jogada), dos benefícios específicos que a sua solução oferece, em comparação com as soluções dos concorrentes, e dos resultados corporativos esperados pela conta, com a implementação da sua solução, resultante da relação custo-benefício.

As propostas de valor devem ser simples, claras, compostas de afirmações de fácil assimilação, adaptáveis a compradores específicos, confiáveis, e respaldadas por pontos de prova. Sempre que possível, elas devem ser quantificadas financeiramente, quando usadas num contexto de ABM. Elas também precisam sintetizar as razões pelas quais os compradores potenciais devem adquirir os produtos, os serviços e as soluções da sua empresa, não os de seus concorrentes. E, nas atuais circunstâncias, transmitir valor que repercuta bem na conta é mais que um objetivo. É, cada vez mais, questão de sobrevivência.

Uma nota sobre valor

Lembre-se, valor é um julgamento subjetivo.

Valor é a percepção pelo cliente da relação custo-benefício: os benefícios podem ser tangíveis, como uma redução percentual nos custos operacionais, com base numa solução tecnológica, ou intangíveis, como a minimização do risco de mudar de fornecedor, mantendo o atual. Sempre que possível, se a sua proposta de valor oferecer benefícios tangíveis ao cliente, você deve experimentar e quantificar esses benefícios e, se possível, demonstrar onde e quando outros clientes já os receberam da sua empresa no passado.

FIGURA 9.1: Solução, proposta de valor e *pitch* de elevador

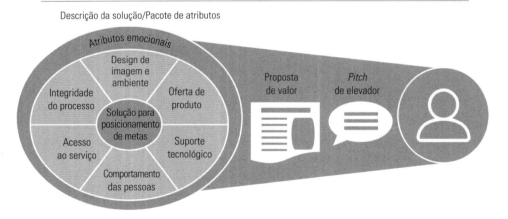

Os custos nem sempre são financeiros, claro. Os custos podem manifestar-se, por exemplo, em termos do tempo necessário para aplicar determinada solução. Outras formas de custos, como riscos para as operações ou para a reputação, também devem ser considerados. Os decisores da conta terão suas próprias percepções dos custos de uma solução específica, além do preço.

Por fim, as contas escolherão as propostas que, na percepção deles, são as que oferecem maior valor em comparação com as alternativas disponíveis. O Quadro 9.1 mostra exemplos de benefícios tangíveis e intangíveis.

QUADRO 9.1: Exemplos de benefícios tangíveis e intangíveis

Benefícios Tangíveis (podem ser quantificados)	Benefícios Intangíveis (difíceis de quantificar)
• Aumento da eficiência • Aumento da receita • Aumento das vendas • Crescimento do *market share* • Redução do *time to market* • Redução de custos • Aumento da lealdade do cliente • Aumento da diferenciação em relação aos concorrentes	• Redução do risco e da preocupação • Capacidade de lançar novas tendências ou ser líder de mercado • Capacidade de ser herói na própria empresa • Reconhecimento, elogios, estima pelo setor, pares ou comunidade • Capacidade de juntar-se a um grupo seleto de empresas que usam os seus serviços

Você se lembra do velho pensamento, de que quando se ganha um negócio, o mérito é do vendedor; quando se perde um negócio, o problema é do preço? Vamos ser claros a esse respeito. Preço é importante, mas ganhar ou perder é consequência do valor, não do preço. Em muitas situações competitivas, quando dois ou mais fornecedores oferecem mais ou menos o mesmo preço, a decisão sobre quem escolher será da Unidade de Tomada de Decisão (UTD), com base na percepção dela de quem oferece mais valor.

Mais uma vez, essa decisão será subjetiva, mas é provável que ela reflita alguns dos elementos mais intangíveis da proposta de valor, como compatibilidade cultural, química pessoal e antecedentes, assim como elementos tangíveis, como preferências locais, acesso à inovação por meio do contrato, alcance global e consistência da entrega.

Dito isso, vale lembrar que, se o problema do cliente for muito urgente ou importante, o preço pode tornar-se quase irrelevante. Um ótimo exemplo disso é quando uma empresa sofre uma violação de segurança cibernética e está chamando potenciais fornecedores, capazes de ajudar a restaurar ou minimizar as perdas – rapidamente. O foco do comprador será em reparar imediatamente a falha, recuperando dados perdidos, tranquilizando as pessoas afetadas e, em última instância, protegendo a reputação da empresa e o preço da ação. A prioridade pessoal dos indivíduos será manter o emprego depois dessa quebra de segurança praticada diante de todos! A empresa que puder ajudá-los a alcançar esse resultado será contratada quase a qualquer custo.

Na teoria parece simples, mas criar boas propostas de valor exige mais que comando da linguagem. Para ser eficaz, as propostas de valor devem ostentar diferenciação *singular* e quantificar *valor* superior. A situação aqui se complica, em face do longo ciclo de vendas em B2B, nos quais, geralmente, é necessário elaborar várias propostas de valor diferentes, para abranger os vários estágios do processo de compra.

Ademais, as propostas de valor devem ir além das palavras. Elas precisam basear-se em resultados tangíveis, comprovados e replicáveis. Em nosso trabalho com clientes, descobrimos que é preciso aplicar mais ciência à arte de elaborar propostas de valor. Contudo, antes de descrever nosso processo de seis passos para desenvolver propostas de valor eficazes, vamos primeiro considerar o que **não** fazer.

O que há de errado com a maioria das propostas de valor?

Às vezes, é mais fácil identificar as propostas de valor mal escritas do que redigir boas propostas de valor. Há algumas armadilhas:

• Foco de dentro para fora: Eu já falei bastante a meu respeito?

• Muito jargão: "marketês" e tecnoblablablá.

• Nenhuma diferenciação exclusiva: Se ouve uma, ouve todas.

• Nenhuma descrição ou quantificação de valor: Onde está o conteúdo?

O problema com tantas propostas de valor é que, com muita frequência, as frases começam com "nós", ou "nossa empresa", ou o nome da empresa. O pior é que são tantos os jargões, que todos parecem estar dizendo a mesma coisa. Não que o que estão dizendo esteja errado. É a forma de falar. Finalmente, as propostas de valor têm o intuito de oferecer uma descrição do valor. A oferta tem valor quando os benefícios superam os custos. Portanto, as descrições de valor devem facilitar para o comprador compreender os benefícios. O que o cliente receberá pelo preço pago? Mais uma vez, nove em dez vezes o valor é indeterminável.

Se você participar como ouvinte de uma reunião de planejamento de marketing, talvez você escute termos como "mensagem" e "proposta de valor" usados como se fossem intercambiáveis. Embora mensagens e propostas de valor sejam proposições ou descrições, as semelhanças param aí. Com muita frequência, as empresas redigem mensagens ou declarações de posicionamento, e não vão adiante, nunca escavando com mais profundidade para oferecer um valor único, sem igual.

Mensagens não são propostas de valor. Mensagens são alegações sobre capacidades. São amplas e genéricas. Geralmente, são declarações de dentro para fora sobre o que o fornecedor pode fazer. Propostas de valor, por sua vez, fluem de fora para dentro. As propostas de valor começam com o comprador da conta, não com a oferta, e fornecem uma solução para um problema, com resultados identificados. Ao contrário das mensagens baseadas em alegações, as propostas de valor são suportadas por provas, na forma de resultados quantificados, depoimentos, estudos de caso e referências.

Três tipos de propostas de valor

A maioria dos profissionais de vendas e marketing compreendem a importância das propostas de valor. No entanto, o que muitos não consideram é como a natureza da proposta de valor deve mudar com a evolução do relacionamento com o comprador, do ponto de vista de profundidade, quantificação e exatidão (Fig. 9.1). À medida que o relacionamento avança, partindo da **epifania**, ou momento *a-ha!*, quando o cliente descobre que tem aquilo que realmente precisa para agir; passando pela **conscientização** de como fazer alguma coisa e de quem pode ajudá-lo; com crescente **interesse** em descobrir mais a seu respeito; cheio de **confiança** em que você, como fornecedor, é o cerne e o indutor a quem recorrer; o nível de detalhe de que a conta precisa sobre a sua proposta de valor é cada vez maior, reforçando os vínculos de **lealdade**.

De início, as propostas de valor amplas, com descrições qualitativas do benefício, podem ser suficientes. Todavia, à medida que a conta progride no processo de compra, os compradores precisarão de propostas mais direcionadas, com benefícios quantificados, que os ajudem a compreender que o valor da oferta vai além do preço a pagar.

FIGURA 9.1: Três tipos de proposta de valor

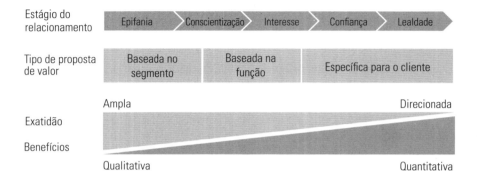

Ao desenvolver a proposta de valor da sua jogada específica, para uma UTD específica, da sua conta, você pode basear-se em propostas de valor já elaboradas, para outras contas do mesmo segmento, ou até para funções semelhantes, para criar uma proposta de valor direcionada sob medida para os compradores específicos. Seus colegas de marketing, representando suas áreas de capacidade ou suas verticais, terão criado, assim se espera, a proposta de valor adequada, sob medida, tanto para o segmento quanto para a função, já com alguns, se não com todos, os atributos da sua "jogada".

Baseada no segmento

Com o mínimo de informações sobre a conta, a proposta de valor é elaborada para atender às necessidades de um segmento de mercado específico ou vertical. É relativamente genérica, apresentando exemplos hipotéticos, com base em experiências anteriores.

A proposta de valor baseada no segmento se aplica a um conjunto amplo de futuras contas. Os benefícios tendem a ser mais teóricos do que reais e talvez mais qualitativos do que quantitativos.

A proposta de valor baseada no segmento não se destina a vender. O propósito da descrição é levar contas em potencial a partir para a ação e a aprender mais. Essa ação pode consistir em visitar o seu site, pegar o telefone e ligar para a sua empresa, assistir a um webinar ou ler um artigo técnico. Normalmente o marketing elabora propostas de valor baseadas no segmento e as expõe a públicos amplos, usando veículos de comunicação de "broadcast", ou para públicos amplos, como o site, a imprensa de negócios e as pessoas ligadas à empresa. Entretanto, essas propostas de valor podem ser úteis como o ponto de partida de uma proposta específica para a conta, no mínimo para garantir que você está "no ar", sintonizado na comunicação mais ampla para o mercado.

Baseada na função

Com a disponibilidade de mais informações contextuais sobre os compradores, as propostas de valor se tornam mais direcionadas para subsegmentos e para funções específicas da organização, como Diretores de TI (CIOs), gerentes de vendas e líderes de unidades de negócios. Esses indivíduos geralmente têm percepções diferentes do valor baseado em suas funções e atribuições. Por exemplo:

- Gerente de TI: aumento da equipe e acesso a capacidades.
- Vice-presidente de operações: solução para um problema operacional, a fim de aumentar a produtividade.
- Gerente geral de unidade de negócios: entrada em novo mercado e acesso a novas fontes de receita.

As propostas de valor baseadas na função repercutem com mais intensidade quando abordam necessidades corporativas específicas das personas de comprador (ver Capítulo 8 sobre o poder das personas) que a empresa está tentando alcançar. Elas exigem nível de compreensão mais profundo dos grupos de pessoas que têm mentalidade semelhante, com as quais a empresa está se comunicando, inclusive necessidades, desejos, motivações, expectativas, objetivos, receios, habilidades e tendências.

Essas propostas de valor baseadas na função geralmente usam veículos de comunicação para públicos restritos, por meio de propaganda direcionada, relações com a mídia, relações com analistas, oportunidades de falar em conferências e seminários de terceiros, eventos patrocinados pela empresa, e assim por diante. Propostas baseadas na função, como essas, podem ser úteis no ABM Lite e no ABM Programático, assim como no intuito de lançar os pilares de propostas específicas para a conta, usadas no ABM Estratégico.

Específicas para a conta

Essas propostas de valor são necessárias no ABM Estratégico, para empurrar os *prospects* do estágio de interesse para o estágio de confiança, ou modo de compra. A proposta de valor específica para a conta trata de necessidades particulares da UTD da conta. Considera as informações de perfil que você reuniu, inclusive as iniciativas em curso e os imperativos que as induziu, outras iniciativas pelas quais a UTD é responsável, os objetivos corporativos da UTD, como são avaliados, e as métricas de sucesso adotadas. Em especial, é preciso levar em conta a linguagem que o comprador do cliente usa para descrever seus problemas corporativos e os resultados almejados.

Com esses conhecimentos, é possível quantificar os benefícios em termos de economias de custo efetivas, crescimento da receita ou melhorias de qualidade. Depois de conhecer os compradores e de se relacionar com eles no nível pessoal, aumenta a probabilidade de repercussão da sua mensagem. Você pode posicionar-se como o parceiro que os ajudará a alcançar os resultados corporativos almejados, conexos às iniciativas em curso, nas quais estão trabalhando.

As propostas de valor específicas para a conta são divulgadas por uma campanha integrada de vendas e marketing promovida pela conta.

Os seis elementos de uma proposta de valor segmentada

Na proposta de valor que você escreveu para os compradores da conta no contexto ABM são necessários seis elementos (Quadro 9.2).

QUADRO 9.2: Seis elementos de uma proposta de valor ABM direcionada

1	Identificação das necessidades/problemas que estão impactando a conta. (imperativos)
2	O que a conta está fazendo para enfrentar esses problemas? (iniciativas)
3	Identificação do alvo. Quem sente a dor?
4	Descrição da nossa solução, como fornecedores, para o(s) problema(s).
5	Benefícios que o comprador receberá ao escolhê-lo.
6	Necessidades de ser igual ou superior (principais diferenciais) às ofertas dos concorrentes.

Uma das formas mais eficazes de trabalhar com esses seis elementos e desenvolver a sua proposta de valor é, mais uma vez, num contexto de workshop, com os colegas da conta e os especialistas no assunto. Com o compartilhamento do insight da conta, a concordância quanto às jogadas prioritárias, e a criação dos perfis da UTD disponíveis, é hora de aguçar a criatividade e trabalhar com uma série de questões que fornecerão o conteúdo necessário para a sua proposta de valor.

Uma palavra de advertência: o trabalho ao longo desse processo gerará muitas palavras e poucos pontos de prova; portanto, a sua tarefa depois do workshop é extrair o mais importante e encontrar pontos de prova em apoio às suas posições, onde for possível.

Toda empresa deve ter um gabarito para ajudar marketing a facilitar essa tarefa. Ao longo dos anos, a ITSMA desenvolveu um gabarito simples, mas eficaz (Quadro 9.3). A elaboração das propostas de valor é efetivamente um processo multipasso. Primeiro, preencha as lacunas no gabarito. Isso garante a presença de todos os elementos de uma boa proposta de valor. Em seguida, textualize, eliminando clichês e recheios, e a adapte ao uso pretendido, seja o conteúdo de um site, uma apresentação de vendas, um folheto atraente ou um *release* para a impressa.

QUADRO 9.3: Padrão de proposta de valor no ABM

Elemento da proposta de valor	Pergunta indutora
Imperativo de negócios	• Quais são os problemas que impactam a conta e que precisam ser enfrentados por ela? • Como os decisores os descrevem em seus próprios termos?
Iniciativa de negócios	• Qual iniciativa o cliente está tomando para responder a esse imperativo de negócios que está enfrentando? • Como denominaram a iniciativa? • Será que eles definiram resultados de negócios claros, ou indicadores-chave de desempenho (KPIs), para medir o progresso? • Ou qual outra iniciativa eles poderiam tomar para responder ao imperativo de negócios?

Elemento da proposta de valor	Pergunta indutora
Público-alvo	• Quem está trabalhando na iniciativa, como responsável pela entrega dos resultados de negócios? • Quem mais está envolvido em garantir o sucesso da iniciativa? • Como eles descreveriam esse envolvimento? • Como eles relatariam os problemas ou desafios que estão enfrentando?
Nossa jogada	• Qual é a jogada que estamos desenvolvendo para apoiar a iniciativa? • Descreva a solução que estamos oferecendo para ajudar os compradores a alcançar seus resultados de negócios planejados.
Benefícios	• Quais são os principais benefícios que os compradores receberão da nossa oferta? • Qual linguagem eles usariam para descrever esses benefícios? • Podemos quantificar esses benefícios? • Temos pontos de prova para apoiá-los?
Diferenciais	• Como a nossa oferta é diferente ou exclusiva? • Podemos demonstrar esse diferencial? • Por que isso é importante para o cliente?

Vamos trabalhar com esse gabarito, passo a passo.

1º Passo – Defina o imperativo de negócios

Com base em sua análise inicial da conta, você terá identificado o imperativo de negócios que está impulsionando tanto a iniciativa que a conta está tomando para alcançar os resultados de negócios por ela almejados, quanto a jogada que você está desenvolvendo para levar à conta, como resposta ao desafio que ela está enfrentando. Ao incluir uma descrição do imperativo em sua proposta de valor, você mostra que compreende a situação da conta. Além disso, ao usar a linguagem que elas descrevem o imperativo de negócios (em seus relatórios para os acionistas, por exemplo), você está começando a construir um relacionamento com os principais *stakeholders* da conta, pois eles sentem que você os está ouvindo e os compreendendo.

Como exemplo, o Quadro 9.4 mostra o imperativo detectado por uma empresa fornecedora, que desenvolvia uma jogada, baseada em computação nuvem, para uma empresa cliente, prestadora de serviços profissionais, permitindo ao pessoal da conta acesso às informações, em qualquer lugar, a qualquer hora, e em qualquer dispositivo.

QUADRO 9.4: Exemplo de imperativo de negócios para "Ambiente de Trabalho Digital"

Elemento da proposta de valor	Descrição
Imperativo de negócios	• O seu pessoal agora espera ser capaz de acessar as informações deles onde estiverem, em qualquer dispositivo, quando quiserem.

2º Passo – Identifique a iniciativa de negócios

Se a sua jogada estiver mirando em uma iniciativa em curso, deixe claro que você compreende a iniciativa, seu escopo, seus objetivos e os indicadores-chave de desempenho que definirão seu sucesso. Tudo deve sempre estar na linguagem que a conta está usando para descrever a iniciativa dela; portanto, não fale em reduzir custos operacionais, se eles estiverem falando sobre aumentar a eficiência das operações, por exemplo. Mais uma vez, isso o ajudará a parecer mais relevante para a conta e a construir o relacionamento com ela.

Se você estiver na posição de já ter identificado um imperativo de negócios que está afrontando a conta, ao qual ela ainda não respondeu, e você gostaria de recomendar-lhes uma iniciativa de negócios que ela deve considerar (além da sua oferta de apoiá-la nessa tarefa), você estará levando à conta novas ideias, ou até liderança de ideias.

É importante ser claro sobre a iniciativa e o motivo de ela ser uma boa ideia, em resposta aos problemas de negócios que a conta está enfrentando. Com efeito, você precisa educar os compradores, no percurso para a ação, antes de começar a vender a sua solução. Mesmo assim, use a linguagem que ela mesmo usaria, em vez de usar a sua própria terminologia ou jargão. Talvez seja o caso de descrever como outras empresas, em situação semelhante, responderam da mesma forma, com êxito, a um imperativo de negócios similar. Seus compradores-alvo podem estar conscientes de que estão defasados em termos de resposta e estarão interessados em ver como seus pares estão agindo, em especial se, tradicionalmente, forem "seguidores", em vez de "pioneiros".

No entanto, se o que você estiver recomendando for completamente inovador e inédito, e você estiver lidando com compradores que, de praxe, quebram os moldes e assumem a liderança, o fato em si de ninguém estar desenvolvendo iniciativa parecida já será persuasivo. Com os CEOs mundo afora receosos sobre disrupções em seus setores de atividade, impostas por novos entrantes digitais, como a Uber, você atrairá a atenção da conta se recomendar uma abordagem inovadora a ser adotada para enfrentar um imperativo de negócios que afronta as empresas do setor – em especial se a solução gerar vantagem competitiva e todo um novo fluxo de receita, que ainda não havia sido considerado.

O Quadro 9.5 mostra a proposta de valor da iniciativa de negócios desenvolvida para o nosso exemplo de "Ambiente de Trabalho Digital".

QUADRO 9.5: Exemplo de iniciativa de negócios para "Ambiente de Trabalho Digital"

Elemento da proposta de valor	Descrição
Inciativa de negócios	"Profissional Mobile" é a nossa iniciativa para dar ao nosso pessoal a informação de que precisam para oferecer ótimo serviço aos clientes, onde quer que estejam.

3º Passo – Converse com o seu público-alvo

Muitas propostas de valor são genéricas, direcionadas para "grandes empresas" ou "organizações governamentais". Isso é ruim, mesmo no nível de segmento ou de função. E é imperdoável no nível específico da conta. Vale enfatizar com clareza que a sua proposta é para um comprador específico ou para um grupo de compradores específicos. Portanto, use frases do tipo "como CMO de um dos maiores bancos do mundo" ou "como equipe gerencial incumbida de transformar a forma como o seu pessoal trabalha", ou até "como membro do grupo de pessoas responsáveis pela terceirização da gestão de suas operações de rede em todo o mundo".

Depois de identificá-los, conecte-se com eles, mostrando-lhes que você compreende as maiores prioridades e preocupações deles. E, novamente, use a linguagem que eles usam uns com os outros, não a sua própria.

O Quadro 9.6 ilustra como seria em nosso exemplo de "Ambiente de Trabalho Digital".

QUADRO 9.6: Exemplo de público-alvo de "Ambiente de Trabalho Digital"

Elemento da proposta de valor	Descrição
Público-alvo	• Como líderes de RH, TI e finanças em sua empresa, vocês precisam abrir o caminho para que os seus profissionais trabalhem com mais flexibilidade, enquanto melhoram a lucratividade, mas vocês têm uma infraestrutura de TI superada, que não está mais promovendo mudanças nos estilos de trabalho da empresa.

4º Passo – Descreva a sua jogada

Esse passo é sobre descrever resumidamente a sua oferta, ou seja, a sua jogada ou solução. Não deve ser uma lista de características ou atributos, mas, sim, um resumo do que você efetivamente está fornecendo ao comprador. É um produto ou um serviço simples? É uma solução mais complexa? É uma proposta que está vinculada a uma oferta contratual, como uma *joint venture*? Esse passo é um ato de equilíbrio entre oferecer detalhes suficientes, de modo a ser claro sobre o que você está vendendo, mas não detalhes demais, para que a conta não se sinta oprimida por detalhes técnicos.

Você já deve ter desenvolvido grande parte das ideias a esse respeito durante o 2º Passo do processo ABM; portanto, use essas ideias agora para ajudá-lo a criar uma perspectiva para o comprador.

O Quadro 9.7 mostra como seria esse prospecto para o exemplo de "Ambiente de Trabalho Digital".

QUADRO 9.7: Exemplo de descrição de jogada para "Ambiente de Trabalho Digital"

Elemento da proposta de valor	Descrição
Nossa jogada	• "Ambiente de Trabalho Digital" é um serviço gerenciado de TI, que oferece ao seu pessoal as ferramentas e o suporte de que eles necessitam para trabalhar com flexibilidade, em qualquer dispositivo, em qualquer lugar. • Não há custos antecipados, e você só paga pelo o que usar. • Fornecemos-lhe relatórios e faturamento em tempo real, para que os custos sejam previsíveis a qualquer hora, todos os meses.

5º Passo – Explique os benefícios da oferta

As propostas de valor são mais convincentes quando o público-alvo pode ver com clareza os benefícios que estão obtendo pelo preço pago. À medida que os compradores avançam no processo de compra, dos estágios de epifania e conscientização para os estágios de interesse e confiança, maiores são as necessidades deles de quantificar os benefícios dos produtos, serviços ou soluções. Trabalhar com as contas para coletar informações e ajustar a quantificação do valor às circunstâncias específicas deles é fator crítico para impulsioná-los ao longo do processo de compra. Esse tipo de engajamento pode e deve ser parte de sua campanha integrada de vendas e marketing no cliente.

Quanto mais você quantifica os benefícios da oferta, mais interesse você desperta na conta. As pessoas gostam de ver números – confiáveis e objetivos. No entanto, mesmo os resultados relativos ou qualitativos (p. ex., melhoria da eficiência e aumento da satisfação), se suportados por provas, são aceitáveis. É melhor não usar adjetivos, mas, sim, recorrer a histórias que demonstrem suas alegações. As propostas de valor devem ser sustentadas por depoimentos, histórias de sucesso e referências da vida real.

Identificamos quatro áreas-chave de quantificação (Fig. 9.2):

• Eficiência.
• Qualidade.
• Crescimento da receita lucrativa.
• Criação de valor.

FIGURA 9.2: O impacto crescente dos tipos de valor

É mais fácil quantificar os benefícios em eficiência, como impacto sobre a produtividade, efetivo de pessoal e prazo médio. No entanto, os benefícios mais valiosos são o impacto sobre a receita, sobretudo o lucro sobre a receita, e a efetiva criação de valor (por exemplo, novos fluxos de receita, acesso a capital, conquista de posição de liderança). As soluções que envolvem essas áreas tendem a ser mais relevantes para os altos gestores, executivos C-level e executivos do conselho, além de acrescentar maior prêmio ou ágio ao preço.

Talvez você precise apresentar o valor em termos de retorno do investimento ou de valor presente líquido, à medida que você avança no ciclo de compra com a conta. Quando esses fatores se tornarem importantes, os profissionais das áreas financeira e comercial, alinhados com a conta, assumirão a liderança, com os especialistas técnicos; marketing, porém, ainda pode ser útil, garantindo que as principais mensagens sejam consistentes, claras e expostas em linguagem compreensível para a conta.

O Quadro 9.8 mostra como seria isso no nosso exemplo de "Ambiente de Trabalho Digital".

QUADRO 9.8: Exemplos de benefícios de "Ambiente de Trabalho Digital"

Elemento da proposta de valor	Descrição
Benefícios	• "Ambiente de Trabalho Digital" melhorará o seu fluxo de caixa e mudará seus custos de TI, de CapEx para OpEx, enquanto oferece flexibilidade para aumentar ou diminuir os recursos da empresa, sem restringir o crescimento nem o estilo de trabalho das pessoas.

6º Passo – Demonstre seus diferenciais

Para as propostas de valor serem bem-sucedidas devem expressar por que os produtos, os serviços ou as soluções da empresa fornecedora são superiores aos dos concorrentes. O que torna a oferta da sua empresa única? A diferenciação é um dos principais desafios de marketing, encabeçando, todos os anos, o *Marketing Budget and Trends Survey*, da ITSMA. Por que será que é tão difícil para as empresas salientar o diferencial de seus produtos e serviços? Em muitos casos, o problema é a abordagem "de dentro para fora". Da mesma forma como os profissionais de marketing precisam cultivar a abordagem "de fora para dentro", para compreender a conta, as empresas precisam partir do ponto de vista do mercado e examinar o que os concorrentes estão dizendo.

Na verdade, o que você está procurando aqui é o "ponto ideal", onde as necessidades da conta sobrepõem com os aspectos nos quais você supera os concorrentes (ver Fig. 9.3).

FIGURA 9.3: Em busca do ponto ideal

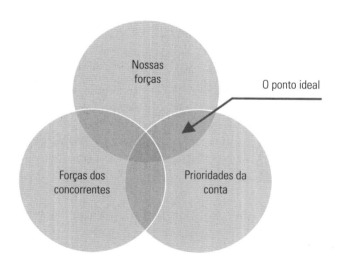

Depois de analisar minuciosamente a conta, é preciso pensar nos concorrentes que você enfrenta em seu relacionamento com esse cliente. Analise os materiais desses seus concorrentes para ajudá-lo a identificar e a priorizar os seus diferenciais e a desenvolver os argumentos de por que a conta deve trabalhar com você, não com os seus concorrentes. O que os concorrentes oferecem na mesma área da sua jogada? Quais são as propostas de valor deles? O que eles têm em termos de referências de clientes, propriedade intelectual, ou especialistas no assunto? O que eles alegam ser os principais diferenciais deles?

Apresente essas informações durante o workshop: é importante que os participantes do seu workshop vejam como as mensagens e as propostas de valor deles são semelhantes às dos concorrentes. Por exemplo, é comum que todas as empresas aleguem que são globais e inovadoras e enalteçam a *expertise* e a experiência do seu pessoal, mas não é fácil identificar diferenciais realmente exclusivos.

A maioria dos argumentos diferenciais não passam de variações em intensidade ou extensão. Em outras palavras, as empresas se diferenciam sendo melhores. No entanto, ser diferente em intensidade e extensão ainda pode ser bom: ser melhor do que os concorrentes oferece a oportunidade de liderar, se for possível comprovar as diferenças. O Quadro 9.9 o ajudará a refletir sobre a natureza e a força dos seus diferenciais, e a priorizá-los na sua proposta de valor.

QUADRO 9.9: Priorizando os seus diferenciais: um exemplo ilustrativo

Elemento da proposta de valor	Descrição	Importância relativa para o comprador-alvo (alto, médio, baixo)	Grau de exclusividade (1=o mesmo, 10=exclusivo)
Serviços de armazenamento na nuvem	• Centros de dados de alta segurança	Alto	5
	• Histórico no setor da conta	Médio	5
	• Pegada global coincidente com as localidades da conta	Baixo	10

Nesse exemplo, a parceria na locação dos centros de dados e dos escritórios regionais da empresa fornecedora com os principais escritórios da conta fornece um fator de conforto que não é técnico, mas que representa grande potencial de diferenciação, no relacionamento diário entre comprador e fornecedor.

O Quadro 9.10 mostra a influência desse fator no nosso exemplo de "Ambiente de Trabalho Digital":

QUADRO 9.10: Exemplo de diferencial de "Ambiente de Trabalho Digital"

Elemento da proposta de valor	Descrição
Diferenciais	• Já ajudamos 75 empresas e 1,5 milhão de pessoas a trabalhar dessa forma, usando nossos recursos globais de rede e de segurança para oferecer-lhes, mais do que nunca, acesso mais rápido e seguro às informações necessárias para os clientes deles.

E com a colocação dessa última peça do gabarito, agora você pode elaborar uma descrição em diálogo simples que represente a sua proposta de valor, como o último exemplo ilustrativo de "Ambiente de Trabalho Digital", apresentado no Quadro 9.11.

QUADRO 9.11: Exemplo de proposta de valor direcionada ao "Ambiente de Trabalho Digital"

Resumo da Descrição
"Ambiente de Trabalho Digital" oferece ao seu pessoal a capacidade de acessar a informação de que precisam em qualquer lugar, a qualquer hora e em qualquer dispositivo, para prestar ótimos serviços à conta. Esse serviço gerenciado, *pay-per-use*, melhorará seu fluxo de caixa, mudando os custos de TI de CapEx para OpEx, enquanto oferece flexibilidade para aumentar ou diminuir os recursos da empresa, imediatamente, sem restringir o crescimento nem interferir no estilo de trabalho das pessoas. Junte-se às 75 empresas e 1,5 milhão de pessoas que atualmente trabalham com sucesso dessa forma, usando nossos recursos globais de rede e de segurança.

Teste, teste, teste

Depois de trabalhar no conteúdo do workshop de sua proposta de valor e de desenvolver mais uma história para o seu comprador, em diálogo simples, é hora de receber feedback, tanto interno quanto externo. No mundo ideal, o feedback viria de um *coach* da conta: alguém preparado para ser honesto sobre quão bem a sua proposta de valor repercutirá com os colegas dele.

De forma mais realista, as propostas de valor devem ser testadas com um seleto grupo de *stakeholders* relevantes, além dos que participaram do workshop e, talvez, de assessores externos, como analistas setoriais ou consultores independentes, além de profissionais de sua rede, que conhecem o cliente em questão ou se relacionam com os decisores da conta. Se a sua UTD é internacional, a sua proposta de valor deve ser testada em várias regiões, devido à diversidade de idiomas e de aspectos culturais.

Algumas questões a se considerar são:

1. Com base no texto, está claro para você o que eu estou descrevendo? Se não, o que parece confuso?

2. Antes de ler a proposta de valor, você estava familiarizado com esse tipo de solução ou oferta?

3. Esse é um assunto sobre o qual você está interessado em aprender mais, depois de ler esta proposta de valor? Sim ou não? Por quê?

4. Você acha que essa solução é importante para uma empresa como essa, de que estamos tratando? Como?

5. Está claro o que é diferente ou melhor em nossa proposta de valor, em comparação com outras semelhantes, apresentadas por outras empresas? Como é essa diferença de valor para empresas como essa em que estamos atuando?

Uma vez que os vendedores é que que transmitem a sua proposta de valor, um a um, aos compradores, você também precisa validá-la com eles. Essas descrições são verossímeis e confiáveis? Os vendedores estão à vontade com os termos e os conceitos transmitidos? Eles são capazes de salientar a essência da proposta de valor, usando as próprias palavras?

Por meio de uma série de conversas estruturadas, a sua proposta de valor deve ser testada, revisada e testada novamente. O processo de validação não precisa ser difícil, mas deve ser completo. As propostas de valor são muito importantes para se basearem em suposições.

Preparando um *pitch* de elevador

Qualquer vendedor lhe dirá que, ao tentar atrair a atenção e o interesse de um novo decisor, na esperança de conseguir algum tempo com eles para uma discussão mais profunda, ele tem menos de um minuto para causar boa impressão. Até a sua proposta de valor será longa demais para esse tipo de encontro.

Um exemplo clássico desse tipo de situação é encontrar um comprador-alvo num elevador. Você tem de 20 a 30 segundos para deixar sua marca – daí o termo *"pitch* de elevador". O que você escolhe para dizer durante o percurso fará a diferença entre o decisor interessado, que pede uma reunião ao sair do elevador, e o decisor exasperado, que salta às pressas do elevador, para se livrar do assédio!

Vimos exemplos de bons gerentes de contas que se expõem a todos os tipos de situações para ter a chance de se reunir com o comprador-alvo. O ideal é que isso ocorra como resultado de uma apresentação, mas, quando não for possível, também serve um evento privado ou público, ou até um encontro no café ou no refeitório da empresa. Não há limites para a criatividade! O importante é estar preparado com uma proposta de valor irrecusável.

Temos muito a aprender aqui com os colegas de marketing de consumo, que têm de expor suas propostas de valor em comerciais de 30 segundos, capazes de atrair a atenção dos consumidores e de os convencer a comprar. "Três lâminas, menos passagem, menos irritação"! Alguém se arrisca?

Portanto, depois de desenvolver sua proposta de valor, vale avançar um pouco mais e destilá-la numa frase sucinta e poderosa, que o seu gerente de conta ou vendedor possa usar no elevador (ou em algum outro lugar, em culturas onde seja rude conversar no elevador!) Se, de novo, recorrermos ao exemplo de "Ambiente de Trabalho Digital", o *pitch* de elevador poderia ser: "Junte-se às 75 empresas que já melhoraram a flexibilidade da força de trabalho e a lucratividade do negócio, com o nosso *Workplace as a service*".

Evidentemente, a melhor forma de testar o poder dessa afirmação é em encenação. Se você não tornar o seu discurso convincente, será preciso trabalhar nele até conseguir.

Estabelecendo uma hierarquia entre as propostas de valor

Realisticamente, é improvável que você leve ao cliente apenas uma jogada por vez. Há, portanto, o risco de que você confunda os *stakeholders* da conta com a apresentação, ao mesmo tempo, de várias propostas e mensagens conexas (sobretudo se alguns estiverem na UTD há mais tempo do que uma das suas jogadas).

A melhor solução que já vimos para não criar confusão foi desenvolver uma hierarquia de propostas, ou mensagens associadas, para a conta.

No topo da hierarquia encontra-se a proposta abrangente da empresa para a conta: o que você quer para ficar famoso na conta nos próximos anos? A resposta deve compatibilizar-se com a proposta da marca, e reforçá-la ainda mais, tanto quanto possível.

Abaixo dessa proposta abrangente, devem vir importantes áreas temáticas, nas quais você pensa em apoiar a conta, capacitando as equipes dela a serem mais produtivas; em melhorar a experiência que a conta oferece aos próprios clientes; e em modernizar a estrutura de TI da conta. Abaixo dessa camada, é provável que haja uma ou mais soluções ou jogadas que você está propondo à conta, além das próprias propostas específicas dela (Quadro 9.12).

QUADRO 9.12: Exemplo de hierarquia de propostas

Atuar como seu parceiro digital à medida que você acelera o seu crescimento em todo o mundo até 2020		
Melhorar a produtividade do seu pessoal em 20%	**Entregar melhor experiência do cliente para elevar os *scores* de NPS em 30%**	**Modernizar sua estrutura de TI e reduzir seus custos em 15%**
• Capacitar o seu pessoal a trabalhar em qualquer lugar, a qualquer hora, em qualquer dispositivo • Manter o seu pessoal e as suas informações.	• Entregar uma experiência de compra integrada e *omnichannel.* • Maximizar a eficiência da sua cadeia de suprimentos.	• Aumentar a flexibilidade e reduzir os custos por meio de um modelo híbrido de nuvem. • Dirigir o seu centro de operações de segurança.

Organizar as suas propostas para a conta dessa forma permite que todas as partes envolvidas com a conta contem a mesma história, estejam elas reunidas com o CEO, focando a proposta total, e daí descendo para os detalhes; ou com o gerente de TI, analisando uma proposta específica, para em seguida incluí-la no conteúdo da proposta total para a conta.

Seu checklist de ABM

1. As propostas de valor devem ser descrições simples, claras e fáceis de absorver, adaptáveis a compradores específicos, confiáveis e baseadas em pontos de prova. Sempre que possível, elas devem ser quantificadas em termos financeiros, quando usadas num contexto ABM. Elas devem sintetizar a razão para que os seus potenciais compradores comprem o produto, o serviço ou a solução da empresa, em vez de os dos concorrentes.

2. Valor é subjetivo. É um cálculo individual dos benefícios menos custos. Os benefícios podem ser tangíveis ou intangíveis, enquanto os custos são mais que apenas o preço da solução.

3. Uma proposta de valor direcionada e convincente deve definir o imperativo que está afrontando a empresa, identificar as iniciativas de negócios, repercutir com o seu comprador-alvo, descrever a sua jogada, explicar os benefícios da sua solução e demonstrar os seus diferenciais.

4. Crie a sua proposta de valor em um workshop, com o time da conta e especialistas no assunto, e converta-a, então, em diálogo.

5. Teste e refine a sua proposta de valor, com os *stakeholders* internos, e, então, com analistas e outros *stakeholders* externos, que compreendam a sua empresa, a sua conta e os seus concorrentes.

6. Um *pitch* de elevador é uma breve frase impactante, que leve não mais do que 20 a 30 segundos para ser dita por um vendedor, mas que seja convincente o suficiente para despertar o interesse do comprador.

7. Organize várias propostas de valor para a conta, numa hierarquia ou acervo de mensagens, que lhe permita contar ao cliente uma história encadeada, não importa com quem você esteja falando.

10
PLANEJANDO CAMPANHAS DE VENDAS E MARKETING INTEGRADAS

Este capítulo chega ao cerne das campanhas de ABM: levar a sua mensagem direcionada aos potenciais compradores. Ele abrange:

- Ingredientes para uma campanha de ABM bem-sucedida.
- Estabelecimento dos objetivos da campanha.
- Definição da audiência das campanhas.
- Criação de conteúdo personalizado.
- Criação de uma campanha *omnichannel*.
- Juntar tudo no planejamento da campanha.
- Visualização da campanha.

Ingredientes para uma campanha de ABM bem-sucedida

Você sabe em quais contas focar, passou algum tempo compreendendo o que os impulsiona, e definiu as jogadas adequadas para ajudá-los. Também mapeou com certo nível de detalhe cada *stakeholder* relevante para a sua jogada e desenvolveu uma proposta de valor que o diferencia dos concorrentes.

Agora é hora de elaborar a(s) campanha(s) para comunicar sua proposta de valor. Alguns profissionais de marketing são pressionados para começar o ABM neste ponto, pelas equipes de contas, supondo que os profissionais de marketing já têm um bom plano da conta e que precisam simplesmente de algum apoio do marketing para executá-lo. Talvez seja esse o caso, mas certifique-se de ter sido bastante rigoroso no processo de planejamento, antes de se lançar no trabalho de "comunicação". Alguém precisa dar os primeiros passos para que as suas campanhas sejam eficazes para a conta.

As boas campanhas de ABM compartilham algumas características comuns:

- Metas claras que se alinham com os objetivos de negócios e com os objetivos de vendas para a conta.
- Segmentação e identificação exata dos *stakeholders* e influenciadores.
- Conteúdo personalizado que reforça a sua compreensão dos imperativos que afrontam a conta e as iniciativas em andamento, que contextualizam as suas propostas.
- Execução *omnichannel*, usando canais on-line e off-line integrados e completos, para transmitir as suas mensagens.

Neste capítulo, analisaremos cada um desses atributos.

Estabelecendo os objetivos da sua campanha

As campanhas ABM têm objetivos claros, que se alinham com os objetivos de negócios e com os objetivos de vendas ao cliente. Geralmente, uma única campanha ABM será parte de um programa de marketing de mais longo prazo para a conta, com o propósito, entre outros, de mudar as percepções da sua empresa pela conta, que não seria mais a de fornecedor transacional e se tornaria a de parceiro e conselheiro de confiança da conta, durante a transformação digital dele. Ou podem ser campanhas avulsas, focadas em objetivos de mais curto prazo, como o de aumentar o *mindshare* na Unidade de Tomada de Decisão (UTD) para uma jogada específica, de modo que a sua empresa seja *front of mind*, quando a conta decidir avançar com determinada iniciativa e pesquisar parceiros ou fornecedores potenciais.

Ao estabelecer os objetivos do seu programa ou campanha de ABM para a conta, comece tendo em mente os seus objetivos de negócios. Esses, provavelmente, têm a ver com a receita e a lucratividade da conta para a sua empresa (e, talvez, a taxa de crescimento dele), a extensão das compras da conta no portfólio da sua empresa, seu *share of wallet* ou seu posicionamento na conta. Também se espera que os seus objetivos de negócios sejam SMART – Específicos (*Specific*), Mensuráveis (*Measurable*), Atingíveis (*Attainable*), Relevantes

(*Relevant*) e Temporais (*Time-bound*) –, mas, se não forem, talvez seja o caso de adotar algumas premissas, para garantir que venham a ser. Em consequência, estabelecer seus objetivos de marketing será muito mais fácil.

Para alcançar esses objetivos de negócios mais amplos, será preciso definir um ou mais objetivos de vendas. Esses podem mirar em um único negócio ou contrato, relacionado com a sua jogada (seja para vendê-la pela primeira vez, seja para mantê-la na renovação do contrato); ou podem envolver a quantidade de transações de certo porte (dois negócios de US$ 1 milhão nos primeiros 18 meses, por exemplo). Também podem visar à conquista do negócio em outra área da conta, como uma unidade de negócios ou uma região diferente. Ou podem consistir em vender outro tipo de capacidade para a conta, ultrapassando os limites de uma área em que você até então estava confinado e demonstrando o que mais você é capaz de fazer para ajudar o cliente.

O objetivo que você definiu para a sua campanha de ABM deve relacionar-se diretamente com o apoio à equipe de vendas e à empresa em si, para que ambas alcancem seus próprios objetivos. Pense nisso em termos de hierarquia, como mostra a Fig. 10.1. Aqui o propósito é também ser tão SMART quanto possível, de modo a facilitar o desenvolvimento das métricas para monitorar o seu desempenho e relatar o seu progresso para a empresa.

FIGURA 10.1: Uma hierarquia de objetivos para a sua conta ABM

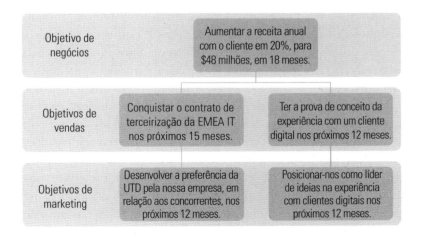

Os objetivos da campanha de marketing geralmente são configurados para posicionar a sua empresa na mente do seu público, ou para informar e esclarecer as pessoas da conta sobre sua empresa e sua oferta, ou ainda para persuadir a UTD a agir a seu favor.

É importante que os seus objetivos sejam analisados e aprovados pelo *Key Account Manager* e por sua equipe, assim como submetê-los ao gerente de marketing, para que todos saibam quais serão os seus focos nos próximos meses (e o que, talvez, você tenha de interromper!).

Definindo a audiência das suas campanhas

As melhores campanhas de ABM baseiam-se no direcionamento exato, que destaca a sua proposta de valor em meio ao ruído e à confusão do mercado, por ela ser personalizada e relevante. Você já terá escolhido os decisores e os influenciadores de cada uma das jogadas que você está propondo à conta no 3º Passo do processo de ABM, usando o mapa de influenciadores, que vimos na Fig. 8.3 do Capítulo 8. Reveja o mapa e os perfis que você criou para começar a planejar a campanha, lembrando-se do público.

Convém segmentar seu público com base nos compradores e influenciadores de jogadas específicas e outros grupos importantes com que você deve comunicar-se, como todos os atuais prestadores de serviços ao cliente. Diferentes públicos justificarão diferentes níveis de atenção e precisarão de diferentes mensagens, de modo que fique claro com quem você se comunicará, quando e por quê.

Talvez a forma mais fácil de pensar a esse respeito seja em termos do investimento em tempo e outros recursos destinado a eles. Embora todos os membros da sua UTD precisem de atenção *one-to-one*, juntamente com alguns dos influenciadores significativos, como os analistas independentes que os orientam, outros podem ser alvos de uma abordagem *one-to-few*, como seu próprio pessoal de entrega, ou até de um tratamento *one-to-many*, como os membros de grupos influentes no LinkedIn.

Alguns *ABM Marketers* são tentados a deixar de fora os influenciadores externos de suas campanhas, talvez incluindo-os na pilha de "amenidades". As pesquisas da ITSMA, porém, mostram reiteradamente que os influenciadores externos são importantes para os compradores, à medida que avançam no processo de compra. A Fig. 10.2 mostra a confiança crescente dos compradores nos pares, influenciadores digitais, comunidades on-line, e consultores de gestão, ao adquirirem soluções de negócios complexas, de valor superior a US$ 500.000.

FIGURA 10.2: Fontes de informação mais confiáveis para os compradores

Em comparação com dois ou três anos atrás, como mudou a sua confiança nas seguintes fontes de informação?
% dos respondentes (N=402)

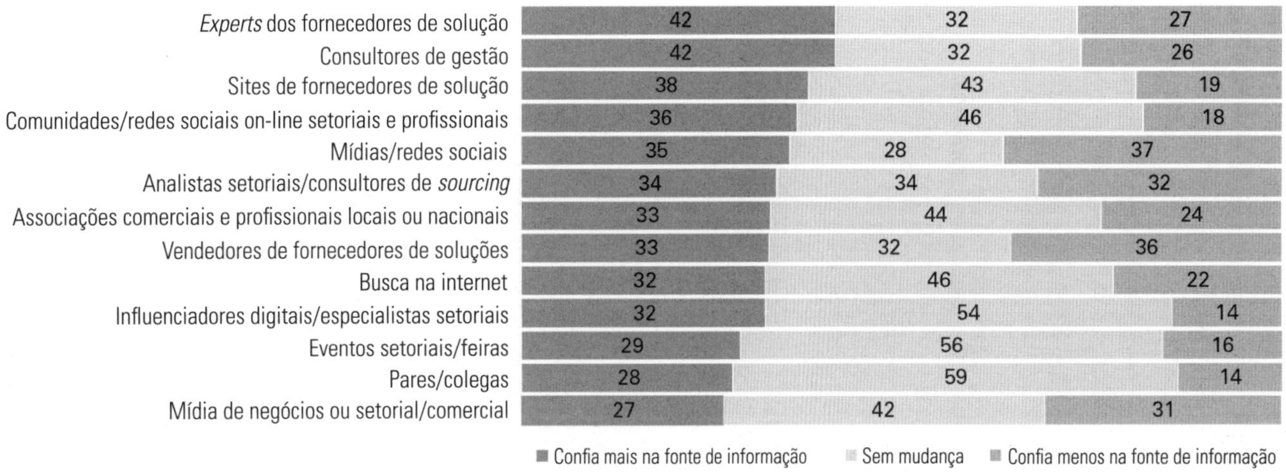

Fonte	Confia mais na fonte de informação	Sem mudança	Confia menos na fonte de informação
Experts dos fornecedores de solução	42	32	27
Consultores de gestão	42	32	26
Sites de fornecedores de solução	38	43	19
Comunidades/redes sociais on-line setoriais e profissionais	36	46	18
Mídias/redes sociais	35	28	37
Analistas setoriais/consultores de *sourcing*	34	34	32
Associações comerciais e profissionais locais ou nacionais	33	44	24
Vendedores de fornecedores de soluções	33	32	36
Busca na internet	32	46	22
Influenciadores digitais/especialistas setoriais	32	54	14
Eventos setoriais/feiras	29	56	16
Pares/colegas	28	59	14
Mídia de negócios ou setorial/comercial	27	42	31

FONTE: ITSMA, *How B2B Buyers Consume Information Survey,* 2016

A boa notícia é que os seus especialistas no assunto (que podem identificar tendências nesses compradores e recomendar o melhor curso de ação, compartilhando liderança de ideias e exemplos pragmáticos de outras empresas) foram considerados os mais confiáveis. Mas os influenciadores externos terceirizados vinham em seguida: analistas setoriais e consultores de *sourcing*, pares e colegas dos compradores e consultores de gestão. Ignore esses poderosos influenciadores por sua conta e risco.

Criando conteúdo personalizado

A própria natureza do ABM significa que você é capaz de criar conteúdo mais personalizado e relevante do que o usado por campanhas baseadas no mercado ou em segmentos. Na condição de comprador, você sabe como é bombardeado a todo instante por mensagens de propaganda ou por telefonemas de vendas, e é provável que você use recursos de bloqueio automático de tudo o que não seja imediatamente relevante ou interessante para você. Seus compradores estão agindo da mesma forma.

FIGURA 10.3: O valor do conteúdo personalizado

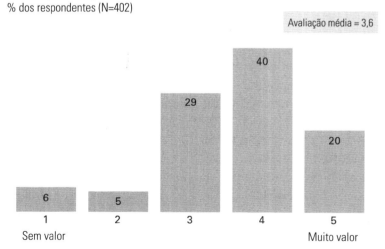

NOTA: Avaliação média baseada numa escala de 5 pontos, em que 1 = Sem valor e 5 = Muito valor
FONTE: ITSMA, *How B2B Buyers Consume Information Survey*, 2016

Nossa pesquisa mostra que os compradores de soluções de negócios preferem receber conteúdo personalizado (Fig. 10.3). Em todos os tipos de ABM, os profissionais de marketing estão usando tecnologia para personalizar o conteúdo tanto quanto possível. Assim se garante não só que todas as remessas por iniciativa deliberada do remetente são sempre personalizadas – em termos de identificação do destinatário e de contexto de negócios – mas também que, em casos específicos, usa-se tecnologia, como identificação por IP reverso, para reconhecer compradores ou influenciadores, quando visitam o seu site, para que recebam conteúdo mais personalizado.

Nesta seção, consideramos os principais elementos para a criação de conteúdo eficaz:

- O conteúdo certo na hora certa.
- Uma nota sobre liderança de ideias.
- Os formatos preferidos pelos compradores.
- O poder do *storytelling*.
- Evitando as armadilhas do conteúdo de marketing.

O conteúdo certo na hora certa

Qual tipo de conteúdo os compradores valorizam? O que criar para promover as suas campanhas de ABM? O que personalizar? Bem, tudo depende do objetivo da campanha e do estágio do processo de compras em que se encontram os compradores.

O objetivo da campanha deve ser empurrar o *prospect* no modelo de relacionamento mostrado na Fig. 10.4, alavancando o conteúdo relevante que repercute entre os decisores e influenciadores na hora certa. Esse *timeline* pode ser alongado, estendendo-se por semanas ou meses, ou pode ser encurtado, com os compradores absorvendo todo o conteúdo disponível em um dia, para acelerar o processo decisório. Qualquer que seja o caso, você precisa estar pronto!

FIGURA 10.4: Modelo de relacionamento com o comprador B2B

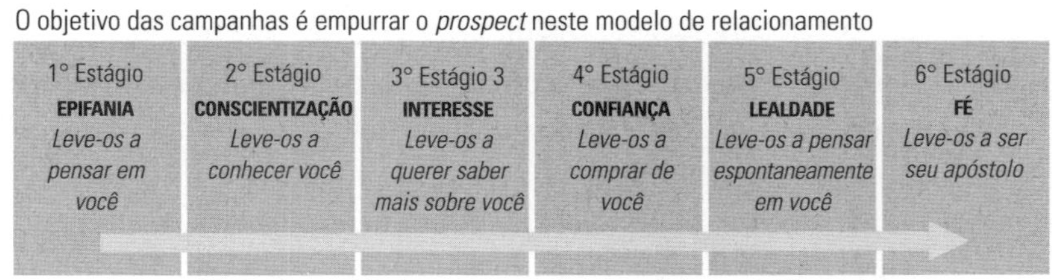

O objetivo das campanhas é empurrar o *prospect* neste modelo de relacionamento

1° Estágio	2° Estágio	3° Estágio 3	4° Estágio	5° Estágio	6° Estágio
EPIFANIA	**CONSCIENTIZAÇÃO**	**INTERESSE**	**CONFIANÇA**	**LEALDADE**	**FÉ**
Leve-os a pensar em você	*Leve-os a conhecer você*	*Leve-os a querer saber mais sobre você*	*Leve-os a comprar de você*	*Leve-os a pensar espontaneamente em você*	*Leve-os a ser seu apóstolo*

Alavanque o conteúdo relevante que repercute entre os decisores e os influenciadores.

Vejamos o modelo com mais detalhes e com que conteúdo funciona melhor.

1º Estágio – Epifania

Leve-os a pensar em você. Isso significa empurrar as contas para aquele momento *a-ha!*, quando elas se dão conta do problema que elas precisam enfrentar. O conteúdo da liderança de ideias pode desempenhar papel poderoso aqui, como ocorreu quando um varejista de âmbito nacional se deu conta de como estava atrasado no avanço para uma plataforma multicanal, mais internacional, e de imediato deflagrou uma iniciativa para alcançar e superar os seus pares.

2º Estágio – Conscientização

Leve-os a conhecer você. O conteúdo de marketing pode garantir que a sua empresa seja *front of mind*, quando as futuras contas começarem a olhar ao redor para enfrentar o problema. Liderança de ideias em profundidade, inclusive com exemplos de como outras empresas lidaram com a mesma questão e com informações sobre a *expertise* da sua empresa nessa área, são muito úteis aqui.

3º Estágio – Interesse

Leve-os a saber mais sobre você, com informações relevantes sobre como você pode ajudá-los a vencer o desafio. Isso tem a ver com entrar na sua "jogada", e exige um alinhamento cuidadoso entre marketing e vendas, porque vendas tende a envolver-se mais com os futuros compradores nesse estágio (uma vez que o marketing, na verdade, os aqueceu).

4º Estágio – Confiança

Leve-os a comprar de você. A essa altura, as contas já ganharam mais confiança para incluí-lo numa pré-seleção ou, até melhor, para selecioná-lo como fornecedor. O conteúdo que você usa aqui deve convencê-los de que você sabe o que está falando, o que significa aumentar o envolvimento de especialistas no assunto e de outras contas que estejam dispostas a discutir o que você fez por eles. Você também precisa fornecer-lhes as ferramentas de que precisam, como o caso de negócios, a análise custo-benefício, etc., para que desenvolvam em relação a você o mesmo nível de confiança que eles têm pelas equipes internas deles. (A Fig. 10.5 mostra os tipos de informação mais eficazes para os compradores, quando estão vendendo a sua solução na organização deles). Mais uma vez, o alinhamento aqui é fundamental, uma vez que os seus vendedores desempenharão papel importante neste estágio.

5º Estágio - **Lealdade**

Leve-os a pensar espontaneamente em você. A sua intenção é que eles continuem a comprar de você, a adquirir mais do seu portfólio, à medida que você avança para um relacionamento de parceiro e conselheiro de confiança da conta. Os tipos de conteúdo mais eficazes aqui são relatórios e estudos de caso de parceria, que mostram o valor que você gerou para a conta, além da liderança de ideias e das sugestões inovadoras com as quais você influencia a conta, desafiando-a e induzindo-a a agir.

6º Estágio - **Fé**

Leve-os a ser seu porta-voz. Como vimos, a recomendação oriunda de um par é uma das formas mais poderosas de atrair novas contas. Um fato bem menos conhecido é que, ao construir conteúdo que conte a história de como um cliente alcançou o sucesso com o seu apoio, você também está contribuindo para a percepção pela conta de que você é um bom parceiro e está entregando valor.

FIGURA 10.5: Conteúdo mais eficaz para os compradores venderem uma solução internamente

NOTA: Permissão para várias respostas
FONTE: ITSMA, *How B2B Buyers Consume Information Survey*, 2015

Nota sobre a liderança de ideias

De todos os tipos de conteúdo que atuam em marketing B2B, um dos mais poderosos é liderança de ideias. Definido pela ITSMA como "Um conjunto de ideias que educam os clientes e os *prospects* sobre importantes problemas de negócios e tecnologia e que os ajudam a resolvê-los – sem vender", compreende-se por que a liderança de ideias pode ser atraente para os compradores.

A tecnologia está mudando com tanta rapidez – mídias sociais, mobilidade, computação na nuvem e era de *big and fast data*, por meio da *internet of everything* (internet de tudo) –, que os compradores devem educar-se continuamente. Para manter-se num mercado inundado por mensagens *me-too* (eu também), os profissionais de marketing estão aprimorando sua estratégia de liderança de ideias, para torná-la diferencial-chave e parte integrante da proposta de valor que estão apresentando aos clientes.

A liderança de ideias é crucial para a conscientização, o interesse e a consideração do fornecedor de soluções. A profundidade e a qualidade da liderança de ideias é um dos principais critérios que determinam se os compradores querem aprender mais sobre você e quem entra na pré-seleção. Ao longo dos anos, aprendemos que:

- Um mecanismo de desenvolvimento de conteúdo de liderança de ideias, suportado por pesquisa robusta e pontos de prova, confere credibilidade ao ponto de vista da sua empresa.
- O engajamento de redes externas como parte do processo de desenvolvimento da liderança de ideias garante que as ideias sejam fundamentadas e práticas.
- As empresas de melhores práticas evoluíram, da mentalidade de editoração para a de liderança de ideias no suporte a vendedores, em suas conversas com *prospects* e compradores.

Talvez você queira desenvolver algum conteúdo customizado de liderança de ideias, para uma conta estratégica, caso ela justifique o investimento, por causa do tamanho da oportunidade. Ou talvez você prefira criá-lo para um *cluster* de contas, no ABM Lite, ou, com mais amplitude, no ABM Programático. Qualquer que seja o caso, recomendamos que você siga os seguintes passos para criar esse tipo de conteúdo:

1º Passo – Elabore uma descrição de posicionamento

Não se trata apenas de identificar e explicar um problema de negócios que a conta esteja enfrentando. É preciso adotar um ponto de vista claro sobre por que é um problema, o que está acontecendo, e como lidar com as suas ramificações. A EY, empresa de serviços profissionais, desenvolveu o seu *5: Insights for Executives Series*[1] para ajudar no processo de criação de conteúdo, breve e impactante, para compradores que formulam as cinco perguntas a serem respondidas pela liderança de ideias, como condição para ser bem-sucedida:

- Qual é o problema?
- Por que agora?
- Como ele afeta você?
- Como resolvê-lo?
- Qual é o resultado?

Essa estrutura ajuda a empresa a definir sua posição numa gama de problemas, do tipo usar análise preditiva para melhorar a tomada de decisões.

2º Passo – Coletar evidências proprietárias

As ideias em si não são suficientes para convencer os clientes e *prospects* a confiar em você. Eles precisam de provas. A liderança de ideias raramente passa pelo processo rigoroso de avaliação pelos pares a que os trabalhos acadêmicos se submetem; daí a necessidade de outros tipos de evidências.

3º Passo – Apresentar exemplos convincentes

Os exemplos, tanto quanto possível de *named accounts,* ou seja, clientes ou *prospects* valiosos, devem ter histórias significativas, fáceis de compreender, que os clientes possam generalizar por entre setores

---

[1] EY. 5 insights for executives series. EY, s.d. Disponível em: <http://www.ey.com/GL/en/Services/Advisory/5-insights-for-executives-series/>. Acesso em: 26 ago. 2019.

e mercados. Também é importante que sejam surpreendentes e vigorosas. Quantas vezes ouvimos exemplos da Target usando *big data* para prever a gravidez de uma jovem, antes de os pais terem descoberto?

4º Passo – Obter depoimentos plausíveis

A validação externa também é necessária para reforçar a credibilidade. Coletar testemunhos reais de importantes executivos de negócios, acadêmicos, intelectuais, autoridades públicas, analistas setoriais ou clientes com experiência para sustentar suas posições.

Os formatos preferidos dos compradores

Vale observar que as apresentações criadas, ou conjuntos de slides com marcadores e efeitos visuais, são as formas preferidas na hora de definir a forma de exibição do seu conteúdo. Em seguida, aparecem as visualizações interativas de dados, com que os compradores podem envolver-se pessoalmente. Em terceiro vêm os infográficos e cópias resumidas, de duas páginas ou menos, de conteúdo extraído da web (Fig. 10.6).

FIGURA 10.6: Formatos de conteúdo preferidos pelos compradores

NOTA: Avaliação média, conforme uma escala de 5 pontos, em que 1 = Nem cativante ou útil e 5 = Muito cativante e útil
FONTE: ITSMA, *How B2B Buyers Consume Information Survey*, 2016

O poder do storytelling

Qualquer que seja a forma de conteúdo que você esteja criando, lembre-se de que o cérebro humano está configurado para ouvir histórias. Usando técnicas de *storytelling* no seu conteúdo, você aumenta as chances de que ele seja visto e/ou ouvido pelo seu público-alvo. As histórias alcançam três partes distintas do cérebro humano e se conectam diretamente com os nossos instintos, nossas emoções e nosso raciocínio lógico, de nível mais elevado. Ao longo de milhares de anos de evolução, nosso cérebro foi programado para se comunicar dessa forma. O número crescente de organizações, depois de observarem a eficácia das histórias em B2C, agora aplicam essa técnica em mercados B2B.

Como os profissionais de marketing se dedicam ao trabalho de criar histórias? Basta as histórias possuírem três componentes:

- **Roteiro ou enredo** — Essa é a essência da história, que, de acordo com os especialistas, pode ser descrita em não mais que seis palavras.

- **Arco da história ou da narrativa** — Começando com a cena de abertura, passando por várias crises, inclusive o *point of no-return*, ou ponto sem retorno, até alcançar o clímax e chegar ao final, ou desfecho, o arco é a jornada que você percorre com o público.

- **Grupo de personagens, com papéis definidos** — Ter um herói e um vilão é um bom começo. Quando outros arquétipos se juntam a eles, a história se torna mais envolvente.

As histórias são usadas há anos, como uma técnica para engajar o público, em comerciais e em outros conteúdos de vídeo (gostamos muito, em especial, dos vários comerciais bem-humorados da Adobe, para a apresentação das suas soluções de marketing). As histórias, porém, são igualmente adequadas ao planejar uma apresentação, ao redigir um estudo de caso para um cliente, ou ao escrever um trabalho sobre liderança de ideias.

Evitando as armadilhas do conteúdo de marketing

Os compradores dizem que os maiores problemas que enfrentam com o conteúdo que recebem dos fornecedores decorrem de serem muito voltado para vendas, opinativo em vez de real, e demasiado extenso. Os compradores estão buscando conteúdo informativo e imparcial, aplicáveis aos seus problemas e oportunidades específicos (ver Fig. 10.7).

FIGURA 10.7: Evitando as armadilhas do conteúdo de marketing

NOTE: Permissão para várias respostas
FONTE: ITSMA, *How B2B Buyers Consume Information Survey*, 2016

Criando uma campanha *omnichannel*

A pesquisa sobre o comprador, da ITSMA, mostrou ao longo dos anos, um lento e constante incremento no tempo que os compradores gastam on-line, à procura de informações ou tendências que os ajudem no processo de compra. Mas, ao contrário do que você possa ler na internet, os compradores não passam grande parte do tempo deles on-line, ao considerar a compra de soluções de negócios com valor superior a US$ 500.000. Nossa pesquisa mostra que os compradores ficam quase metade do tempo off-line, ao acompanharem as tendências setoriais e tecnológicas (Fig. 10.8).

FIGURA 10.8: Metade do processo de compra ocorre off-line

Ao acompanhar as mudanças tecnológicas do seu setor ou tecnologia, aproximadamente quanto tempo você passa on-line *vs.* off-line?
Média % do tempo (N=402)

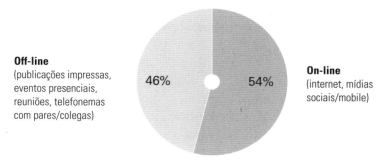

Off-line
(publicações impressas, eventos presenciais, reuniões, telefonemas com pares/colegas)

46%

54%

On-line
(internet, mídias sociais/mobile)

FONTE: ITSMA, *How B2B Buyers Consume Information Survey*, 2016

No começo do processo de compra, as primeiras três fontes de informação a que recorrem os compradores são os próprios pares, consultores de gestão, e seus especialistas no assunto — em outras palavras, pessoas, como já analisamos neste capítulo. Essa situação não muda muito à medida que os compradores avançam na jornada de compra, com pessoas na dianteira da ampla variedade de formas que os compradores usam para obter conteúdo e informação sobre os fornecedores (Fig. 10.9).

FIGURA 10.9: Os compradores logo de início recorrem a pessoas, em busca de informações

Remontando ao começo do processo de compra, quais foram as *primeiras três fontes de informação* a que você recorreu ao começar a sua busca de soluções? (Ordem de ranqueamento 1°, 2°, 3°)
% dos respondentes (N=492)

Pares/colegas	31
Consultores de gestão	28
Especialistas no assunto, como fornecedores de soluções	28
Busca na web	27
Influenciadores digitais/especialistas setoriais	27
Analistas setoriais/ conselheiros de suprimentos	26
Sites fornecedores de soluções	26
Eventos setoriais/feiras	20
Vendedores de fornecedores de soluções	20
Empresas em geral ou mídias comerciais/setoriais	20
Comunidades setoriais/profissionais on-line /redes sociais	17
Associações profissionais e comerciais locais ou nacionais	15
Mídias/redes sociais	12

■ 1° lugar ■ 2° lugar ■ 3° lugar

NOTA: Pediu-se aos entrevistados para ranquear as primeiras três fontes
FONTE: ITSMA, *How B2B Buyers Consume Information Survey*, 2016

Vale lembrar, porém, que 75% dos compradores esperam uma abordagem *omnichannel*. Ou seja, aquela em que "as pessoas com quem trabalho como potenciais fornecedores de soluções saibam que interações (on-line e off-line) já ocorreram e que informações foram trocadas". Mais uma vez, a tecnologia pode ajudá-lo nesse esforço, desde o seu sistema de automação de marketing até o seu banco de dados de vendas, ajudando-o adotar uma abordagem mais integrada.

As mídias sociais são usadas pelos compradores durante o processo de compra, com o LinkedIn e YouTube sendo considerados os mais úteis (Fig. 10.10). Quase um terço dos compradores acham úteis as mídias sociais para conectar-se com potenciais fornecedores de soluções (há formas mais diretas de conectar-se com os atuais fornecedores). Elas também os ajudam a conectar-se com especialistas no assunto e a acompanhar as tendências, as notícias e os eventos setoriais.

FIGURA 10.10: Importância comparativa das mídias sociais

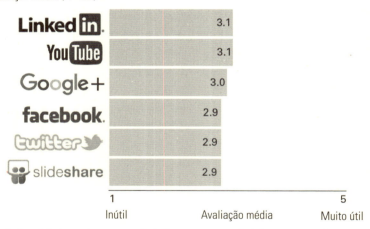

NOTA: Avaliação média baseada numa escala de 5 pontos, em que 1 = Inútil e 5 = Muito útil
FONTE: ITSMA, *How B2B Buyers Consume Information Survey*, 2016

Ao usar mídias sociais em suas campanhas de ABM, lembre-se de que as pesquisas da ITSMA indicam que os compradores de conteúdo valorizam mais em você o conteúdo original produzido pelo seu pessoal. Em seguida, vem o conteúdo curado, sobre um tópico que seja do interesse deles, que você escolheu e introduziu, com alguma apresentação de sua autoria. O menos valioso para os compradores é o conteúdo filtrado, que lhes foi servido com base no perfil deles como compradores.

Como todos sabemos, a verdadeira vitória ocorre quando o seu conteúdo é compartilhado nas mídias sociais pelos compradores e influenciadores em que você está mirando. Pouco mais da metade dos compradores fazem isso pelo menos esporadicamente, e são mais propensos a compartilhar quando você apresenta fatos baseados em pesquisas ou um novo ponto de vista sobre um tópico pelo qual são apaixonados. Pouco menos de um quarto o compartilhará, se o conteúdo for divertido ou engraçado.

Juntando tudo no planejamento da sua campanha

Considerar as táticas de campanha mais eficazes para cada um dos três tipos de ABM salienta as diferenças em termos de investimento e profundidade de cada uma. Um estudo recente de *benchmarking* em ABM feito pela ITSMA mostra que reuniões um a um são a única tática que aparece entre as cinco principais de todos os três tipos de ABM, supostamente porque os vendedores, basicamente, precisam reunir-se com a conta para fazer a venda (Quadro 10.1).

QUADRO 10.1: As cinco principais táticas usadas em diferentes tipos de ABM

ABM Estratégico	ABM Lite	ABM Programático
1. Reuniões *one-to-one* 2. Liderança de ideias exclusiva para a conta 3. Dias de inovação 4. Planos de engajamento de executivos 5. Eventos privativos	1. Reuniões *one-to-one* 2. E-mail marketing 3. Planos para engajamento dos executivos 4. Materiais de vendas personalizados 5. IP reverso e *digital ads*	1. E-mail marketing 2. Reuniões *one-to-one* 3. IP reverso e *digital ads* 4. Mala direta 5. Blogs e engajamento social

O ABM Estratégico e o ABM Lite têm em comum apenas essas reuniões e os planos de engajamento de executivos mais amplos. O ABM Lite e o ABM Programático também compartilham o marketing por e-mail e o IP reverso e *digital ads*. As táticas de ABM Programático são mais semelhantes às usadas em campanhas segmentadas ou para mercados específicos, como seria de esperar. As táticas mais eficazes do ABM Estratégico refletem o cuidado e a atenção dispendidos sobre uma conta quando você o trata como mercado por seus próprios méritos.

Veremos cada uma delas de cada vez.

As cinco principais táticas para campanhas de ABM Estratégico

Essas cinco principais táticas são realmente um mix poderoso a considerar em seu plano de campanha ABM Estratégico.

Reuniões presenciais, one-to-one

As reuniões entre pares são a melhor forma de fortalecer os relacionamentos, seja do *Key Account Manager* com o principal comprador, seja do seu especialista no assunto com o comprador técnico, com o diretor de compras, ou com o diretor de marketing, e devem ser incluídas entre as melhores táticas para fazer diferença. O erro cometido em muitos planos para contas é deixar que o *Key Account Manager* "controle" todos os relacionamentos. Ao invés disso, você precisa de um plano multinível de reuniões, na maioria dos casos para desenvolver uma ampla variedade de relacionamentos com os compradores e influenciadores da conta.

Desenvolvimento de liderança de ideias sob medida para a conta

Os compradores querem que os fornecedores demonstrem que podem contribuir com insights relevantes para melhorar o desempenho da empresa. Esse é o motor de arranque da conversa e o impulso para o momento de epifania analisado aqui. Deve haver estreita ligação entre os especialistas no assunto, que geram os insights, e qualquer representante da conta, incumbido do contato, situação em que o especialista no assunto, cada vez mais, exerce pessoalmente a liderança de ideias, à medida que o comprador avança no processo de compras.

Dias de inovação

Essa é uma forma cada vez mais comum de posicionar a capacidade da empresa de aprofundar os relacionamentos no ABM. O propósito é criar uma visão compartilhada de como atuar em conjunto, na gestão de um problema crítico, de modo a gerar resultados de negócios mutuamente benéficos, e, no processo, enraizar as interações e formar novas oportunidades. Essas sessões vivificam as potenciais soluções (as suas jogadas), por meio de um plano de ação detalhado, em que ambas as partes podem trabalhar em conjunto.

As sessões devem começar com a exploração ou o reconhecimento dos imperativos e iniciativas de negócios da conta, em vez de avançar direto para as suas soluções. Essa abordagem de cocriação de planos e de valor para ambas as empresas pode ser dispendiosa. Mas, conforme a maioria das empresas com que conversamos, sempre que as promovemos, essas sessões reforçam os relacionamentos, melhoram a reputação delas e geram novas fontes de receita (veja, a seguir, como exemplo o estudo de caso da Cognizant). A Fig. 10.11 esboça o processo e a agenda de um típico workshop de inovação.

FIGURA 10.11: Planejamento de um workshop de inovação

Objetivos: Criar uma visão compartilhada de como atuar em conjunto na gestão de um problema crítico, de modo a gerar resultados de negócios mutuamente benéficos, e, no processo, enraizar as interações e engendrar novas oportunidades.

Pré-workshop
- Analisar o insight da conta (fazer análises e entrevistas adicionais, se apropriado)
- Desenvolver proposta de valor para o workshop.
- Convidar responsáveis.
- Circular pré-leituras.

Workshop
- Compartilhar insights sobre o(s) problema(s) e resultados.
- Destacar melhores práticas de outras empresas ou setores.
- Explorar soluções potenciais em que a tecnologia seja capaz de gerar os resultados.
- Priorizar ideias.
- Concordar quanto a um roteiro amplo para realizar a visão.
- Definir os próximos passos.

Pós-workshop
- Colaborar no(s) projeto(s) definidos no workshop.

ESTUDO DE CASO

COGNIZANT – FORTE CRESCIMENTO COM FOCO NA INOVAÇÃO

A Cognizant é líder global no fornecimento de tecnologia de informação customizada, consultoria e serviços de terceirização de processos de negócios. A divisão de manufatura e logística da empresa tem uma diversificada base de clientes, que inclui um dos principais fabricantes de equipamento original da indústria automobilística mundial, com sede na América do Norte.

Em 2014, o sucesso da Cognizant com uma conta importante foi impulsionado principalmente por uma abordagem de ABM inovadora, adotada pela equipe de engajamento. Essa abordagem estratégica ajudou a Cognizant a gerar mais valor de negócios para essa conta, tratando-a como se fosse um mercado em si mesma.

Construção do *framework*

A equipe ABM da Cognizant iniciou seu processo de transformação com um evento durante um dia inteiro, que reuniu os altos executivos da empresa, denominado *Cognizant Partnership Day*, a fim de mapear as soluções e os recursos da Cognizant, para ajudar a conta a lidar com importantes desafios tecnológicos. O objetivo era mudar a percepção da Cognizant por essa conta, de fornecedor transacional para importante parceiro estratégico. A abordagem ABM com essa conta **não enalteceu diretamente os recursos e as ofertas de serviços da Cognizant. O conteúdo focava somente na visão externa da atual situação** da conta e de suas iniciativas estratégicas. E ofereceu sugestões prescritivas nos estágios seguintes.

A equipe da Cognizant também adotou práticas inovadoras, como páginas de internet personalizadas para os participantes; mensagens direcionadas sobre o evento, com a entrega de conteúdo relacionado; envolvimento do público, usando jogos mobile, para dispositivos portáteis; e quiosques de informação para reforçar o engajamento. Toda a campanha foi integrada para transmitir uma mensagem consistente sobre a estratégia da conta para o futuro.

Atingindo os alvos certos

Para garantir uma execução precisa:

- Foi composta uma equipe central de executivos, vindos de diversos grupos da Cognizant, como: consultoria de negócios, prática de mobilidade, aceleradores de negócios emergentes, **mídias sociais,** análise, mobilidade e centro de excelência na nuvem, sistemas de engenharia e manufatura, e manufatura e logística.

- O apoio de pessoas em pontos-chave de cada grupo garantiu a adesão dos executivos da organização, demonstrando os recursos de inovadores da Cognizant e salientando seu compromisso com o evento.
- A criação de uma identidade comum para cada interação com a conta, e-mails lembrando a data e páginas de internet inovadoras impulsionaram mensagens consistentes.

O próprio *Cognizant Partnership Day* apresentou como atração palestras exclusivas, proferidas pelos líderes da empresa, sobre vários temas que estão transformando a indústria automobilística, como mobilidade, mídias sociais e novas tecnologias automotivas. A apresentação sobre mobilidade, por exemplo, destacou aplicativos mobile personalizados, proprietários, que eram entregues em dispositivos móveis oferecidos ao público. Esse recurso garantiu os mais altos níveis de engajamento e parceria do público. Quiosques de informação também foram montados em cada uma das áreas de foco central, onde os participantes podiam receber informações específicas sobre o tópico e também participar de interações relevantes, um a um, com a equipe de liderança e com especialistas no assunto.

Resultados de negócios

Além de crescimento da receita de 100%, ano a ano, com aumento do efetivo de pessoal de mais ou menos com a mesma taxa, esse programa produziu os seguintes resultados:

- Vários *prospects* e chamadas de *follow-up*, em mobilidade, análise, desenvolvimento ágil e engenharia, gerando aumento de 500% na demanda.
- A Cognizant participou de todas as grandes iniciativas corporativas estratégicas das contas, gerando aumento de 400% no *mindshare*.

- Aumento de 500% em novas oportunidades de serviços e de 300% em novas reuniões com executivos.

- A empresa agora era pré-selecionada para todas as oportunidades de serviço (aumento de 500%) e, em alguns casos, como fornecedor preferencial.

- Mudança de percepção, de fornecedor para líder de ideias, elevando as conversas com os líderes para um patamar mais elevado.

- Oportunidades para envolver-se com vários grupos de produtos, vários níveis da organização e diferentes linhas funcionais.

- Convites de clientes para serviços em diversas linhas de negócios das organizações deles, como engenharia, tecnologia automotiva, consultoria de negócios e mobilidade, agora são comuns.

- A Cognizant passou a ser escolhida como parceiro preferencial em projetos de mobilidade das contas.

Além de ser, agora, uma das cinco contas mais importantes na área de manufatura e logística da Cognizant, essa conta passou a encabeçar, reiteradamente, as enquetes anuais de satisfação, conduzidas pela Cognizant entre os clientes, abrangendo todos os contratos, com *scores* 7% superiores à média.

Plano de engajamento de executivos

Diz a lenda urbana que, quando a IBM disputava um grande contrato fora da América do Norte, "o céu escurecia com os aviões de executivos da IBM voando rumo ao país de destino", nos estágios finais da negociação. Essa lenda não surgiu por acaso. Se você estiver preparando uma campanha integrada de vendas e marketing para uma de suas contas mais estratégicas, ela deve incluir alguns de seus executivos. À medida que os fornecedores competem por posicionamentos e relacionamentos nas salas dos altos executivos de suas contas mais importantes, as pessoas mais capazes de promover essas interações são os seus colegas que lidam com os executivos *C-level* da conta.

Isso envolve equilíbrio e tempo. Nem todos os seus executivos terão tempo para apoiar constantemente as campanhas de ABM. E nem todos eles terão a química certa com a conta. A chave aqui é trabalhar com o *Key Account Manager*, usando as informações coletadas no estágio de mapeamento e descrição dos *stakeholders* (3º Passo), de modo a cotejar os seus próprios executivos com os executivos mais importantes da conta, conforme a posição hierárquica, a função, e a provável química pessoal.

O engajamento de executivos pode ser na forma de reuniões *one-to-one*, ou de reuniões privativas sobre a administração dos contratos existentes ou do processo de concorrência por novos contratos. Também pode incluir eventos de socialização ou visitas a locais de convivência de executivos (inclusive workshops de inovação). Planeje a frequência e a natureza de suas reuniões executivas, como parte da sua campanha, e garanta que os seus executivos sejam instruídos antes de cada reunião com a conta e entrevistados depois da reunião.

Eventos de negócios privativos/internos

Aqui se inclui um amplo espectro de atividades, como a montagem de um espaço privativo para a conta-alvo, a promoção de eventos *lunch and learn*, uma apresentação de liderança de ideias para vinte participantes de uma iniciativa específica e a realização de seminários de um dia, voltados exclusivamente para uma conta. Grandes números de fornecedores de tecnologia, que promovem enormes eventos anuais em lugares como o Venetian Hotel, em La Vegas, ou Moscone Center, em São Francisco, também organizam eventos privativos em paralelos para personalizar o conteúdo, especificamente como parte da campanha para uma conta estratégica.

Evidentemente, os planos de ABM Estratégico incluem mais do que apenas essas cinco táticas. A Fig. 10.12 mostra toda a gama de táticas mais eficazes, refletindo a natureza *omnichannel* das atuais campanhas, com um mix poderoso de táticas on-line e off-line.

FIGURA 10.12: Táticas mais eficazes de ABM Estratégico

NOTA: Permissão para até três respostas
FONTE: ITSMA, *Account-Based Marketing Benchmarking Survey*, março 2016

As campanhas de ABM Estratégico podem custar algo entre US$ 25.000 e mais de U$$ 100.000 por conta, por ano, dependendo do volume de conteúdo personalizado e do número e tipo de canais de comunicação usados. Ao planejar a sua própria campanha, tenha em mente o tamanho da oportunidade, ou o *lifetime value* (LTV) da conta e o orçamento disponível. Como já dissemos, é aqui que os líderes de unidades de negócios e os *Key Account Managers* frequentemente pagam parte da campanha com os seus próprios orçamentos, quando o custo efetivo é superior à verba disponível para a campanha.

As cinco táticas mais eficazes para o ABM Lite

As táticas mais eficazes para ABM Lite incluem duas das já analisadas na lista do ABM Estratégico:

1. Reuniões presenciais *one-to-one*
2. Planos de engajamento de executivos

No ABM Lite, outras três táticas se incluem entre as cinco mais.

3. E-mail marketing

Este é o ponto em que o ABM Lite e o ABM Estratégico divergem. No entanto, embora continue sendo e-mail marketing, como se vê em campanhas de marketing mais amplas, esta modalidade tem certas características sob medida, para dar o toque de personalização em que se baseia o ABM. Por exemplo, você pode enviar um e-mail para um *cluster* de executivos do mesmo setor, com problemas semelhantes, como reduzir os custos operacionais no varejo. O e-mail talvez os encaminhe para um site, os convide para um evento ou compartilhe um estudo de caso relevante, com o primeiro e o último parágrafos ajustados aos destinatários específicos. Não se esqueça de que agora a sua eficácia dependerá da sua relevância para o indivíduo, mesmo que você esteja mirando em um *cluster* de dez pessoas com o seu e-mail.

4. Materiais de vendas personalizados, vídeos e podcasts

Esse material complementar pode ser direcionado para contas específicas, sobretudo quando é digital. Abrange qualquer coisa, de material impresso a vídeos de três minutos do seu CEO analisando áreas-chave de valor ou um e-book completo. Os elementos de abertura e fechamento do item geralmente são customizados para cada conta que você esteja mirando no seu *cluster.*

5. IP reverso, digital ads direcionados e conteúdo

Cada vez mais profissionais de marketing estão explorando o poder dessa tecnologia sofisticada. Fazer uma busca de IP reverso identifica o visitante por empresa e fornece informações sobre características demográficas, como setor de atividade, receita e localização, acessando informações de terceiros sobre a pessoa ou a empresa.

Apresentando informações mais relevantes do ponto de entrada, o seu site pode minimizar o tempo gasto pelo visitante, em busca de ideias e soluções relevantes, melhorar o envolvimento com o visitante e aumentar a probabilidade de conversão para uma ação ou conversa de *follow-up*. À medida que se desenvolve o engajamento, é possível, evidentemente, convidar o cliente para se registrar, no intuito de receber conteúdo pessoal específico, como indivíduo.

A Fig. 10.13 apresenta uma lista completa das táticas mais eficazes usadas nas campanhas de ABM Lite.

FIGURA 10.13: Táticas mais eficazes de ABM Lite

Que táticas de campanha específicas são mais eficazes para o ABM Lite?
% dos respondentes (N=45)

Tática	%
Reuniões presenciais *one-to-one*	49
E-mail marketing	47
Planos de engajamento de executivos	23
Materiais de vendas personalizados/vídeos/podcasts	21
IP reverso/*digital ads* direcionados/conteúdo	19
Hotsites/personalização de sites	16
Eventos de socialização (esportivos, culturais, jantares finos)	16
Dias de inovação	16
E-newsletters customizadas	14
Blogs e engajamento social	14

NOTA: Permissão para até três respostas
FONTE: ITSMA, *Account-Based Marketing Benchmarking Survey*, março de 2016

As cinco táticas mais eficazes para ABM Programático

As táticas mais eficazes em ABM Programático incluem três táticas já vistas:

1. Reuniões presenciais, *one-to-one* (como no ABM Estratégico e no ABM Lite)
2. E-mail marketing
3. IP reverso/*digital ads* direcionados (como no ABM Lite)

As outras duas táticas que os profissionais de marketing mais usam em ABM Programático são mala direta e blogs/engajamento social.

4. Mala direta

A mala direta tem uma longa história em marketing (e há quem diga que remonta ao Egito antigo). Sofisticou-se gradualmente à medida que evoluíam a tecnologia de marketing e a impressão digital. Hoje, é possível imprimir pequenos lotes, completamente personalizados, embora ainda se considere novidade receber pelo correio peças impressas elegantes e diferenciadas, para os mais diversos indivíduos. Não admira que os *ABM Marketers* Programáticos estejam explorando esses recursos em suas campanhas.

5. Blogs e engajamento social

Com a ascensão do *social selling* (o uso de mídias sociais para engajar-se com os *prospects*) e com a sofisticação crescente do marketing social, a gestão de blogs e de engajamento social são formas eficazes de impulsionar a conscientização e a consideração entre grandes grupos de compradores potenciais, convertendo-os em *named accounts* (clientes ou *prospects* valiosos). Para tanto, é necessário ir além do elemento *broadcast* da comunicação por mídias sociais – que as pessoas ainda usam para anunciar novos produtos ou iniciativas corporativas – e avançar para conversas digitais. Malcolm Frank, vice-presidente de estratégia e marketing da Cognizant, e um dos autores do livro recente *Code Halos*,[2] sobre a pegada digital que deixamos na vida cotidiana, descreveu maravilhosamente a mudança para os profissionais de marketing, dizendo que agora os mercados são conversas, com o apoio de tecnologias de redes sociais, mobile, análise e nuvem.

A Fig. 10.14 mostra todo o espectro das táticas de ABM Programático mais eficazes.

FIGURA 10.14: Táticas mais eficazes de ABM Programático

NOTA: Permissão para até três respostas
FONTE: ITSMA, *Account-Based Marketing Benchmarking Survey*, March 2016

---

[2] FRANK, M.; ROEHRIG, P.; PRING, B. *Code Halos*: How the digital lives of people, things and organizations are changing the rules of business. Hoboken: John Wiley & Sons, 2014.

Visualizando sua campanha

A fim de dar vida à sua campanha, para o time da conta e para os *stakeholders* da empresa, em um âmbito mais amplo, pense em construir um gráfico que represente a sequência das táticas com que você está planejando transmitir o seu conteúdo entre os decisores e os influenciadores. Esse "cronograma da campanha", ou "plano de voo", pode ser incluído facilmente no plano da conta mais amplo, do *Key Account Manager*, mostrando de relance como marketing e vendas estão trabalhando juntos para executar a campanha destinada a suportar os objetivos da conta (Fig. 10.15).

FIGURA 10.15: Exemplo de campanha ABM Estratégico

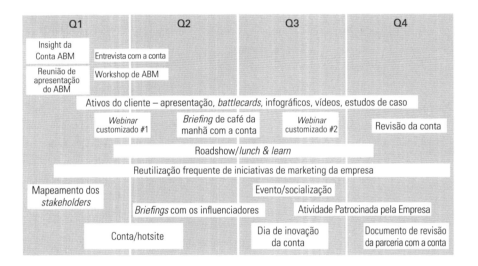

Seu checklist de ABM

1. Os objetivos da campanha ABM devem ser desenvolvidos para suportar os objetivos de negócios e os objetivos de vendas específicos referentes à conta. Eles geralmente se destinam a posicionar a sua empresa na mente do seu público, informando e esclarecendo as pessoas da conta sobre a sua empresa e a sua oferta, ou convencendo a UTD a agir em seu favor.

2. As melhores campanhas de ABM se baseiam em direcionamento de precisão, o que capacita a sua proposta a destacar-se em um mercado

ruidoso e confuso, por serem personalizadas e relevantes. Revisite o seu mapa de *stakeholders* e os perfis que você criou deles, para iniciar o planejamento da campanha, com o público em mente.

3. A própria natureza do ABM o capacita a criar conteúdo mais personalizado e mais relevante do que o usado em campanhas de mercado ou de segmento. Crie conteúdo que repercuta entre os decisores e que os apoiem, à medida que avançam no processo de compra.

4. O conteúdo da liderança de ideias é uma maneira poderosa de conectar-se com os compradores sobre os imperativos que enfrentam e as iniciativas que deveriam tomar ou já tomaram.

5. Qualquer que seja o conteúdo da sua campanha, use técnicas de *storytelling* para engajar o público.

6. Mesmo compradores tarimbados em ferramentas digitais, passam metade do tempo off-line durante o processo de compra; portanto, construa campanhas *omnichannel* que transmitam o seu conteúdo, por meio de táticas on-line e off-line

7. Diferentes táticas são mais adequadas e eficazes, respectivamente, em campanhas de ABM Estratégico, ABM Lite e ABM Programático. Escolha as que apoiarem melhor os seus objetivos de campanha e as descreva visualmente para que sejam facilmente transmitidas à conta e aos *stakeholders* em âmbito mais amplo.

11

EXECUTANDO CAMPANHAS INTEGRADAS

Alinhando as funções de marketing e vendas

Por mais impressionante que seja o seu plano ABM para uma conta, lembre-se de que até que você o execute, ele é apenas um pedaço de papel. Não há mágica aqui. Tudo se resume em uma excelente gestão de projetos, colaboração e implementação. Retorne ao estudo de caso da Fujitsu, no Capítulo 2. Uma das principais lições a extrair da experiência da empresa com ABM é a importância crítica da integração contínua de marketing com o planejamento da conta e da interação estreita de marketing com o time da conta, para garantir o sucesso.

Em ABM Estratégico, a pesquisa da ITSMA mostra que o segundo maior desafio dos profissionais de marketing, depois de garantir orçamentos adequados para suportar programas e recursos, é conseguir a adesão de vendas.[1] Mais abaixo, na lista dos 10 principais desafios, no sexto lugar, entra educar as pessoas (inclusive vendas) sobre o que é ABM e como é executado. (Observe-se que o décimo maior desafio para os *ABM Marketers* Estratégicos é acompanhar as demandas de vendas.) Para o ABM Lite, esses três requisitos continuam sendo desafios, mas são ordenados de forma ligeiramente diferente, com o item educar vendas em terceiro lugar, conseguir adesão no sexto lugar, e atender às demandas de vendas no oitavo lugar, entre os 10 principais desafios.

Por isso é que, antes de olharmos para a execução do plano, vale enfatizar a importância do alinhamento de vendas e marketing no

---

[1] ITSMA. *Account-Based Marketing Benchmarking Survey.* 2016.

ABM. Como mostra a Fig. 11.1, esse alinhamento abrange numerosos aspectos, inclusive as competências do *Key Account Manager* e dos *ABM Marketers* e a execução conjunta do processo ABM. Nesse alinhamento, não só todos devem avançar na mesma direção, mas também, se e quando as circunstâncias mudarem (e mudarão), a equipe precisa ser ágil o suficiente para mudar o rumo. O plano deve refletir a realidade, ou será ignorado.

Nesses termos, como marketing e vendas estão alinhados hoje?

FIGURA 11.1: Alinhamento entre marketing e vendas

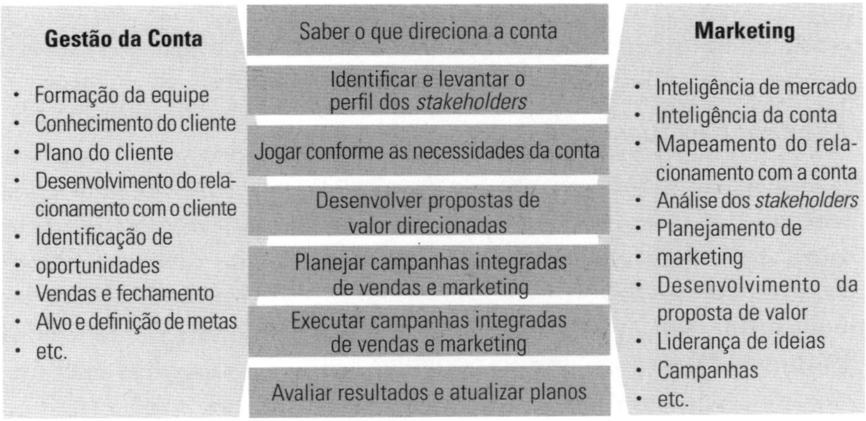

Gestão da Conta	Saber o que direciona a conta	Marketing
• Formação da equipe • Conhecimento do cliente • Plano do cliente • Desenvolvimento do relacionamento com o cliente • Identificação de • oportunidades • Vendas e fechamento • Alvo e definição de metas • etc.	Identificar e levantar o perfil dos *stakeholders* Jogar conforme as necessidades da conta Desenvolver propostas de valor direcionadas Planejar campanhas integradas de vendas e marketing Executar campanhas integradas de vendas e marketing Avaliar resultados e atualizar planos	• Inteligência de mercado • Inteligência da conta • Mapeamento do relacionamento com a conta • Análise dos *stakeholders* • Planejamento de • marketing • Desenvolvimento da proposta de valor • Liderança de ideias • Campanhas • etc.

A ITSMA testou o alinhamento em seu estudo de *benchmarking* ABM de 2016,[2] explorando a extensão em que os profissionais de marketing concordam com as importantes afirmações a seguir:

1. ABM é amplamente compreendido como iniciativa de negócios estratégica, não como apoio tático a vendas.

2. ABM é visto como programa de aceleração da receita da empresa, não como programa de marketing.

3. ABM se integra totalmente com o processo de planejamento da conta.

4. Marketing é membro da equipe de vendas da conta em iniciativas de ABM.

---

[2] ITSMA. *Account-Based Marketing Benchmarking Survey*. 2016.

5. A equipe de vendas da conta compreende as funções, as atribuições e os processos para a elaboração e execução integrada de planos de ABM por vendas e marketing.

Vejamos cada uma dessas afirmações com mais detalhes.

ABM é compreendido como uma iniciativa de negócios estratégica

Se ABM for posicionado corretamente, tanto na comunidade de negócios quanto na comunidade de vendas e de gestão da conta, ficará claro para todos que o profissional de marketing designado para a conta não está lá para organizar reuniões, fazer anotações, produzir apresentações, incluir as informações sobre a conta no sistema de vendas ou, em geral, assumir as tarefas administrativas da equipe.

Foi solicitado a todos os *ABM Marketers*, provavelmente, em algum momento, que criassem uma *newsletter* para a conta ou a coordenar um "evento", sem terem participado das trocas de ideias sobre qual objetivo impulsiona a tática e de que outras maneiras seria possível realizá-lo – nem, tampouco, sobre o mix de atividades mais amplo em que se encaixa a tática. O objetivo de um *ABM Marketer*, porém, é ser o especialista em marketing do time da conta, recomendando as formas mais adequadas de atingir os objetivos de negócios e de vendas (e, provavelmente, ajudando a definir esses objetivos). Portanto, se você estiver atendendo a pedidos de apoio tático, é hora de recuar e reavaliar a sua posição na equipe.

Ao serem perguntados sobre se concordavam com a afirmação "O ABM é amplamente compreendido como iniciativa de negócios estratégica, em vez de como apoio tático a vendas", os profissionais de marketing assentiram nos casos de ABM Estratégico e ABM Lite (3,5 e 3,6, em 5,0, respectivamente, em que 5,0 significa "concordo plenamente" com a afirmação). No ABM Programático, eles não concordaram nem discordaram (ver Fig. 11.2). Embora esse resultado seja encorajador, há, sem dúvida, mais espaço para progredir nos três tipos, mas essa evolução é especialmente importante no ABM Estratégico, em que esse adota uma abordagem ABM e os *ABM Marketers* podem fazer muito mais pelas contas com que estão trabalhando. Esse posicionamento de ABM não é só um dos fundamentos para o bom alinhamento de marketing e vendas no nível da conta, mas também uma premissa para todo o programa, e deve ser gerenciado da forma certa, no início do programa, como já explicamos.

FIGURA 11.2: ABM é uma iniciativa de negócios estratégica

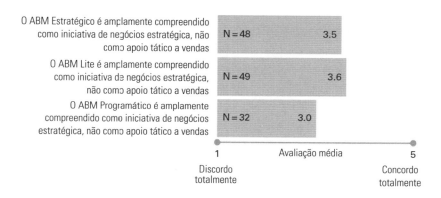

Em que extensão você concorda com as seguintes afirmações?
Média da avaliação da importância

NOTA: Avaliação média baseada em escala de 5 pontos, onde 1 = discordo totalmente e 5 = concordo totalmente
FONTE: ITSMA, *Account-Based Marketing Benchmarking Survey*, março 2016

O ABM é visto como programa de aceleração da receita da empresa

Marketing e vendas são parte da mesma cadeia de valor de desenvolvimento do negócio, focando o crescimento das receitas da empresa. A mesma constatação também se aplica em microníveis ao ABM das contas estratégicas. Se o ABM é visto como programa de marketing, com pouca necessidade de colaboração com vendas, estaremos de volta à situação ridícula, que já vimos, em que os vendedores se queixam de que "não recebem qualquer apoio do marketing" e "não sabem o que eles fazem o dia inteiro", enquanto os profissionais de marketing se queixam de que todos os *leads* que geram para vendas são ignorados, sem qualquer acompanhamento.

O ABM talvez ainda seja a nossa melhor oportunidade de fechar esse tradicional abismo entre vendas e marketing, para, em conjunto, gerar novas receitas para a empresa. Ao serem perguntados a esse respeito em nosso estudo, os profissionais de marketing foram evasivos, não concordando nem discordando (Ver Fig. 11.3). Essa atitude é preocupante, na medida em que pode significar que os vendedores acham que não precisam investir tempo e esforço em alinhar-se com os colegas de marketing na execução das campanhas para a conta.

Mais uma vez, é uma questão de se posicionar da forma certa, desde o início. Mas, se não for assim, talvez seja necessário rever a educação sobre ABM e o posicionamento de ABM, e como ele funciona melhor para o seu time da conta.

FIGURA 11.3: O ABM como programa de aceleração da receita

Em que medida você concorda com as seguintes afirmações?
Média da avaliação da importância

NOTA: Avaliação média baseada em escala de 5 pontos, onde 1 = discordo totalmente e 5 = concordo totalmente
FONTE: ITSMA, *Account-Based Marketing Benchmarking Survey*, março 2016

ABM se integra totalmente com o processo de planejamento da conta

Mais importante no ABM Estratégico, a integração do ABM no processo de planejamento da conta garante que não é preciso separar os processos de planejamento para desenvolver o plano da conta e o plano de ABM. Também significa que há apenas um plano, ou elementos de dois planos que se sobrepõem e se compartilham — por exemplo, incluindo a revisão do plano da conta no plano de ABM, ou o calendário da campanha de ABM no plano da conta.

O ideal é que o plano de ABM também seja revisto com o plano da conta, como parte do processo de governança normal do cliente no negócio. Com base em nossa experiência, quando um líder de unidade de negócios ou um COO pergunta o que ocorre com a campanha de

ABM cada vez que eles reveem o progresso do *Key Account Manager*, o plano de campanha rapidamente se torna parte integrante do plano da conta e das ideias do *Key Account Manager*.

A boa notícia é que os profissionais de marketing em nosso estudo pontuaram essa afirmação com 3,8 em 5,0 (ver Fig. 11.4), mostrando que, em grande parte, concordaram com ela para o ABM Estratégico. Isso é ótimo, mas ainda há espaço para melhoria. A situação piora no ABM Lite (3,5) e no ABM Programático (2,9); considerando, porém, que não são abordagens *one-to-one*, os resultados são menos críticos nesse contexto.

FIGURA 11.4: Integração do ABM com o planejamento da conta

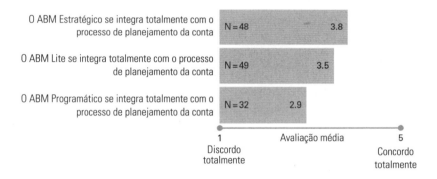

NOTA: Avaliação média baseada em escala de 5 pontos, onde 1 = discordo totalmente e 5 = concordo totalmente
FONTE: ITSMA, *Account-Based Marketing Benchmarking Survey*, março 2016

O marketing é membro da equipe de vendas da conta

Os *ABM Marketers* mais bem-sucedidos são vistos como parte do time da conta: participando de reuniões, ajudando na elaboração e na execução do plano da conta, compartilhando as provações e as tribulações dos problemas de serviço ou entrega, trabalhando intensamente nas grandes concorrências, e comemorando o sucesso com a equipe. O padrão que observamos ao longo dos anos é que o *ABM Marketer* tende a "aculturar-se", identificando-se com a equipe de contas, não mais com as comunidades de ABM ou marketing, mas esse é um risco a assumir. Na verdade, até pode ser um indicador de sucesso!

Ao serem perguntados em que medida concordavam com a afirmação de que marketing é parte da equipe de vendas da conta em iniciativas de ABM, constatou-se marginalmente mais concordância no caso do ABM Estratégico do que do ABM Lite, 4,1 *versus* 4,0, no *score* total de 5,0 (em que 5,0 é "concordo totalmente"). Mas, como seria de esperar, essa concordância cai drasticamente no caso do ABM Programático, em que o *score* foi de apenas 3,1, por ser menos importante nesse contexto (ver Fig. 11.5). O interessante aqui é que essa parece ser efetivamente a situação hoje, nas versões Estratégica e Lite do ABM, em que realmente se precisa de profissionais de marketing como membros do time da conta.

FIGURA 11.5: Marketing é membro da equipe da conta

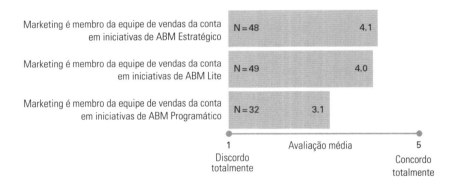

NOTA: Avaliação média baseada em escala de 5 pontos, onde 1 = discordo totalmente e 5 = concordo totalmente
FONTE: ITSMA, *Account-Based Marketing Benchmarking Survey*, março 2016

As funções, as atribuições e os processos são compreendidos por vendas

Uma vez que nem o marketing nem vendas são conhecidos pelo foco em detalhes nem pelas amplas competências em gestão de projetos, pode ser fácil para cada lado fazer conjecturas sobre as funções e atribuições do outro. Com base em nossa pesquisa, parece que essa é uma área ainda problemática no alinhamento de marketing e vendas em ABM. Os profissionais de marketing, mais uma vez, estão em cima do muro sobre se concordam com a afirmação: "As funções, as atribuições e os processos para a elaboração e a execução integrada de planos ABM por vendas e marketing são compreendidos pela equipe de vendas da conta", em ABM Estratégico e ABM Lite (Fig. 11.6).

Clareza e transparência sobre essas funções são importantes para uma campanha integrada bem-sucedida. A melhor forma de alcançar esse resultado é chegar a um acordo, desde o início, sobre isso, em relação a cada cliente, mesmo que os termos tenham sido definidos em nível de programa genérico, para todas as contas.

Na primeira reunião entre os *ABM Marketers* e o time da conta, convém discutir as expectativas de cada participante sobre as funções e as atribuições dos membros da equipe. Então, para cada programa ou atividade, chega-se a um acordo. Não há problema em circular notas sobre a discussão e ser claro em relação a quem concordou em executar que ações, em que prazo (afinal, isso não passa de boa gestão de projetos), com base nas discussões iniciais sobre funções e atribuições, no intuito de partir para a execução. Uma simples matriz RACI elementar, definindo quem é *Responsible* (Executor), *Accountable* (Responsável), *Consulted* (Consultado) e *Informed* (Informado) de qualquer tarefa, é a forma mais fácil de executar um projeto com objetividade e eficácia.

Lembre-se, como nem marketing e nem vendas têm inclinação especial para processos, recursos alternativos como visuais simples e planos sinópticos tornarão mais fácil a execução de qualquer processo colaborativo.

FIGURA 11.6: Compreensão das funções e das atribuições do ABM

Em que medida você concorda com as seguintes afirmações?
Média da avaliação da importância

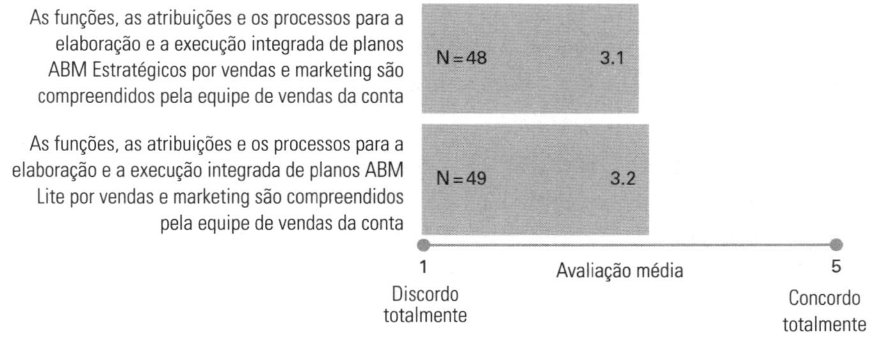

As funções, as atribuições e os processos para a elaboração e a execução integrada de planos ABM Estratégicos por vendas e marketing são compreendidos pela equipe de vendas da conta   N = 48   3.1

As funções, as atribuições e os processos para a elaboração e a execução integrada de planos ABM Lite por vendas e marketing são compreendidos pela equipe de vendas da conta   N = 49   3.2

1
Discordo totalmente

Avaliação média

5
Concordo totalmente

NOTA: Avaliação média baseada em escala de 5 pontos, onde 1 = discordo totalmente e 5 = concordo totalmente

FONTE: ITSMA, *Account-Based Marketing Benchmarking Survey*, março 2016

O papel do *ABM Marketer* no time da conta

Ao finalizar o estágio de planejamento, você provavelmente já concluiu o plano da conta e o plano de ABM. Os dois devem ser consolidados, por várias razões, internas e externas. Internamente, integrar os dois documentos estimula o time da conta a ver o *ABM Marketer* e os profissionais de marketing como participantes da abordagem mais ampla da conta – uma abordagem única, não duas. Também permite que a gestão da unidade de negócios acompanhe o progresso da atividade de marketing, ao mesmo tempo que considera o avanço de outros fluxos de trabalho em relação à conta. E, finalmente, permite que a gestão de marketing compreenda o contexto mais amplo do plano ABM. Externamente, a conta torna-se mais propensa a ver um atendimento conjunto pela empresa fornecedora, facilitando a compreensão da sua proposta e agilizando o relacionamento entre as partes.

O plano da conta é um documento vivo que capta todas as informações úteis para planejar vendas a um cliente único. São muitos métodos diferentes para o desenvolvimento de um plano da conta, mas todos têm alguns aspectos em comum: analisam a situação atual do cliente, definem os objetivos para a conta e partem para a execução desses objetivos.

Até relativamente pouco tempo atrás, os profissionais de marketing focavam mais em indivíduos, gerando e nutrindo *leads* no nível individual, em vez de considerá-los no contexto de uma conta. O ABM está mudando tudo isso, até a escala, porque a disponibilidade de tecnologia para ajudar nessa abordagem baseada na conta está impactando a mentalidade dos planejadores da campanha.

O Quadro 11.1 mostra como o plano ABM pode suportar e encaixar-se no plano da conta, adotando uma visão genérica dos conteúdos típicos de cada um.

Antes, porém, de fazer alguma coisa a esse respeito como *ABM Marketer*, é preciso certificar-se de que realmente há um plano da conta atualizado. Sua atribuição inicial no time da conta dependerá da situação do plano, como mostra o Quadro 11.2:

QUADRO 11.1: O plano da conta e o plano de ABM

Plano da conta estratégica (vendas)	Plano de ABM (marketing)
Resumo gerencial	Perfil do cliente: imperativos de negócios
Previsão da receita	
Seleção de Unidades de Negócio/Vendas	Identificação de públicos-alvo
Mapa da conta	
Mapeamento dos executivos	Mapeamento dos relacionamentos: Compradores/influenciadores
Proposta de valor	Proposta(s) de valor direcionadas
Metas e resumo dos objetivos	Principais iniciativas de negócios – jogadas
Objetivo, estratégia e plano de ação	*Plano de campanha ABM*
Resumo dos recursos e dos fatores críticos de sucesso	Modelo operacional do programa e critérios de sucesso – métricas

QUADRO 11.2: Diferentes papéis do ABM na conta

 Catalisador
Sem plano da conta

- Capta a oportunidade de agregar valor para a conta, usando o ABM.
- Introduz o processo, como forma de mapear e direcionar o engajamento com os principais alvos.
- Desenvolve iniciativas com as principais campanhas, para ajudar diretamente no processo de vendas.

 Integrador
Com plano da conta

- Aproveita a oportunidade para integrar o ABM e suportar/atualizar o plano vigente.
- Oferece suporte "mão na massa" para objetivos específicos da conta.
- Desenvolve outras iniciativas para finalizar o plano da conta e ajudar o cliente a cumprir os seus objetivos de receita.

 Cocriador
Plano da conta em processo

- Participa da equipe de planejamento.
- Participa do ABM desde o início, como colaborador-chave.
- Atua como parceiro na estratégia e nas táticas.

255

Catalisador

Se não houver um plano da conta, você terá a oportunidade de criar valor imediato para o cliente, usando o plano de ABM para também elaborar, ao mesmo tempo, o plano da conta. Na verdade, ambos podem ser desenvolvidos em paralelo. O foco aqui é apresentar a metodologia, demonstrando como ela promove o processo de planejamento do cliente (se houver) e, então, usá-la para construir um excelente plano.

Integrador

Quando há um plano da conta, o primeiro passo é acessá-lo o que é mais fácil de falar do que de fazer. Os alarmes soarão se o diretor da conta não quiser compartilhar o plano. Se eles se sentirem constrangidos pela qualidade ou idade do plano, é fácil lidar com a situação, depois do reconhecimento da realidade, uma vez que a sua função é ajudá-los a atualizar e a melhorar o plano. Se eles simplesmente não virem razão para compartilhar o plano com você, a situação se complica, pois fica claro que eles não estão dispostos a colaborar. A essa altura, você precisa conscientizar a equipe dos benefícios do ABM e/ou ampliar a visão do problema, para verificar se a conta é de fato a mais adequada como alvo de investimento. Supondo que seja, a sua primeira atribuição é integrar o ABM no atual plano da conta, readaptando-o para atualizá-lo e agilizá-lo, e talvez melhorando-o onde for possível.

Cocriador

Se o plano da conta estiver sendo desenvolvido, você tem condições de deixar a sua marca, como parte da equipe de planejamento, nele integrando o ABM, desde o início, como importante contribuição. Você imediatamente dá o tom para o seu relacionamento contínuo com o time da conta, codesenvolvendo ambos os planos.

Ao discutir a sua função no time da conta, com o *Key Account Manager* e os colegas de vendas, talvez seja o caso de fazer um contrato informal com eles, para que fique claro o que eles podem esperar de você e igualmente claro o que você pode esperar deles. Isso pode evitar muita dor de cabeça mais tarde, quando alguma coisa começar a derrapar e um ou mais participantes se sentirem decepcionados, porque alguém não correspondeu às expectativas não expressas nutridas por outro membro da equipe. Pode ser algo tão simples quanto o diretor da conta ficar frustrado porque você não entregou um e-book para o cliente.

Alguns *ABM Marketers* fazem isso por meio de "acordos de nível de serviço", os SLAs (*Service-Level Agreement*) com o time da conta, tratando de prazos de resposta, disponibilidade, ativos típicos a serem criados, frequência de relatórios, etc. Outros assinam um contrato que lista as obrigações combinadas em reunião informal. Talvez você prefira não fazer nenhuma das duas, mas usar o seu plano ABM como contrato. O importante é ter consciência da necessidade de explicitar todas as expectativas e suposições da equipe sobre o que você, como *ABM Marketer*, entregará, e ser claro sobre o prazo e os recursos de que você precisará para executar o plano.

Gestão de projetos: garantindo que as coisas sejam feitas

A boa gestão de programas e projetos é o cerne do sucesso do ABM. O projeto é, geralmente, uma iniciativa com resultados definidos, enquanto o programa consiste em um grupo de projetos, gerenciado holisticamente, como as várias campanhas do seu plano de ABM.

A gestão de projetos agora é um processo sofisticado, baseado em melhores práticas consagradas. Já a gestão de programas é uma metodologia mais nova, resultante da constatação crescente de que a gestão conjunta de um grupo de projetos conexos pode ser sinérgica, ou seja, produzir resultado total superior à soma das partes, em termos de eficiência e eficácia. A gestão de programas foca mais em resultados, o que torna a governança crucial para o sucesso dos resultados, em especial porque os programas geralmente incluem atores internos e externos.

É importante observar alguns fatores básicos antes da execução do plano de ABM com o time da conta e com os colegas de vendas. As condições a seguir melhoram suas chances de sucesso:

Patrocinador

Bons projetos têm um patrocinador, ou *sponsor*, definido, que é o responsável final pela entrega do projeto. No caso do plano de ABM, o responsável geralmente é o *Key Account Manager* ou o principal vendedor da conta. Combine com o patrocinador a frequência e o formato com que ele gostaria de ser atualizado sobre o progresso e a execução do plano da conta (por exemplo: semanalmente, por e-mail; em tempo real, por um *dashboard* de KPIs; trimestralmente, em reuniões presenciais com o grupo consultivo).

Grupo consultivo

Durante grande parte da execução do ABM, o time da conta orientará as suas atividades e avaliará o próprio sucesso com você para decidir o que mudar, mas não fará tudo sozinho. Geralmente, o time da conta é o grupo consultivo, ao qual são acrescidos representantes da unidade de negócios, da gestão de marketing e outros especialistas no assunto, de toda a empresa. Esse grupo não é responsável pela entrega do plano, mas, sim, por orientar as pessoas envolvidas no dia a dia das operações. É preciso concordar quanto ao formato e à regularidade das reuniões do grupo consultivo e fornecer relatórios de atividade aos seus membros da mesma forma como os destinados ao patrocinador.

Grupo de trabalho

O grupo de trabalho é constituído pelos indivíduos responsáveis pela entrega do plano, inclusive você, como *ABM Marketer*, o principal vendedor e os especialistas no assunto, que levam seus planos para a conta. Talvez vários fluxos de trabalho do plano sejam controlados pelo grupo de trabalho, como um importante workshop sobre inovação ou uma campanha referente a uma oferta específica, e diferentes pessoas participarão de diferentes fluxos de trabalho. Cada pessoa, porém, será liderada por alguém do grupo de trabalho, responsável por atualizar os colegas sobre o dia a dia do progresso e por qualquer questão emergente. Mais uma vez, o grupo de trabalho precisa concordar quanto à periodicidade das reuniões. Alguém deve incumbir-se da anotação das decisões e das iniciativas aprovadas em cada reunião, divulgando essas notas entre os membros do grupo e acompanhando o progresso de cada tópico.

Plano do projeto

Como parte do plano total da conta ou do plano de ABM, ou mantido separadamente como planilha simples ou documento formal mais sofisticado, o plano do projeto mostra a sequência de atividades aprovada pelo grupo de trabalho, quem é responsável por cada atividade, e quando atingir marcos intermediários e finais. Trata-se de um documento vivo que deve ser mantido atualizado, à medida que o projeto é executado e o grupo aprende com o sucesso ou o fracasso de cada ação, ajustando-o às novas condições.

Comunicações

Os bons projetos dependem de boas comunicações. Além das reuniões presenciais, é preciso decidir como comunicar-se entre as reuniões e como trocar informações sobre a conta. Por exemplo, talvez seja o caso de montar uma pasta ou relatório a circular entre os membros do grupo.

Métricas de desempenho

Como equipe, é preciso definir os critérios de sucesso para monitorar o desempenho e medir o sucesso. O grupo de trabalho pode ter ampla variedade de métricas para acompanhar as atividades, os produtos e os resultados; o grupo executivo pode ter um conjunto menor, para monitorar os produtos e os resultados; e o patrocinador, ainda menos métricas, para focar exclusivamente nos resultados de negócios. Esse último, geralmente, é o responsável por apresentar os resultados aos *stakeholders* da empresa, como aumento da receita ou da lucratividade geradas pela conta. Esses aspectos serão analisados com mais profundidade no Capítulo 12.

Os melhores planos de projeto oferecem uma visão das principais relações de dependências e dos fatores de riscos relevantes que podem impactar a capacidade do grupo de trabalho de entregar o projeto e, em última instância, de alcançar o sucesso. É importante considerar desde o início as principais dependências (como o orçamento e o prazo para entregar o plano ABM) e os riscos (a conta é adquirida, alguns *stakeholders* se afastam), para revelar premissas equivocadas da equipe ou eventos prováveis que outras partes ainda não compartilharam.

O *ABM Marketer* como facilitador

Os profissionais de marketing são notórios pela capacidade de comunicação. Geralmente se sentem muito à vontade num palco, transmitindo sua mensagem. Facilitar o trabalho de um grupo, porém, como uma equipe da conta, exige competências muito diferentes, inclusive uma essencial, a de garantir que o marketing e vendas trabalhem juntos para cumprir os objetivos de ABM (ver Quadro 11.3).

QUADRO 11.3: Facilitação *vs.* Apresentação

Bom Facilitador	Bom Apresentador
• Foco no público/participantes • Cria e sustenta um clima de interação e aprendizado dinâmicos • Nutre conversas e interações • Ambiente de controle compartilhado	• Foco no apresentador • Baseado no conteúdo e conhecimento, *expertise* e entrega • Ambiente controlado pelo apresentador • Interação baseada inteiramente em perguntas e respostas

Uma boa definição de facilitação é: "A arte de reunir um grupo de pessoas para desenvolver a capacidade de aprendizado e compartilhamento, às vezes por meio de autodescoberta. Na boa facilitação, a ênfase é na aquisição e a aplicação de novos conhecimentos, competências e capacidades."

Nas apresentações, o foco converge para o apresentador e se concentra no conhecimento. Eles controlam o ambiente. Na facilitação, por sua vez a ênfase é na interação e no *brainstorming* e aprendizado dinâmicos como grupo. É uma conversa, e o foco é no público.

Ao facilitar a atuação de um grupo, como uma equipe da conta, é preciso ter em mente vários fatores:

- Garanta que todos compreendem e aderem ao plano da mesma forma. Você precisará "vender" para o time da conta a intensidade com que a integração do plano de campanha ajudará a alcançar os objetivos declarados da conta.
- Anote as experiências que os indivíduos trazem para o grupo e colete feedback de quaisquer interações que eles tenham tido com a conta.
- Reconheça que as pessoas ao redor da mesa podem ter motivações muito diferentes. Enquanto você talvez esteja pensando no valor vitalício do cliente, o *lifetime value* (LTV), numa perspectiva de três a cinco anos, a equipe de vendas talvez esteja pensando em aproveitar todas as oportunidades.

Trabalho *agile*

A agilidade está se tornando atributo muito valorizado em marketing, principalmente para que um grupo diversificado, como uma equipe de conta, execute os projetos com eficácia. Se, por exemplo, acontecer alguma coisa inesperada, com impacto sobre a conta – como, por exemplo, interrupção do serviço, será necessário repensar as atividades referentes ao cliente, talvez atrasando-as ou reformulando-as, para que recebam o serviço devido de forma adequada às novas condições.

Desenvolver boas capacidades de facilitação e aprimorar a capacidade de manter os projetos e os programas em andamento são requisitos fundamentais, como já analisamos. Cada vez mais, porém, no ambiente acelerado de hoje, tudo deve ser feito com agilidade. Definimos marketing *agile* como aumento da velocidade, previsibilidade, transparência e adaptabilidade à mudança na função de marketing. O sucesso é medido com base em dois valores-chave: teste, em vez de opiniões; e experimentação contínua, em vez de algumas grandes apostas.

Vemos que algumas organizações usam metodologias dos setores de software e manufatura, como *sprints, scrum, lean, Kanban* ou *Six Sigma*. Outras adotam abordagens mais domésticas. Os benefícios, todavia, se fazem sentir de forma relativamente rápida. De acordo com um estudo da ITSMA,[3] mais colaboração transfuncional, mais foco no cliente e aumento da produtividade de marketing encabeçam a lista de benefícios (Fig. 11.7) – todos ideais, quando você está executando o seu plano ABM.

FIGURA 11.7: Benefícios da agilidade em marketing

Na sua percepção, quais foram os benefícios básicos dos esforços da sua organização para aumentar a agilidade em marketing?
% dos respondentes (N=89)

Benefício	%
Mais colaboração transfuncional	44
Mais foco no cliente	43
Aumento da produtividade do marketing	32
Criação de conteúdo de melhor qualidade	28
Redução do *time to market* com o conteúdo	28
Melhor priorização das atividades de marketing	23
Maior *accountability* (responsabilidade) do marketing	20
Time to market mais rápido com novas ofertas	15
Mais visibilidade para o marketing	15
Alocação de recursos mais flexíveis	11
Melhoria da satisfação do cliente	9
Profissionais de marketing mais satisfeitos no cargo	7
Melhor alavancagem de parceiros externos	7
Outros	2
Nenhum ainda	1

NOTA: Permissão para até três respostas
FONTE: ITSMA, *Agility Survey*, abril de 2016

---

[3] ITSMA. *Account-Based Marketing Benchmarking Survey*. 2016.

A política no time da conta

Toda organização tem uma cultura política distinta. Compreender o que está acontecendo pode fazer grande diferença para agilizar a execução do plano. No entanto, poucos cursos de marketing ou negócios ensinam a gerenciar a política do ambiente de trabalho em grandes empresas ou em equipes de alto nível.

Recomendamos que você reflita sobre as duas dimensões do poder e dos sentimentos para os *stakeholders* internos com quem você está trabalhando: quão poderoso é cada membro da equipe e qual é a atitude deles em relação a você e à sua iniciativa ABM? O ideal é que você tenha a bordo o patrocinador, apoiando a sua iniciativa, por se tratar, em geral, da pessoa mais poderosa envolvida no projeto (p. ex., diretor da unidade de negócios ou o *Key Account Manager*). Mas, talvez, haja outros atores poderosos, como um especialista no setor ou um vendedor de peso, capaz de comprometer a execução do seu plano, se você não o mantiver ao seu lado.

A maioria das pessoas usa uma matriz simples, dois por dois, para mapear os *stakeholders* e escolher a abordagem a adotar para que os indivíduos em cada quadrante mantenham o plano ABM nos trilhos (Quadro 11.4).

QUADRO 11.4: Matriz simples Sentimento *vs.* Poder

	Baixo poder	**Alto poder**
Sentimento positivo	Manter informado do progresso do plano ABM para manter o sentimento	Envolver ativamente para criar um defensor do plano ABM
Sentimento neutro ou negativo	Monitorar para a captação de comentários potencialmente danosos e reagir com rapidez para limitar os danos	Comunicar resultados provisórios positivos com regularidade para despertar sentimento positivo

Convém preenchê-la imediatamente, ao iniciar o envolvimento com o time da conta, e atualizá-la regularmente, à medida que os relacionamentos evoluem e o plano avança. Uma dica final: não a deixe em lugar acessível, onde outras pessoas a vejam!

Seu checklist de ABM

1. Por mais impressionante que seja o seu plano de ABM, lembre-se de que ele não passa de algumas folhas de papel, até que você o execute.

2. No ABM Estratégico, um dos maiores desafios para os profissionais de marketing é conquistar a adesão de vendas.

3. O alinhamento entre vendas e marketing abrange numerosos aspectos: as competências do *Key Account Manager* e do *ABM Marketer*, e o processo ABM que precisam executar juntos.

4. O ABM deve estar plenamente integrado com o processo de planejamento da conta, com o *ABM Marketer* na condição de membro do time da conta, em que todos compreendem as funções, atribuições e processos para a criação e a execução do plano integrado.

5. A função do *ABM Marketer* no cliente depende da situação do plano da conta: não existente, existente ou em processo.

6. A execução integrada do plano ABM com vendas dependerá da boa gestão do projeto, além de competências de facilitação.

7. Técnicas *agile* impulsionarão a colaboração, aumentarão o foco no cliente e tornarão a equipe mais produtiva.

8. Como *ABM Marketer*, você deverá estar consciente da influência política do time da conta e dos *stakeholders* mais poderosos com que você estiver trabalhando para executar o plano, além da extensão em que eles apoiam a sua iniciativa ABM.

12 AVALIANDO OS RESULTADOS E ATUALIZANDO OS PLANOS

Mensurando os resultados do ABM

Como ressaltamos em todo este livro, o ABM gera um ROI mais alto do que qualquer abordagem de marketing B2B. Essa conclusão se baseia em uma ampla pesquisa da ITSMA sobre o tema, nos últimos dez anos, incluindo estudos quantitativos, entrevistas qualitativas, experiências, inscrições no prêmio anual de excelência em marketing, e trabalhos profundos com nossos membros e clientes.

Se o ABM, de fato, sempre gera retornos tão altos, por que será que nem todos o estão praticando? E por que quem está usando o ABM não está extraindo mais dele? As respostas para essas perguntas estão tanto em como as organizações de marketing criam expectativas e comunicam o impacto de seus programas de ABM, quanto o fazem em qualquer dificuldade prática que enfrentam na implementação do ABM. Isso envolve a mensuração e a comunicação dos resultados que se obtêm com o investimento em ABM, seja no nível da conta individual, seja no âmbito de todo o programa de ABM, para garantir o apoio contínuo e os investimentos necessários pela empresa.

Existem três desafios principais com que todas as organizações de marketing se deparam na demonstração e na entrega dos retornos poderosos que o ABM é capaz de gerar. Primeiro, o marketing deve medir e avaliar com exatidão o ROI dos programas de ABM, o que nem sempre é uma tarefa tão simples quanto talvez pareça à primeira vista.

Segundo, os líderes de marketing devem adotar termos de comparação com outros programas de marketing. Geralmente, é mais fácil determinar o ROI do ABM do que de qualquer outra iniciativa.

Finalmente, e, talvez, mais importante, qualquer organização que esteja adotando o ABM deve definir expectativas de prazos realistas com os *stakeholders* para a obtenção de resultados. Esse aspecto é muito importante, pois em muitas organizações há pressões, principalmente de vendas, por resultados a curto prazo. O pedido para "gerar mais *leads* qualificados neste trimestre" é muito comum.

Lembre-se, o ABM não é método para a geração de *leads* a curto prazo. É uma iniciativa estratégica, que exige investimentos contínuos para gerar o máximo de resultados. As organizações que posicionam o ABM como iniciativa de negócios estratégica, de toda a organização, em vez de como iniciativa de marketing, têm mais probabilidade de gerar retornos mais altos com o ABM, do que com outros programas de marketing, além de serem, para começar, as que mais tendem a medir o retorno de seus investimentos.

Uma palavra sobre ROI em marketing

Vale considerar aqui algumas das dificuldades lógicas inerentes à análise do retorno do investimento (ROI), no contexto de marketing.

Primeiro, e cima de tudo, o ROI é um cálculo financeiro que mede os ganhos reais ou esperados de um investimento de capital. Em termos financeiros, no entanto, quase tudo o que marketing faz é despesa. Isso significaria que não devemos considerar o trabalho que fazemos em marketing como investimento? Pelo contrário, as empresas que "chegam lá" de fato consideram marketing um investimento. Mas é importante ter em mente os riscos e as limitações a enfrentar quando tentamos aplicar cálculos de ROI fora do seu hábitat natural.

Além disso, o ROI é calculado para um período definido. Qualquer cálculo de ROI vai variar em função do período em que é medido. Portanto, quando se trata de uma empresa de tecnologia investindo em um novo aplicativo, o retorno esperado desse investimento será diferente, depois de seis meses, dois anos ou cinco anos. O ROI não se sustenta sozinho: ele sempre deve ser vinculado a um intervalo de tempo específico.

Por fim, o objetivo de calcular o ROI é avaliar as várias alternativas de investimento da mesma quantia, em determinado período e os resultados pelos diferentes projetos, para escolher a melhor. Em um mundo onde todos os recursos são limitados, essa é uma importante forma de decidir sobre *trade-offs*. Portanto, é sensato que o método ROI também seja usado para avaliar o desempenho de um investimento numa iniciativa de marketing, em determinado período – supostamente o mesmo intervalo que se adotou para justificar a iniciativa em si.

O desafio que geralmente enfrentamos ao avaliar programas de marketing é que nem sempre conseguimos especificar qual período a adotar na avaliação do desempenho de um investimento específico. Para piorar a situação, geralmente tentamos comparar o ROI de diferentes escalas de gastos, em diferentes períodos. Essa tendência prepara o contexto para comparações, quase sempre infrutíferas, muito comuns, entre programas de ABM de longo prazo com campanhas de geração de *leads* de curto prazo.

Isso não significa que devemos abandonar o ROI em marketing. Em vez disso, os *ABM Marketers* devem orientar as discussões sobre o ROI, em especial as que envolvem o ABM, de modo a concentrar o foco em ferramentas e em prazos que façam sentido para os objetivos definidos.

Encontrando as métricas adequadas e definindo os períodos de análise

Se o ROI é o principal critério para a determinação das prioridades de marketing, a decisão de investir em ABM deveria ser fácil. Mas a experiência mostra que não é. Por quê? Para começar, o ABM é uma atividade intensiva em recursos, à medida que muitas organizações de marketing têm limitações no efetivo de pessoal. Além disso, o tempo necessário para atingir o *break-even point*, ou ponto de equilíbrio, no investimento em ABM, é mais longo do que em outras iniciativas de marketing, em geral.

E, como já vimos na Parte Um deste livro, embora quase três quartos das organizações que já tinham programas de ABM em 2015 tivessem aumentando seus investimentos em ABM em 2016, o desafio mais significativo continua a ser a obtenção de orçamento adequado para suportar programas e recursos.[1] Há um paradoxo aqui, qual seja, o *driver* básico para o aumento de escala do ABM é a própria empresa, em consequência dos resultados dos programas de ABM; no entanto, os líderes do programa ABM ainda têm dificuldade em obter recursos suficientes para atender às necessidades.

---

[1] ITSMA. *Account-Based Marketing Benchmarking Survey.* 2016.

A maioria das campanhas de marketing tem horizontes temporais curtos e objetivos concretos. Elas se destinam a impulsionar a demanda por serviços ou por soluções específicas, gerando *leads* qualificados e, normalmente, mostrando resultados entre 30 e 90 dias.

Os programas de ABM têm um horizonte temporal mais longo, e as oportunidades exatas de geração de receita nem sempre são claras no início. Talvez seja necessário mudar as percepções e os posicionamentos no âmbito interno da conta e aumentar a conscientização e compreensão da amplitude das suas ofertas e estratégias, antes de começar a colher resultados em termos de oportunidades significativas e de crescimento da receita.

As pesquisas demonstram a existência de correlação entre o tempo decorrido desde a implementação do ABM e a proporção de empresas com um ROI mais elevado no ABM do que em outras iniciativas. A conclusão é que os programas de ABM implantados há mais de um ano são duas vezes mais propensos a apresentar um ROI mais elevado do que os programas de ABM em funcionamento há menos tempo. As empresas com esses programas de ABM mais antigos também são mais propensas a alcançar melhores resultados em objetivos importantes, como o aproveitamento de oportunidades de vendas específicas.

Quanto mais longo for o tempo de funcionamento do programa ABM, maior é a probabilidade de gerar um ROI mais elevado do que outros programas de marketing. Como, porém, justificar os investimentos contínuos num programa ABM, de modo a garantir que ele persista por tempo suficiente para gerar resultados? A questão aqui se resume em construir bases sólidas com os *stakeholders*, em vendas e nas unidades de negócios, e definir um conjunto de métricas eficazes no nível de cada conta, capazes de expandir-se à medida que o programa ABM amadurece.

Vejamos primeiro as métricas.

Objetivos e métricas

As métricas de ABM devem cobrir três categorias:

- Relacionamentos, que indicam maior penetração nos clientes.
- Reputação, que pode abranger percepção e/ou educação dos clientes, em relação às suas ofertas ou capacidades.

• Receitas, incluindo o *pipeline* de vendas, assim como oportunidades de vendas específicas.

É claro que as métricas escolhidas para avaliar o sucesso de suas iniciativas de ABM devem conectar-se diretamente com os objetivos que você estabeleceu para o programa como um todo e com os objetivos individuais que você definiu para cada conta do programa. Qualquer programa ABM deve monitorar com regularidade o desempenho de cada conta e do programa em geral.

Embora as métricas adotadas para a avaliação, no nível da conta e no nível do programa, possam ser as mesmas, elas tendem a variar de importância entre os clientes. As métricas *hard*, como o do *pipeline*, receita total associada às iniciativas ABM e o crescimento da receita, estão entre as mais importantes do programa. A maioria das métricas do programa tendem a ser indicadores consequentes, ou de resultados, isto é, elas medem os objetivos alcançados.

As métricas da conta também incluem, geralmente, inúmeras métricas *soft*, isto é, indicadores antecedentes, ou de tendências, do desempenho do ABM. Trata-se de fatores como número de novos relacionamentos e de reuniões com a conta, número de novos relacionamentos em novas linhas de negócios, qualidade dos relacionamentos. Essas métricas são sugestivas de sucesso no futuro, em especial onde o ABM não foi implementado há tempo suficiente para gerar resultados financeiros concretos.

Métricas mais comuns nos três tipos de ABM

No estudo da ITSMA, de 2016,[2] perguntou-se aos participantes quais eram as cinco métricas mais importantes para medir o sucesso do programa de ABM Estratégico deles (ver Fig. 12.1). As mais populares foram o crescimento do *pipeline* de vendas, ou volume de negócios em andamento, mencionado por mais de dois terços dos *marketers*. Em seguida, veio o crescimento da receita, citado por apenas metade dos participantes. Cerca de um terço dos profissionais de marketing mencionaram satisfação do time da conta, engajamento com a conta e lealdade ou satisfação do cliente.

---

[2] *Account-Based Marketing Benchmarking Survey*. 2016.

FIGURA 12.1: Métricas mais importantes do ABM Estratégico

Quais são as cinco métricas mais importantes para medir o sucesso do seu programa ABM Estratégico?
% dos respondentes (N=47)

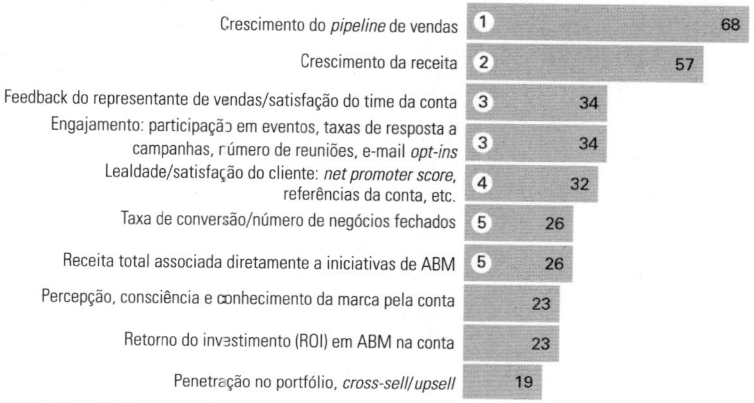

Métrica	Rank	%
Crescimento do *pipeline* de vendas	1	68
Crescimento da receita	2	57
Feedback do representante de vendas/satisfação do time da conta	3	34
Engajamento: participação em eventos, taxas de resposta a campanhas, número de reuniões, e-mail *opt-ins*	3	34
Lealdade/satisfação do cliente: *net promoter score*, referências da conta, etc.	4	32
Taxa de conversão/número de negócios fechados	5	26
Receita total associada diretamente a iniciativas de ABM	5	26
Percepção, consciência e conhecimento da marca pela conta		23
Retorno do investimento (ROI) em ABM na conta		23
Penetração no portfólio, *cross-sell/upsell*		19

NOTA: Permissão para até cinco respostas
FONTE: ITSMA, *Account Based-Marketing Benchmarking Survey*, março de 2016

A mesma pergunta foi feita em relação ao ABM Lite. As primeiras duas respostas mais populares foram as mesmas – crescimento do *pipeline* de vendas e da receita – com mais ou menos a mesma proporção de profissionais de marketing as escolhendo. Depois disso, contudo, a situação muda um pouco, com um terço dos profissionais de marketing dizendo que a taxa de conversão ou número de negócios fechados é a terceira métrica mais importante em ABM Lite (Fig. 12.2).

FIGURA 12.2: Métricas mais importantes do ABM Lite

Quais são as cinco métricas mais importantes para medir o sucesso do seu programa ABM Lite?
% dos respondentes (N=45)

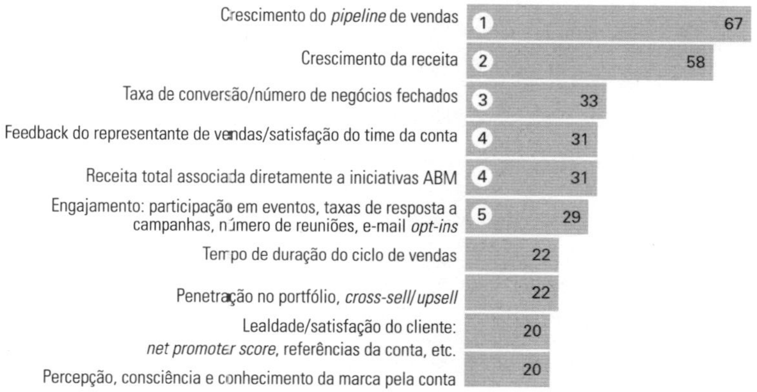

Métrica	Rank	%
Crescimento do *pipeline* de vendas	1	67
Crescimento da receita	2	58
Taxa de conversão/número de negócios fechados	3	33
Feedback do representante de vendas/satisfação do time da conta	4	31
Receita total associada diretamente a iniciativas ABM	4	31
Engajamento: participação em eventos, taxas de resposta a campanhas, número de reuniões, e-mail *opt-ins*	5	29
Tempo de duração do ciclo de vendas		22
Penetração no portfólio, *cross-sell/upsell*		22
Lealdade/satisfação do cliente: *net promoter score*, referências da conta, etc.		20
Percepção, consciência e conhecimento da marca pela conta		20

NOTA: Permissão para até cinco respostas
FONTE: ITSMA, *Account Based-Marketing Benchmarking Survey*, março de 2016

Em seguida vem o feedback do time da conta, como no ABM Estratégico, mas com a mesma classificação de uma nova métrica, a receita total associada diretamente a iniciativas ABM. Essas duas "novas" métricas em ABM Lite refletem o fato de que se atinge mais escala por meio desse tipo de ABM. Isso significa que as mudanças nas taxas de conversão podem ser rastreadas com mais eficácia numa amostra mais ampla de conta, como no caso da receita associada diretamente a iniciativas ABM (embora esse monitoramento seja muito mais difícil até no Lite, em razão do alinhamento estreito entre vendas e marketing).

Por fim, as duas primeiras respostas de quem usa o ABM Programático são as mesmas dos usuários dos dois outros tipos de ABM, mas com apenas a metade dos profissionais de marketing citando desta vez (Fig. 12.3). Então, aparecem duas métricas conexas, ambas mencionadas por 41% dos profissionais de marketing: engajamento do cliente, que aparece no ABM Estratégico, e receita total associada diretamente a iniciativas ABM, que também aparece no ABM Lite. Empatadas no quarto lugar, vêm quatro diferentes métricas, cada uma mencionada por menos de um quarto dos profissionais de marketing de ABM Programático: *share of wallet*, taxa de conversão, ROI e número de relacionamentos ou de novos relacionamentos com as contas.

FIGURA 12.3: Métricas mais importantes do ABM Programático

NOTA: Permissão para até cinco respostas
FONTE: ITSMA, *Account Based-Marketing Benchmarking Survey*, março de 2016

Portanto, os tipos de métricas variam conforme o tipo do ABM. O número de métricas também muda de empresa para empresa, com a média de 10 métricas por conta, para avaliar os resultados de ABM.

As métricas específicas geralmente variam de conta para conta, refletindo os objetivos da conta e a maturidade do programa ABM em cada uma delas. As contas que participam do programa ABM já há algum tempo, provavelmente, terão métricas que abrangem todas as três áreas – relacionamentos, reputação e receita. O Quadro 12.1 é um exemplo de *dashboard* de ABM, mostrando algumas métricas de uso comum para avaliar os resultados ABM, agrupados nessas três categorias.

QUADRO 12.1: Exemplo de *dashboard* para o programa de ABM

KPI	Relacionamentos	Receita	Reputação
Programa-piloto de ABM	• Cobertura: número de relacionamentos em todos os clientes. • Engajamento: participação em eventos, taxa de resposta a campanhas, número de reuniões. • Força dos relacionamentos existentes: negativo, neutro, positivo.	• Crescimento do pipeline de vendas. • Crescimento da receita. • Tamanho/tipo dos negócios. • Penetração no portfólio. • Receita total associada às atividades de ABM. • *Share of wallet.* • Taxa de conversão.	• Satisfação de vendas/time da conta. • *Net Promoter Score.* • Percepção da marca. • Referência a histórias de sucesso.

Demonstrando o sucesso inicial

Considerando que gerar resultados de negócios significativos em uma conta ABM geralmente demora cerca de um ano, recomendamos definir conjuntos de métricas ligeiramente diferentes para o curto, o médio e o longo prazos, sobretudo quando se atua num negócio em que se avaliam os resultados a cada trimestre. Ajustar as métricas de acordo com a maturidade do programa ABM – e sua aplicação a cada conta possibilita reportar o sucesso do ABM com a frequência necessária (estudos mostram que quase a metade das empresas divulgam informações trimestrais a esse respeito) e ainda permite divulgar os resultados.

Qual é a melhor forma de definir um conjunto de objetivos bastante amplo para monitorar e reportar o sucesso ABM no curto e no longo prazo? Vá além dos objetivos relacionados com a receita (os indicadores de sucesso consequentes) e não deixe de medir o impacto que o seu programa ABM também exerce sobre os relacionamentos e a reputação, como já recomendamos. O importante é que o impacto desses resultados aumente com a duração do programa ABM em cada cliente.

A ITSMA desenvolveu um modelo simples (Quadro 12.2) para definir o conjunto adequado de métricas para contas e programas, conforme a maturidade. Ele enquadra as métricas de curto prazo, médio prazo e longo prazo em termos de relacionamentos, reputação e receitas. Use esse modelo, com a gama de métricas comuns das figuras 12.1 a 12.3, para definir as métricas a adotar na avaliação de cada conta e de todo o programa.

QUADRO 12.2: Exemplos de métricas ABM para diferentes prazos

Área	Curto prazo (6 meses)	Médio prazo (9 a 12 meses)	Longo prazo (18+ meses)
Relacionamento	• X novos contatos. • Relacionamentos mais fortes com Y executivos.	• X novos contatos. • Relacionamentos mais fortes com Y executivos. • Z como defensor público do programa ABM.	• X novos contatos. • Relacionamentos mais fortes com Y executivos. • Z como defensor público do programa ABM. • Implantação conjunta de programa de responsabilidade social da empresa (CSR).
Reputação	Não aplicável.	• X% de familiaridade e/ou preferência. • Y% de NPS. • Z% de *score* de satisfação da conta.	• X% de familiaridade e/ou preferência. • Y% de NPS. • Z% de *score* de satisfação da conta.
Receita	Não aplicável.	• $X milhões no *pipeline* de vendas. • Y% de taxa de conversão. • $Z de receita.	• $X milhões no *pipeline* de vendas. • Y% de taxa de conversão. • $Z de receita.

Usando métricas no time de conta

O monitoramento regular do desempenho das suas campanhas ABM com base nos objetivos que você definiu com o seu time da conta vai além da manutenção do impulso e do suporte. Consiste em acompanhar o que está e não está funcionando para ajustar as operações durante o percurso. Esse é um fator crítico das metodologias *agile*, mencionadas no capítulo anterior e abordagem cada vez mais potencializada pela tecnologia de marketing.

Sempre que possível, acompanhe como os indivíduos na conta estão respondendo às suas iniciativas de vendas e marketing: quais mensagens estão caindo bem, quais conteúdo está promovendo o engajamento, quais canais de comunicação eles usam para contatá-lo? Acrescente essas considerações aos seus insights apresentados aos *stakeholders* e influenciadores relevantes e continue a personalizar os seus métodos conforme as preferências deles. Use as evidências coletadas para justificar qualquer recomendação de mudança na abordagem, que você queira introduzir enquanto a campanha estiver em curso, para garantir ao time da conta que as suas decisões são fundamentadas.

Usando métricas com as lideranças

A medida mais importante de sucesso de qualquer programa ABM é o volume de negócios com que ele contribui. O segundo lugar, com pouca diferença, é o custo de gerar a contribuição para o negócio. Mas o foco exclusivo, somente nesses critérios, negligência aspectos críticos de como o ABM gera esses resultados. Somente incluindo métricas adequadas, referentes à expansão dos relacionamentos e à melhoria da reputação (ou percepção de mudança), você será capaz de avaliar o progresso de uma iniciativa ABM. Na verdade, essas métricas, por mais *soft* que sejam, ajudam a identificar formas concretas pelas quais o ABM gera as oportunidades e vitórias.

Isso nos traz de volta ao ponto de partida. Para justificar os investimentos contínuos em ABM, você não precisa só demonstrar as preliminares, mas também salientar a importância desses primeiros resultados para todos os principais *stakeholders* do programa, desde o começo (ver estudo de caso "Microsoft"). O fator crítico para o posicionamento de ABM é esclarecer os executivos das unidades de negócios e das equipes de vendas sobre o funcionamento do ABM. Se compreenderem a mensagem, é muito mais provável que comprem a validade das métricas que oferecem indicadores antecedentes, ou de tendências, do sucesso do ABM. Quando todos estiverem na mesma página, será muito mais fácil alcançar o consenso sobre a eficácia do ABM, mesmo antes de os programas amadurecerem o suficiente para gerar resultados financeiros mensuráveis.

A prova do sucesso do ABM está nos números: o ABM, consistentemente, gera alguns dos mais altos retornos sobre o investimento do que qualquer outra estratégia de marketing B2B. Essa é a narrativa convincente. Ela está pronta para ser transmitida.

ESTUDO DE CASO

MICROSOFT – ELABORANDO UM CASO PARA ESCALAR COM AS MÉTRICAS DE ABM

Geralmente, é mais fácil iniciar um projeto do que ampliá-lo. Em *Crossing the Chasm*,[3] Geoffrey Moore argumentou que o passo mais difícil no marketing de produtos de TI era transpor o abismo entre os primeiros adeptos e a maioria inicial. A mesma conclusão se aplica aos programas internos: mesmo quando os pilotos são bem-sucedidos, a mudança de comportamento em massa exige prova de valor. E quando se trata de prova de valor, o que mais funciona é um conjunto de métricas que captam o impacto do programa e o conectam aos resultados de negócios. A Microsoft não era novata no ABM, denominado *Key Account Marketing*, ou KAM internamente. "Em 2009, o *US Enterprise and Partner Group* (EPG) começou a investir em KAM para aprofundar os relacionamentos com as contas existentes, a nutrir a lealdade e construir parcerias baseadas na confiança mútua", recorda Nicole Summitt, *Senior Marketing Manager* da *US Relationship Marketing*, na Microsoft.

Sete profissionais de marketing de alto nível trabalharam com vendas para investir em programas customizados e ampliáveis que

---

[3] MOORE, G. A. *Crossing the Chasm*: Marketing and selling disruptive products to mainstream customers. Nova York: Harper Business, 1991.

suplementariam a tradicional agenda de marketing orientada para eventos, focada em produtos e "Microsoft-out"; compreenderiam e abordariam os problemas de negócios exclusivos de cada cliente; e converteriam os clientes em defensores.

O objetivo era propiciar ótimos insights entre as contas e equipes de conta, para que ambos se tornassem mais autossustentáveis, conscientes das ofertas, dos canais de comunicação disponíveis, dos bancos de dados de contatos mais fortes, compreendendo como acessar os recursos da Microsoft.

Então veio o abismo. O feedback sobre o piloto foi positivo. As contas e os *leads* de vendas engajados abraçaram o programa-piloto. Os líderes de equipes de conta participantes estavam a bordo. Mas, sem medidas quantitativas da eficácia do programa e do retorno do investimento (ROI), o marketing não podia justificar o investimento necessário para lançar o programa além da fase-piloto para novas contas. De acordo com Summitt: "Para ter a certeza de financiamento contínuo, tínhamos de demonstrar e quantificar as contribuições do programa KAM para as equipes de vendas da Microsoft".

A solução residia num projeto experimental clássico: grupo de tratamento, grupo de controle, mensuração dos resultados. (James Lind, cirurgião escocês da Royal Navy, concebeu-o em 1747, quando ele deu laranjas e limões ao grupo de tratamento, e ficou observando a regressão do escorbuto.) Na Microsoft, a conta-piloto apoiada pelo KAM era o grupo de tratamento. O grupo de controle era o grupo mais amplo, abrangendo todas as outras contas EPG dos Estados Unidos. As métricas eram externas (*scores* no estudo *Enterprise Customer Satisfaction* da Microsoft) e internas (*scores* no estudo interno *Key Account Marketing*).

Métricas para o programa de ABM

A criação da métrica envolve quatro passos. Primeiro, compreender o que você quer que aconteça. Segundo, definir o que impulsiona o processo. Terceiro, identificar o que é controlável. Finalmente, conceber um critério de mensuração quantificável, certificando-se de que é controlável e conexo a resultados.

- **Compreender o que você quer que aconteça** — A equipe de vendas quer acelerar os ciclos de compras, assim como identificar novas oportunidades, aumentar o *share of wallet* e construir relacionamentos mais fortes e mais profundos.

- **Definir o *driver* do processo** — Em uma palavra, o engajamento. Ou, mais especificamente, as conversas com as contas, que são frequentes, profundas e alinhadas com as necessidades deles.

- **Confirmar que é controlável** — A maioria dos aspectos do negócio da conta situa-se fora do controle da equipe de vendas. A comunicação, porém, é algo bem controlável por todos. É difusa, transmite informações úteis e constrói relacionamentos.

- **Adotar um critério de avaliação** — As métricas da Microsoft focavam as atividades direcionadas para a conta (número de contatos, aumento de novos contatos), assim como a satisfação das equipes e dos clientes. Ambas as categorias demonstraram aumentos durante o programa KAM. Observe que essas métricas eram ligadas aos processos (o que você faz todos os dias), não aos resultados (novas vendas).

Essa é a lição central do fenômeno *Moneyball* (*Moneyball: the Art of Winning na Unfair Game*, de Michael Lewis, de 2003, adaptado como filme, em 2011 – ed. bras. *Moneyball: O homem que mudou o jogo*, trad. Denise Bottmann, Intrínseca, 2015). O livro conta a história de como o gerente de um time de beisebol em dificuldade usou com sucesso determinado método analítico para formar um time de beisebol competitivo.[4]

A principal métrica de *Moneyball* não eram vitórias – eram corridas. Em nível ainda mais fundamental, era a frequência com que um jogador chegava à base. Vendas equivalem a vitórias. Chegar à base se equipara a contatos. Ambos podem ser medidos, mas contatos estão sob o controle direto do vendedor, podem ser feitos todos os dias e, em última análise, levam aos resultados mais visíveis de receita mais alta, ciclo de vendas mais curto, e contratos exclusivos.

---

[4] LEWIS, M. *Moneyball*: The art of winning an unfair game. Nova York: WW Norton, 2003.

Quando as contas KAM eram comparadas aos clientes gerenciados da forma tradicional, os números do KAM eram muito superiores às médias nacionais, em todas as categorias. Embora, em geral, a diferença não fosse muito grande, havia consistência em todas as categorias.

Métricas para a equipe de conta

Além dos resultados do estudo anual *Microsoft Enterprise Customer Satisfaction Survey*, o programa KAM abrange enquetes anuais entre as equipes de conta da empresa, nos Estados Unidos, para avaliar o progresso na realização dos objetivos. Por exemplo, a enquete de 2012 resultou em 136 respostas, representando 65 contas especiais. Os destaques foram:

- **Número recorde de respostas** — No exercício fiscal de 2010, 34 membros de equipes de conta responderam. Em 2011, o número de respostas aumentou para 101, e, em 2012, subiu para 136.

- **As equipes de conta gostavam tanto do programa KAM quanto das pessoas que o gerenciavam** — Das 136 respostas, todas, exceto quatro, foram "muito satisfeitos" com o programa, e duas das respostas "satisfeito" eram pontos fora da curva; outros membros das mesmas equipes disseram que estavam "muito satisfeitos". Os participantes também responderam que gostavam dos gerentes KAM: todos, exceto dois, se disseram "muito satisfeitos", e só as duas exceções se declararam "satisfeitos".

- **Novas realizações** — A enquete perguntou se o time da conta havia alcançado coisas que antes não eram possíveis, sem o apoio do KAM. Do total, 98% (133) disseram sim; três não responderam à pergunta.

- **Melhorias** — Três quartos disseram que estavam felizes e queriam mais, e muitos desses respondentes sugeriram várias melhorias, enquanto 42% afirmaram que não havia necessidade de mudanças – estava satisfeito com o KAM na forma atual.

- **O que os clientes achavam** — Ao receberem pedidos de "insights em seu feedback/resposta do cliente", as equipes de conta responderam afirmativamente, na proporção de 95% (130) das respostas. As seis restantes incluíam três em branco, uma "não aplicável", uma "sim", e um comentário neutro.

- **Os executivos de conta valorizavam os gerentes KAM, mais pelo apoio estratégico do que pelo apoio técnico** – Quando perguntados "Quais são os seus três principais fatores críticos de sucesso para o Key Account Marketing neste exercício fiscal", três das quatro respostas mais comuns citavam as áreas mais estratégicas de:

  - Criação de novos relacionamentos/aprofundamento ou melhoria dos relacionamentos existentes (114).
  - Execução de atividades de marketing da conta (68).
  - Fornecimento de plataforma para liderança de ideias/melhoria de percepções (56).

- **As equipes de conta estavam satisfeitas com o programa KAM e queriam mais.**
- Das 144 respostas (algumas continham várias sugestões), quase metade (66) queria mais do programa KAM, como:

  - Financiamento/recursos para os gerentes KAM (35).
  - Tempo do gerente KAM ou menos contas por gerente KAM (20).
  - Gerentes KAM/expansão do programa (11).

Resultados

Em consequência dessa avaliação do impacto e dessa demonstração do sucesso do KAM, o programa foi aprovado e recomendado para o exercício fiscal de 2013, com o compromisso de:

- Investir no KAM durante dois a cinco anos, com base nas características da conta: no tamanho, na complexidade, na maturidade e na capacidade de sustentar o impacto (o nível anterior foi de dois a cinco anos).
- Manter ou ampliar as atuais ofertas KAM e lançar novos serviços KAM, inclusive:

- Conteúdo setorial customizado;
- *Dashboards* de resultados.
- Estratégia de gestão de contatos.
- Coordenação de oportunidades de palestras.
- Tratamento especial de instruções, no local e no campus.
- Departamento de palestrantes e de patrocinadores de oportunidades.

O novo compromisso capacitou as contas KAM a avançar para a autossuficiência, com os recursos necessários para manter e entregar apenas um subconjunto de serviços KAM, depois da certificação pelo programa KAM.

Lições aprendidas

- Na execução de um programa-piloto, selecione equipes de conta com histórico de trabalhar em estreita interação com o marketing como parceiro estratégico, em vez de como apêndice tático.
- Faça a triagem das contas para garantir que eles estão:
  - Prontos para um relacionamento mais profundo e duradouro (satisfeitos, mas subaproveitados).
  - Abertos para que os gerentes de marketing aprendam mais sobre eles.
  - Propensos a comprar mais.
- Varra a organização em busca de métricas que propiciem a comparação do programa-piloto com o universo mais amplo das contas.
- As opiniões das contas **são inestimáveis. Embora o foco deva ser em métricas quantificáveis, a transcrição** *ipsis litteris* de comentários das principais contas acrescenta cor, cheiro e sabor. Se todas as contas foram bem escolhidas no começo, deve haver nomes que os decisores internos conhecem e respeitam.
- Rastreie as diferenças; refine a abordagem, se necessário; e use os resultados para apresentar a prova de valor e angariar credibilidade, ao apresentar recomendações para melhorias e atualizações.

Seu checklist de ABM

1. Trata-se de mensurar e comunicar os resultados que estão sendo gerados por seu investimento em ABM, tanto no nível individual como em todo o âmbito do programa ABM, para garantir suporte e investimentos contínuos da empresa.

2. Os *ABM Marketers* devem moldar as discussões sobre ROI, em especial as relacionadas a ABM, para focar em medidas e prazos que façam sentido para os objetivos definidos.

3. Há quanto mais tempo o programa ABM estiver funcionando, mais provável será que ele gere ROI mais alto do que outros programas de marketing.

4. As métricas ABM devem monitorar melhorias em três categorias: relacionamentos, reputação e receita.

5. Visto que geralmente demora cerca de um ano para gerar resultados de negócios significativos em uma conta com o ABM, sugerimos adotar um conjunto de métricas ligeiramente diferente para o curto, médio e longo prazos.

6. Monitorar com regularidade o desempenho das suas campanhas ABM possibilita ajustes em tempo real ao que é mais eficaz, personalizando cada vez mais o seu marketing às preferências das contas.

7. Fator crítico no posicionamento do ABM é instruir os executivos nas unidades de negócio e equipes de vendas sobre o funcionamento do ABM. Se eles compreenderem esse aspecto, é muito mais provável que se convençam da validade das métricas que oferecem indicadores antecedentes, ou de tendências, sobre o sucesso do ABM.

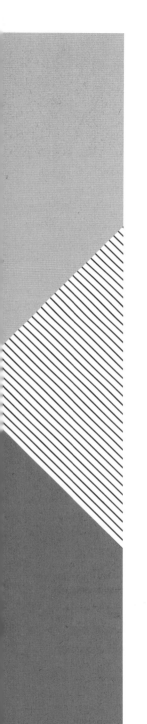

PARTE TRÊS

DESENVOLVENDO SUA CARREIRA COMO *ABM MARKETER*

Introdução

A parte final deste livro é sobre como iniciar o ABM e progredir na carreira como *ABM Marketer*. As pessoas entram em ABM vindas de diferentes funções, explorando suas competências técnicas em marketing e seus atributos pessoais para alcançar o sucesso no cargo. Veremos as competências e os atributos indispensáveis para o ABM no Capítulo 13, usando o modelo que a ITSMA construiu com os membros do seu *Global ABM Council*. A ferramenta proprietária para a avaliação de competências em ABM, baseada nesse modelo, é agora usada por empresas para pautar as competências de suas equipes ABM, para compará-las com as de outras empresas e com o padrão e para priorizar as áreas de desenvolvimento.

Esse modelo abarca competências técnicas, como inteligência de mercado e da conta, relacionamentos com clientes, *stakeholders* e influenciadores, desenvolvimento de propostas de valor, e comunicações de marketing, além de competências de negócios genéricas, como estilo de trabalho, visão de negócios, liderança e colaboração transorganizacional.

Como os *ABM Marketers*, por natureza, tendem a ser generalistas em marketing, é comum que trabalhem com especialistas, dentro da função de marketing mais ampla na organização, assim como com agências externas e fornecedores, para executar o trabalho. O capítulo 13 também considera as agências com as quais você talvez tenha de trabalhar e mostra como dialogar com elas e gerenciá-las com eficácia.

Por fim, no Capítulo 14, tratamos de como gerenciar sua carreira na função de *ABM Marketer* e aonde ela pode levá-lo. Com base em conversas com sete importantes profissionais de ABM, este capítulo oferece insights sobre os desafios a enfrentar e como sobre superá-los. Também analisa o plano de carreira típico, se é que há algum, à espera de alguém com experiência em ABM. Por fim, oferece dicas de pessoas que "chegaram ao destino, cumpriram a missão e sobreviveram para contar a história". São as fontes de inspiração em ABM. Esperamos que você goste de conhecê-los.

AS COMPETÊNCIAS DE QUE VOCÊ PRECISA PARA TRABALHAR COMO *ABM MARKETER*

13

Seus objetivos

Ser um *ABM Marketer* é uma das funções de marketing mais desafiadoras e, ao mesmo tempo, uma das mais gratificantes. Desafiadora porque, como demonstra este capítulo, as competências e capacidades necessárias para alcançar o sucesso em ABM estendem-se muito além das competências técnicas tradicionais em marketing. Gratificante porque, como craque no jogo, você tem a satisfação de agregar valor real à sua organização e aos seus clientes.

Vamos dar uma olhada nisso com um pouco mais de detalhes. Os *ABM Marketers* têm dois objetivos principais. O primeiro é aumentar as oportunidades da sua empresa de fazer negócios com contas estratégicas, fortalecendo os relacionamentos, construindo a reputação, desenvolvendo novas oportunidades de negócios e suportando o portfólio já existente, para aumentar o *pipeline* de vendas e a receita.

O segundo, e igualmente importante, é entregar valor mensurável, prestando serviços de marketing estratégico, que coordenam pessoas em toda a empresa e oferecem programas conjuntos no nível da conta. Isso envolve a capacidade de colaborar, de formar redes e de liderar, já que o *ABM Marketer* gera insights para a elaboração da estratégia de negócios, desenvolve a estratégia de ABM, em interação com o time da conta, e garante a entrega de programas e planos de marketing, alinhados com os objetivos da conta.

O Dr. Charles Doyle, que escreveu o Prefácio deste livro e que aparece nos Capítulos 1 e 14, leva ainda mais longe essa ideia de entregar valor ao negócio. Assim como o marketing estratégico contribui significativamente para a capitalização da empresa, criando valor para os acionistas, por meio de intangíveis, como marca e *goodwill* (expectativa de rentabilidade futura decorrente de forte relacionamento com as contas), os *ABM Marketers* podem aumentar substancialmente o *lifetime value* da conta.

E fazem isso capturando a maior *share of mind* da conta – de modo que os *stakeholders* escolham a sua empresa antes de qualquer outra – e reforçando o relacionamento com os clientes, ao apresentarem ideias que disparam novas conversas e ao criarem oportunidades para interagir com os clientes e enriquecer essas interações.

Suas responsabilidades

A vida de um *ABM Marketer* nunca será enfadonha, uma vez que suas tarefas são abrangentes. Incluem:

- Desenvolver relacionamentos estreitos de trabalho com os *Key Account Managers* e suas equipes, assim como com membros-chave das equipes de vendas e marketing.

- Gerenciar a estratégia ABM em âmbito local, alavancando as ideias e os métodos do grupo do programa ABM, assim como os recursos de outros grupos de marketing.

- Compreender a gestão da conta, os processos de vendas e os objetivos do time da conta e suportar a estratégia do cliente, com programas de marketing para a realização dos objetivos e para o crescimento do negócio.

- Analisar a conta e fornecer insights e interpretações no ambiente de mercado, presente e futuro, com que se deparam os *stakeholders*.

- Desenvolver e cuidar da estratégia ABM, inclusive identificando táticas de marketing, de modo a oferecer suporte duradouro, proativo e estruturado para a conquista dos objetivos da conta.

- Trabalhar, onde necessário, com a função de marketing mais ampla e com agências externas especializadas para desenvolver campanhas integradas de vendas e marketing.

- Compartilhar as melhores práticas e inovações locais com as comunidades de vendas e marketing mais amplas.

- Monitorar, mensurar e reportar todas as atividades ABM, baseadas em KPIs e em histórias de sucesso da conta.

As competências de que você precisa

Encontrar as pessoas certas para essa função complexa, que se situa na tríplice fronteira entre marketing, vendas e conta, tem sido grande preocupação para as organizações, cada vez mais numerosas, que abraçaram seus princípios. Por isso é que, poucos anos atrás, a ITSMA decidiu trabalhar com seus membros, em especial com os do seu *Global ABM Council*, para definir as competências com mais detalhes.

Essa atitude não só ajudaria a quem está procurando contratar ou promover pessoas para a função, recomendando especificações para a função e para a pessoa, além de orientar em entrevistas de avaliação desses atributos, mas também contribuiria para ajuizar as qualificações dos atuais executores das atividades de ABM e para identificar as lacunas a preencher com atividades de desenvolvimento profissional para suportá-los na carreira.

Desde o lançamento do modelo de competências e avaliação de ABM, cerca de 100 *ABM Marketers* avaliaram as próprias competências e capacidades, em comparação com os atributos de um *ABM Marketer* de alto desempenho (Fig. 13.1). Como se vê, trata-se de uma combinação poderosa de competências técnicas em marketing e de habilidades genéricas em negócios, importantes para trabalhar como membro de um time da conta e executar com eficácia as suas tarefas.

A análise das respostas dos *ABM Marketers* em cada categoria oferece uma imagem mais clara da nossa amostra de profissionais de marketing que trabalham atualmente com ABM mundo afora, e das áreas mais suscetíveis a aprimoramentos. Antes, porém, vamos explorar a origem provável dos *ABM Marketers*.

FIGURA 13.1: Modelo de competências em ABM, da ITSMA

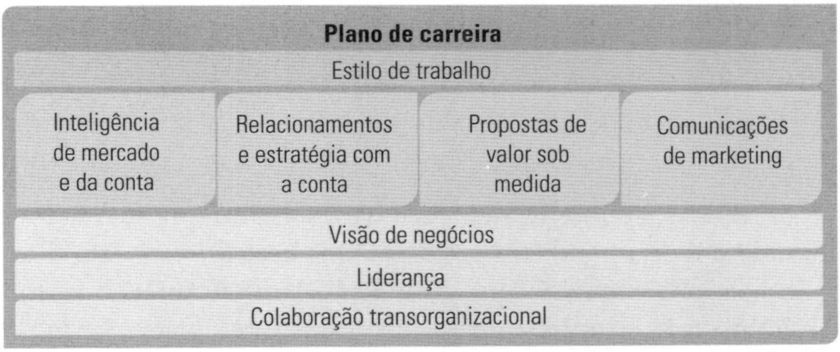

FONTE: © 2017, ITSMA

Plano de carreira em ABM

Primeiro, como mostra a Fig. 13.2, os pontos de partida mais comuns para o ABM, além de função anterior em Account-Based Marketing, são *field marketing*, marketing de eventos ou comunicações de marketing. Experiência em *field marketing* não é surpreendente, já que os profissionais de marketing em atividade de campo geralmente estão mais perto tanto do cliente, quanto da equipe de vendas. Na realidade, muitas iniciativas-piloto em ABM surgem em organizações de *field marketing*, em determinado país ou região, que conclui que uma grande e complexa conta deve ser tratada como um mercado por seus próprios méritos, devido ao seu potencial.

FIGURA 13.2: Planos de carreira em ABM

NOTA: % dos respondentes (N=108); permissão para várias respostas
FONTE: ITSMA, *ABM Marketer Competency Assessment*, 2016

Metade dos *ABM Marketers* já exerceram funções de capacitação de vendas, enquanto boa parte já trabalhou em atividades de vendas, desenvolvimento de negócios ou *client delivery*. Isso é uma boa notícia, pois significa que os *ABM Marketers* terão boa compreensão do processo de vendas e de como integrar marketing nas campanhas ABM.

Onde os atuais ABM Marketers são mais fortes e mais fracos?

Quando consideramos todas as competências do modelo (Fig. 13.3), a primeira coisa que observamos é que os *ABM Marketers* parecem muito otimistas com as próprias competências, tanto que a maioria dos *scores* médios são de pelo menos de 4,0, em 5,0. Atualmente, os *ABM Marketers* atribuem-se as mais altas avaliações em estilo de trabalho e colaboração transorganizacional. Em contraste, os *scores* médios mais baixos na comunidade ABM estão em relacionamento com a conta e em estratégia. Em segundo lugar vêm visão de negócios e inteligência de mercado e da conta. Ambos os casos, embora atingido o *score* médio de 4,0, em 5,0, poderiam ser melhorados. No meio da faixa de *scores*, situam-se as categorias comunicações de marketing, liderança e proposta de valor sob medida.

FIGURA 13.3: A competência dos *ABM Marketers* hoje

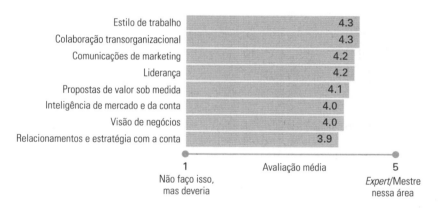

NOTA: Avaliação média (N=108); Avaliação média baseada em escala de 5 pontos, em que 1= Não faço isso, mas deveria e 5 = *Expert*/Mestre nessa área

FONTE: ITSMA, *ABM Marketer Competency Assessment*, 2016

O verdadeiro poder do modelo fica claro quando você olha abaixo dos níveis da categoria, para cada uma das competências. Antes, porém, de explorar essas categorias, uma a uma, com mais detalhes, pense em como você se avaliaria em cada uma dessas diferentes competências, à medida que prossegue na leitura dessa seção. Isso lhe ajudará a planejar o seu próprio autodesenvolvimento. Mas não entre em pânico se você não for bom em tudo. Ninguém é!

Por isso é que você trabalha numa equipe, ou numa comunidade de *ABM Marketers*, e de profissionais de marketing, em âmbito mais amplo, de modo a recorrer, quando necessário, às competências dos colegas para complementar as suas.

Estilo de trabalho

Examinar os perfis de um *ABM Marketer*, com base nos *scores* médios dessa categoria, é inspirador (Fig. 13.4). Revela um grupo de pessoas cheias de paixão por servir ao cliente e à própria empresa, que preferem apreciar o panorama geral e lidar com questões estratégicas, cheias de perseverança para concentrar-se num projeto até o fim. Esses profissionais tomam a iniciativa de desenvolver novos conhecimentos e processos e não recorrem ao gerente ao enfrentar a primeira dificuldade.

São multitarefas otimistas, com mentalidade analítica, que desenvolvem insights praticáveis, oriundos de pesquisas sobre o setor, os concorrentes e as contas. São pessoas tipicamente empreendedoras, que se encaixam bem no ambiente dinâmico das equipes de conta. Essa mistura de atributos reflete o caráter e a típica experiência dos *ABM Marketers* em ação hoje.

A competência com o *score* mais baixo nessa categoria é "Prefiro concentrar-me profundamente numa única conta complexa em vez de desdobrar-me entre várias contas". Com um *score* médio de 3,5 em 5,0, essa pontuação reflete o fato de que muitos profissionais de marketing precisam de variedade. Uma conta grande e complexa, porém, geralmente abrange várias divisões, que os tornam tão multiformes, que dão a impressão de que se está trabalhando com várias contas diferentes (como testemunharia qualquer pessoa que já tenha desenvolvido um plano ABM para um grande banco ou uma empresa multinacional de petróleo e gás).

Inteligência de mercado e da conta

Como uma das principais competências técnicas em ABM, os altos *scores* nessa categoria enfatizam a prioridade que os *ABM Marketers* atribuem à profunda pesquisa sobre mercados e cada conta. Eles, então, se empenham para que quaisquer insights úteis se espalhem entre todos os componentes da equipe ABM, em especial para vendas.

FIGURA 13.4: Competências do estilo de trabalho em ABM

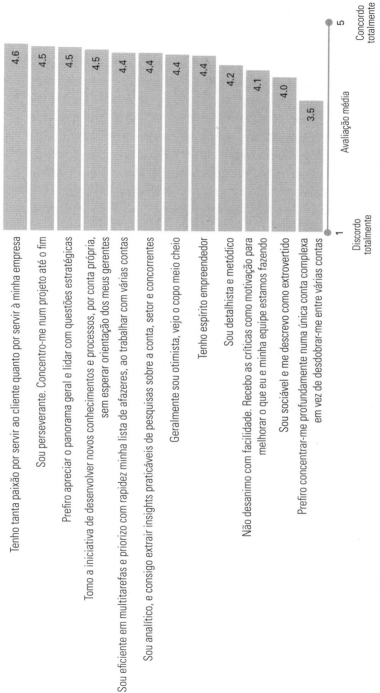

NOTA: % dos respondentes (N=108); Avaliação média baseada numa escala de 5 pontos, em que 1 = discordo totalmente e 5 = concordo totalmente
FONTE: ITSMA, *ABM Marketer Competency Assessment*, 2016

Os *ABM Marketers* usam dados provenientes dessas análises, de pesquisas de terceiros e de outras fontes externas, para compreender os problemas de negócios da conta e as tendências econômicas, setoriais e de mercado que impactam o cliente. E atualizam continuamente seus insights, conforme essas tendências dinâmicas e as implicações para a conta de quaisquer mudanças no ambiente externo.

Os *ABM Marketers* também compartilham esses insights com os colegas de vendas, para descobrir novas oportunidades de crescimento na conta e para desenvolver apresentações direcionadas e propostas específicas que repercutam entre os principais *stakeholders* da conta.

O único indicador preocupante nessa categoria é que os *scores* mais baixos para a compreensão de como as contas compram e distribuem seu orçamento deveriam ser mais altos. O Capítulo 8 analisa a importância de compreender a Unidade de Tomada de Decisão (UTD) da conta e de criar personas de comprador com mais detalhes. Tudo isso se torna cada vez mais importante, à medida que o abastecimento se sofistica, em todo o mundo, entre grandes clientes. Ao longo dos anos, a pesquisa da ITSMA sobre compras tem acompanhado a evolução contínua de seus processos, que envolvem equipes cada vez mais amplas, em compras corporativas complexas, de alto valor, cujas decisões são mais demoradas, exigindo o uso crescente de consultores externos, com mais foco no caso de negócios e na justificativa financeira para a compra (ver box "Faça as perguntas certas").

FAÇA AS PERGUNTAS CERTAS

Deparamo-nos com um exemplo de uma equipe de conta, numa empresa que participava de uma concorrência como fornecedor, na iminência de apresentar uma proposta, sem saber quantos eram e nem quais eram os concorrentes. Até ser revelado que um dos concorrentes tinha trabalhado com um membro da Unidade de Tomada de Decisão (UTD), durante os últimos 17 anos. Além disso, o time da conta ignorava que era uma prática comum na equipe de compras da empresa que promovia a concorrência levar dois fornecedores concorrentes, na fase de negociação, a supor que eram fornecedores preferenciais.

O propósito disso era conseguir o melhor preço possível do efetivo fornecedor preferido, acarretando perda de tempo e dinheiro para o segundo fornecedor. E, finalmente, o time da conta havia apresentado seu melhor preço na proposta, sem saber que a equipe de compras da conta tinha sido incentivada a puxar os preços para baixo, e, assim, tudo indicava ter negociado um desconto em cada compra.

A disponibilidade de todas essas informações mudou a proposta, o preço e as comunicações com os *stakeholders*, que o time da conta estava planejando. Essas informações vieram de um *coach* na conta, que era parte da rede social do *ABM Marketer* do time da conta. No entanto, algumas perguntas inteligentes, feitas antecipadamente, aos membros da Unidade de Tomada de Decisão (UTD), talvez tivessem revelado a armação e as prioridades no processo de compra. E talvez até tivessem levado o time da conta a ser mais seletiva em relação às oportunidades a "perseguir" na conta, e a quais abordar de forma mais tática.

A lição aqui é que os *ABM Marketers* precisam propiciar insights, desde cedo, sobre como as contas compram, promovem licitações e distribuem o orçamento, para que as atividades de vendas e marketing possam alinhar-se e ajudar nesse processo, durante a campanha ABM.

Relacionamentos e estratégia com a conta

Embora os *ABM Marketers* tenham-se em alta conta na identificação dos principais *stakeholders* e decisores e na participação no desenvolvimento da estratégia da conta, várias outras áreas precisam de melhorias nesta categoria, em toda a comunidade ABM, razão por qual ela é a última da lista em termos de competências em ABM hoje. É a necessidade mais urgente de melhorar no monitoramento dos pontos de contato com os *stakeholders*, para garantir que cada um resulta em experiência positiva e fortalece o relacionamento. A tecnologia aqui tem muito com o que contribuir e facilitar.

Outra área a melhorar é a consideração pelos *ABM Marketers* do ecossistema mais amplo da conta (fornecedores, parceiros, grupos de clientes estratégicos), assim como os parceiros estratégicos da própria empresa, ao planejar e executar campanhas de ABM. Sob a perspectiva do panorama mais amplo que os *ABM Marketers* alegam adotar, esse avanço não deve ser muito trabalhoso para eles.

Enfim, os *ABM Marketers* se beneficiariam muito com o aprendizado de como projetar mais confiança, o que é essencial ao lidar com equipes de conta já constituídas e ao desafiarem-nas a ver a arte do possível na criação de valor mútuo para a conta e para elas próprias. Na ITSMA, trabalhamos regularmente com uma empresa sediada em Londres, chamada Actors In Industry (www.actorsinindustry.com), para ensinar aos *ABM Marketers* as *soft skills* de que precisam, em termos de assertividade e comunicação impactante, no time da conta. Ambas são vitais para o sucesso do programa ABM.

Propostas de valor sob medida

A criação de propostas de valor sob medida (como descrito no Capítulo 9) é um passo fundamental no processo ABM. No entanto, embora os *scores* nessa categoria sejam na maioria 4,0 ou superiores, duas áreas devem ser desenvolvidas.

Em média, os *ABM Marketers* não têm dificuldade em compreender e associar os desafios do cliente às soluções propostas por sua empresa, como fornecedor, e em conectar suas propostas de valor aos imperativos de negócios e aos pontos de dor da conta. Do mesmo modo, os *ABM Marketers* também demonstram o mesmo nível de confiança na elaboração de propostas de valor diferenciadas, específicas para a conta, e na garantia de que essas propostas de valor estão alinhadas entre si e com a estratégia total.

Os *ABM Marketers* são um pouco menos autoconfiantes em comunicar-se na linguagem da conta, compreendendo tanto as necessidades quanto os processos decisórios do cliente, para facilitar os entendimentos no nível de negócios. Essa falha tem a ver com a falta de conhecimento sobre os processos de compras da conta, identificados na categoria inteligência de mercado.

O principal problema reside na forma de abordar as contas com insights criativos sobre como alcançar os objetivos estratégicos deles. Como esse é um dos aspectos que as contas dizem valorizar, é importante que os *ABM Marketers* se tornem mais eficazes nesse atributo. Porém, não se trata de algo a ser realizado isoladamente; geralmente é preciso envolver uma rede de pessoas e diferentes perspectivas, para desenvolver insights únicos.

No passado, vimos equipes usando as informações vindas dos seus próprios sistemas de entrega de serviços (percepção e resposta, análise das causas básicas) para gerar novos insights capazes de reduzir as despesas, aumentar a produtividade ou gerar novos fluxos de receita para a conta. Os workshops sobre inovação também são ótimas fontes de novas perspectivas e insights, com o time da conta e o cliente trabalhando juntos para analisar a situação vigente e as tendências para o futuro. Reunir contas com problemas semelhantes também pode ser uma maneira eficaz de gerar novos insights para um cliente, que o ajudam a alcançar seus objetivos de negócios.

Alguns desses insights gerados assim, podem construir a base de uma campanha de liderança de ideias sob medida para uma conta, que, em seguida, seria ajustada para se tornar mais genérica e ser levada a um grupo de contas com o mesmo problema, por meio de um ABM Lite, ou, até, para todo um setor ou segmento de mercado, por meio de marketing de segmentação, ou setorial.

Comunicações de marketing

A alta classificação desta categoria em toda a comunidade ABM corresponde ao fato de essa ser, tradicionalmente, uma zona de conforto em marketing e uma área em que os *ABM Marketers* sentem-se à vontade.

Os *ABM Marketers* são muito bons em usar os recursos e os programas de marketing, com criatividade, para atender às necessidades específicas das contas, assim como para criar novos recursos específicos para os clientes. Isso é bom quanto a essa tendência, em virtude das restrições orçamentárias que afligem a maioria dos programas de ABM. Do mesmo modo, é possível condensar as informações num formato que seja útil e eficaz para vendas, nas conversas com a conta. Também se pode criar conteúdo customizado para cada conta e selecionar os canais de comunicação mais adequados para a entrega do conteúdo.

Onde essa imagem luminosa fica obscura é na atual capacidade da comunidade ABM de criar programas multicanais que desenvolvem relacionamentos cada vez mais fortes com a conta. Considerando a importância da comunicação multicanal, que vimos no Capítulo 11, essa é uma deficiência séria. A boa notícia é que a automação de marketing e os sistemas de vendas podem ajudar a sequenciar esse tipo de campanha de nutrição. A má notícia é que nem todos os *ABM Marketers* têm acesso à plataforma certa, que lhes oferece visões no nível da conta, assim como relatórios sobre cada *lead*. Trata-se, porém, de situação em que os *ABM Marketers* devem conscientizar-se, daí a necessidade de buscar meios para melhorar a sua própria competência nesta área.

Visão de Negócios

Apesar do fato de esta categoria ter sido a penúltima na lista dos *ABM Marketers*, atualmente, eles se consideram hábeis na compreensão dos objetivos estratégicos das empresas e capazes de os converter em iniciativas ABM (ver Fig. 13.5).

FIGURA 13.5: Competências de visão de negócios em ABM

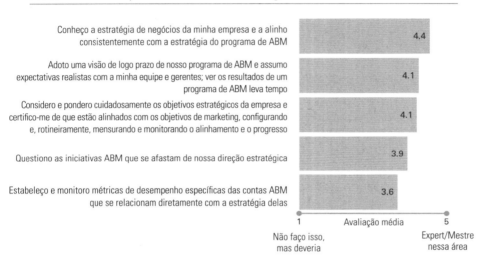

NOTA: % dos respondentes (N=108); Avaliação média baseada numa escala de 5 pontos, em que 1 = discordo totalmente e 5 = concordo totalmente

FONTE: ITSMA, *ABM Marketer Competency Assessment*, 2016

Eles também são muito bons em adotar uma perspectiva a longo prazo de seu programa ABM e de assumir expectativas realistas com a equipe. Da mesma forma, sentem-se à vontade em alinhar os objetivos de marketing com os objetivos estratégicos da empresa e em medir como rotina o alinhamento e o progresso na consecução de ambos.

Um dos dois *scores* mais baixos nesta categoria nos leva de volta à capacidade de desafiar o time da conta. Desta vez, trata-se de questionar as iniciativas ABM que se desviam da direção estratégica adotada pelo time da conta, como quando um profissional de marketing é instado a produzir uma única resposta tática, do tipo e-book, sem ser consultado sobre se essa é a melhor maneira de atingir o objetivo estabelecido para a campanha ABM. A capacidade de desafiar, de desenvolver ligações e de comunicar-se com impacto são todas importantes aqui.

O *score* médio mais baixo nesta categoria é em estabelecer e monitorar métricas que se relacionam diretamente com a estratégia da conta (como vimos no Capítulo 12). Enfatiza-se, assim, uma área prioritária de aprimoramento, sobretudo por sabermos que ser capaz de demonstrar o desempenho das iniciativas ABM e o valor do programa é um fator crítico para o apoio contínuo ao time da conta e para os investimentos da empresa em ABM.

Liderança

Atualmente os *scores* na categoria de competências de liderança ficam na metade da faixa em termos de competências dos *ABM Marketers*.

Os *ABM Marketers* são competentes em liderar e facilitar reuniões e em transitar entre dificuldades, sem muita orientação, e esse talento para lidar com ambiguidades é fundamental para a boa liderança. Eles se sentem bem em definir objetivos de marketing desafiadores e em persegui-los até a execução completa, induzindo outras pessoas a aderir ao plano de jogo, mesmo sem autoridade formal. Também definem processos claros e garantem que a equipe os está seguindo.

No entanto, os *ABM Marketers* são menos autoconfiantes em sua capacidade de atuar como *coach* de equipes de conta, preparando-as para reuniões com o cliente e orientando-as em situações difíceis. Essas são habilidades críticas que posicionam o *ABM Marketer* como parceiro consultor da equipe, em vez de como recurso administrativo que a ajuda no apoio a vendas. Se você sentir a mesma falta de confiança ou habilidade nessas áreas, vale aumentar o seu conhecimento sobre a conta, para aconselhar o time da conta no engajamento em reuniões presenciais. Também é importante melhorar a sua capacidade de desafiar e de comunicar-se com impacto, como já mencionamos.

Colaboração transorganizacional

Os *scores* totais positivos nesta categoria (Fig. 13.6) destacam o talento do marketing de atuar como fator de coesão organizacional, capaz de perpassar o olhar por entre a organização e as redes informais. A capacidade de superar com eficácia as barreiras culturais, históricas e organizacionais, para promover os relacionamentos de trabalho mais colaborativos e produtivos, é um bom prenúncio para o restabelecimento na organização de uma visão mais centrada no cliente e para a associação de toda a organização em benefício da conta.

FIGURA 13.6: Competências de colaboração transorganizacional do ABM

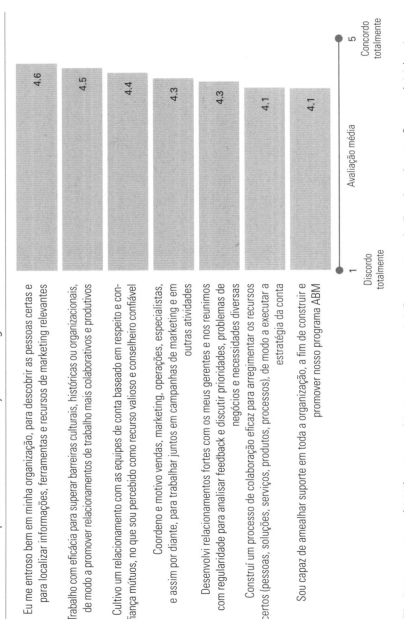

NOTA: % dos respondentes (N=108); Avaliação média baseada numa escala de 5 pontos, em que 1 = discordo totalmente e 5 = concordo totalmente
FONTE: ITSMA, *ABM Marketer Competency Assessment*, 2016

Usando e gerindo recursos de agências externas

Uma de suas competências básicas como *ABM Marketer* será gerenciar equipes compostas de pessoas de diferentes funções e formações, vindas de outras partes da organização e de agências externas. O uso de agências externas desempenhará papel importante em seu programa ABM, já que ninguém pode ser especialista em todas as áreas de uma campanha ABM. Em geral, as competências especializadas necessárias nas campanhas não existem na organização ou são escassas quando são mais necessárias. O ABM se baseia em projetos específicos, montados para a conta e para as circunstâncias do cliente, razão por que a cesta de competências necessárias é muito variada.

Outra razão válida para usar ajuda externa é o aumento de escala do programa ABM. Como mostrou o Capítulo 5, um dos principais pontos de fracasso que a ITSMA identificou[1] ocorre na passagem da padronização para a ampliação. É bem possível que seja necessário buscar recursos de agência para ajudá-lo nessa transição, pois é improvável que você tenha em mãos uma a equipe de especialistas para ajudá-lo a fazer o necessário em todo o mundo.

Por exemplo, talvez você precise de *expertise* em pesquisa, para criar o perfil das próximas 20 contas que entrarem em seu programa neste trimestre, ou de *expertise* em facilitação, para conduzir workshops de planejamento durante o ano em outra região.

Tipos de agências

A lista de possíveis agências a qual recorrer inclui especialistas exclusivos em ABM, além de *experts* em:

- Treinamento nas várias competências necessárias em ABM.
- Pesquisas e insights sobre contas e *stakeholders.*
- Facilitação de workshops.
- Mensagens.
- Criação de conteúdo.
- Recursos criativos.
- Relações públicas e análise de relacionamentos.
- Gestão de eventos.

---

[1] ITSMA. *Account-Based Marketing Benchmarking Survey.* 2016.

- Marketing digital e marketing social.
- Gestão de relacionamentos com executivos.
- Criação de comitês.
- Tecnologia, inclusive os inúmeros fornecedores já apresentados no Capítulo 3.
- Marketing direto, inclusive telemarketing.

Seleção e briefing *com uma agência*

Em um mundo ideal, a escolha da agência adequada deveria ser feita por processo competitivo e com base em um resumo do projeto para a agência. Mesmo que você tenha uma ou duas agências preferidas, com a qual já tenha trabalhado em projetos anteriores e que conhecem a cultura e as características da sua empresa, um novo projeto mais amplo e complexo deve ser objeto de licitação, envolvendo diferentes concorrentes. Abaixo encontra-se um esboço do processo de seleção da agência:

1º Passo – Preparar o briefing *do projeto para as agências*

Esse documento deve ser enviado às agências pré-selecionadas, como base para a apresentação das respectivas propostas. Também é útil como resumo da visão do projeto por sua empresa. Deve conter os tópicos listados no Quadro 13.1.

2º Passo – Pré-selecionar as agências

É uma lista de agências que passaram por uma triagem inicial, resultantes de recomendações, contatos e pesquisas em diversas fontes.

3º Passo – Contatar as agências pré-selecionadas, convidando-as a participar da concorrência

Envie uma mensagem às agências, informando-as de sua intenção de convidá-las formalmente para a concorrência. Nem todas estarão dispostas a participar, por diferentes razões, inclusive por conflito de interesse.

4º Passo – Enviar o resumo do projeto para as agências

Os principais elementos do *briefing* constam no Quadro 13.1. Exemplos mais detalhados de um *briefing* de pesquisa e de um *briefing* de campanha estão na Quadro 13.2 e na Quadro 13.3, respectivamente. No entanto, observe que as melhores agências, frequentemente, têm os próprios modelos de *briefing*, e algumas até relutam em envolver-se com o cliente, até receberem o *briefing* no formato delas. Essa é a forma de reduzirem riscos, educando os clientes para que a execução criativa e a campanha em geral tenham as melhores chances de sucesso.

5º Passo – Defina os critérios de seleção

Defina o processo de seleção, escolhendo um conjunto de critérios para avaliar as agências. Isso o ajudará a garantir a objetividade. Os critérios devem incluir experiência anterior, compreensão do *briefing*, etc.

6º Passo – Apresentação pelas agências

Convide as agências para fazer a apresentação de sua proposta a uma equipe de líderes.

7º Passo – Escolha a agência vencedora e a contrate

Negociar, redigir e assinar o contrato.

QUADRO 13.1: Resumo do projeto para as agências

Conteúdo
Objetivos do projeto e indicadores-chave de desempenho.
Outro empreendimento com objetivos semelhantes.
Descrição do mercado-alvo.
Mensagem (se relevante) e resultados almejados.
Dinâmica da agência.
Restrições.
Cronograma.
Orçamento.
Clientes internos e recursos.

Seja claro quanto ao que você espera dos serviços prestados, para avaliá-los com base nos produtos em vez de apenas nas atividades (embora, sem dúvida, seja difícil medir os resultados de um *input* estratégico). Como em qualquer relacionamento com uma agência externa, é preciso tomar cuidado com:

- Excesso de promessas: esse talvez seja o maior risco.
- Ineficiência: envolve desde não responder a telefonemas até não prestar os serviços combinados.
- Falta de conhecimento sobre o negócio (ou o do seu cliente).
- Usar pessoal inexperiente para fazer serviço de pessoal experiente.
- Sobrecarga de trabalho.
- Preferência por conquistar novos clientes, em vez de reforçar os relacionamentos com os clientes atuais (ou seja, você!).
- Gestão inadequada da própria empresa, pondo em risco os seus programas.

Isso talvez pareça um tanto melodramático, mas o inadmissível numa situação de ABM Estratégico é pôr em risco o relacionamento com a conta, ou com o time da conta. Afinal, clientes são, por definição, importantes para o futuro da sua empresa.

QUADRO 13.2: Padrão de resumo de pesquisa

Seção	Questões a explorar
Contexto	Qual é a situação vigente e quais são os principais *drivers* dessa atividade?
Objetivos de negócios	O que queremos alcançar para a empresa com essa atividade? Quais resultados de negócios almejamos?

Seção	Questões a explorar
Objetivos de pesquisa	Quais insights queremos desenvolver com essa pesquisa? O que decidiremos quando tivermos os resultados?
Principais questões a explorar	Quais são os principais temas e questões que gostaríamos de explorar com os entrevistados?
Informações "desejáveis"	Quais outras informações gostaríamos de obter dos entrevistados, se possível?
Público-alvo	Quem queremos compreender com essa pesquisa? Qual é o perfil deles (demográfico, psicográfico, comportamental, contextual, na medida do possível)? Qual fatia de entrevistados queremos alcançar nos diferentes grupos ou clientes (quotas *hard* ou *soft*)?
Orçamento disponível	Quanto podemos investir nesse projeto de pesquisa?
Cronogramas e prazos	Quais são os principais marcos a alcançar com esse projeto? Quando queremos obter os resultados finais?
Restrições	A que outras restrições a agência estará sujeita; p. ex., não revelar o patrocinador da pesquisa, procurando os clientes somente depois de receber aprovação do *Key Account Manager*?
Contatos	Quem é o patrocinador de marketing, o patrocinador de negócios e o gerente do projeto para essa atividade?

QUADRO 13.3: Padrão de *briefing* de campanha

Seção	Questões a explorar
Contexto	Qual é a situação vigente e quais são os principais *drivers* dessa atividade?
Objetivos de negócios	O que queremos alcançar para a empresa com essa campanha? Que resultados de negócios procuraremos na(s) conta(s)?
Objetivos de pesquisa	Como queremos que essa campanha influencie o público-alvo em termos de aumentar a conscientização, educá-los ou convencê-los a agir? Como medir a eficácia dessa campanha?
Públicos-alvo	Quem estamos tentando alcançar com essa campanha e quais são os seus perfis ou personas?
Principais mensagens e propostas	Quais são as principais mensagens para essa campanha (por tipo de público, se aplicável)? Qual é a hierarquia de mensagens? Qual é a proposta de valor?
Mídias possíveis	Quais mídias tendem a ser eficazes para alcançar o público-alvo? Quais mix de canais on-line e off-line serão usados interna e externamente?
Orçamento disponível	Quanto podemos investir nessa campanha?
Cronogramas e prazos	Quais são os principais marcos a alcançar com essa campanha? Quando a lançaremos? Quais são as fases ou sequências de atividades?
Restrições	A que restrições a agência estará sujeita; p. ex., diretrizes de marca, políticas de compras ou receptividade da conta?
Terceiros	Quais outras agências participarão do grupo de projeto nessa campanha?
Contatos	Quem é o patrocinador de marketing, o patrocinador de negócios e o gerente do projeto para essa campanha?

Seu checklist de ABM

1. Ser *ABM Marketer* é uma das mais difíceis e, ao mesmo tempo, uma das mais recompensadoras funções de marketing. A vida de um *ABM Marketer* nunca é monótona, pois as suas responsabilidades são muito amplas.

2. Encontrar as pessoas certas para essa complexa função, que se situa na tríplice fronteira entre marketing, vendas e a conta, tem sido grande preocupação para as organizações, cada vez mais numerosas, que adotaram o ABM.

3. Você precisa de uma combinação poderosa de competências técnicas em marketing e de competências gerais em negócios para fazer o trabalho.

4. A avaliação de competências em ABM, da ITSMA, é um teste on-line que abrange todas as 50 competências necessárias, como insight da conta, estratégia da conta, propostas de valor sob medida, comunicações, colaboração transorganizacional, liderança, visão de negócios e estilo de trabalho.

5. Quando lançamos um olhar transverso sobre todas as competências do modelo, fica claro que os *ABM Marketers* são muito autoconfiantes em relação às próprias competências.

6. Uma das suas principais competências como *ABM Marketer* será gerenciar equipes compostas de pessoas de diferentes funções e formações, além das oriundas de agências externas – em especial quando se amplia a escala do programa.

7. Na seleção da melhor agência para ajudá-lo, promova um processo competitivo baseado em um bom *briefing* do projeto para as agências pré-selecionadas.

14 GERINDO SUA CARREIRA COMO *ABM MARKETER*

Neste capítulo, vamos ouvir as ideias e as opiniões de sete importantes profissionais de ABM: os nossos "Sete Sábios", se você preferir. Em conversas com cada um, perguntamos sobre os antecedentes dos melhores *ABM Marketers* com que tinham trabalhado, quais eram os salários e incentivos para os *ABM Marketers*, como manter-se atualizado na função de ABM, e o que fazer depois de ABM, para avançar na carreira.

Os conselhos que deram são igualmente aplicáveis tanto para um profissional de marketing executando ABM para uma conta, quanto para um profissional operando todo o programa ABM da empresa. Também são úteis para quem estiver pensando em tornar-se *ABM Marketer* e para quem estiver pretendendo contratar um *ABM Marketer*.

Embora grande parte dos conselhos deles seja anônima, para proteger a confidencialidade dos próprios programas de ABM e respectivas equipes, incluímos um pequeno resumo de cada "Sábio" neste capítulo, descrevendo o respectivo percurso rumo a ABM, a atual função deles e o principal conselho de cada um para novos *ABM Marketers*.

E terminamos este livro com a mesma pessoa que o abriu – com o Prefácio –, Dr. Charles Doyle. São dele as palavras de encerramento deste capítulo, que ilustram maravilhosamente para onde você pode conduzir a sua carreira em ABM. Ele exerceu duas funções globais como CMO, desde o seu trabalho pioneiro em ABM na Accenture, de início numa das mais influentes empresas de advocacia do Magic Circle, Clifford Chance, e, atualmente, numa empresa global de serviços imobiliários, a JLL.

De onde vêm os melhores *ABM Marketers*?

É difícil encontrar bons *ABM Marketers* e eles são disputados avidamente, pois seu portfólio de competências é extremamente raro. Deve ser alguém que fala a linguagem de vendas, que pode atuar como consultor de alto nível nas equipes de vendas e nas equipes de contas, e ao mesmo tempo que seja bastante humilde para sujar as mãos e executar campanhas.

Há uma clara vantagem em contratar alguém que já praticou ABM em outra empresa. Esses profissionais podem enriquecer a experiência na nova empresa, ou seja, começar logo a agregar valor. Como, porém, a comunidade ABM é tão pequena em todo o mundo, a maioria das empresas precisa fazer uma ampla e profunda busca para montar a própria equipe ABM.

Ampla experiência em marketing

Os profissionais são mais eficazes em ABM quando começam com vastos antecedentes em marketing. Os melhores *ABM Marketers* são os que já atuaram nas várias disciplinas de marketing e depois se tornaram profissionais de marketing generalistas, como os que cuidam de um setor de atividade. Devem ter sido quase mini-CMOs pelos próprios méritos, antes de se tornarem *ABM Marketers*.

São muitas as áreas que oferecem valiosas experiências. Por exemplo, começar na ponta de estratégia e planejamento do processo de marketing oferece ao *ABM Marketer* visão estratégica para perceber a interconexão entre cada *stakeholder*, a conta e o mercado.

Como pouquíssimas contas são imunes aos impactos das forças globais ou blindadas contra as tendências de outros setores, os *ABM Marketers* precisam imergir no mundo da conta e, também, considerar as peculiaridades e idiossincrasias que ocorrem em qualquer organização, como rivalidades ou politicagens interdepartamentais. Além disso, todas as contas são diferentes, mesmo que atuem no mesmo setor. Essas tipicidades exigem capacidade e experiência para reconhecer as semelhanças e as diferenças, levando sempre em conta essas variáveis.

Vivência em segmentação também é essencial, uma vez que a adoção de segmentos inadequados põe tudo a perder. Sempre tenha em mente, porém, de que segmentação no nível da conta é um pouco diferente de segmentação no nível de mercado. Os *ABM Marketers* precisam pesquisar para definir o direcionamento e posicionamento de cada segmento.

O exercício de função em *field marketing* também pode ser valioso, por envolver um extenso trabalho com as equipes de vendas, propiciando a compreensão da complexidade do ciclo de vendas e dos diferentes papéis que são desempenhados ao lado do fornecedor e da conta.

Na perspectiva de experiência mais especializada em diferentes aspectos de comunicações de marketing, os bons *ABM Marketers*, geralmente, demonstram no currículo boa experiência em Relações Públicas (RP), *expertise* digital e, cada vez mais, vivência e familiaridade com mídias sociais. Na realidade, RP é realmente uma boa base para o ABM, em parte por causa do foco no conteúdo, o que também é competência específica do RP. Os especialistas em RP, geralmente, são bons produtores de textos, sabem como fazer o tipo certo de perguntas e, também, são hábeis *storytellers*. Contar histórias para jornalistas, que é o que faz o pessoal de RP, é quase uma versão simplificada de ABM, por seus próprios méritos, pois não é preciso conhecer a publicação, o perfil dos leitores, os temas dos jornalistas e como eles querem consumir informação.

Compreensão de vendas

O ideal é que os *ABM Marketers* passem algum tempo em vendas, gerenciando uma equipe de vendas, trabalhando em apoio a vendas, ou atuando em outra função de vendas, pois essa experiência aguça a compreensão de como os vendedores pensam e falam. Afinal, quem compreende a linguagem, também é capaz de assimilar o que vendas está tentando realizar e quais são os seus desafios cotidianos. Sem essa sensibilidade, é impossível adicionar valor, e sem adicionar valor você não tem credibilidade e está condenado ao fracasso.

As pessoas que parecem avançar naturalmente em ABM realmente tendem a ter feito o dever de casa em qualquer função de vendas. A associação de experiência em vendas com *expertise* em marketing produz uma combinação muito poderosa.

O valor do marketing de parceiros

Alguns notáveis *ABM Marketers* vieram de funções de marketing de parceiros, porque aprenderam a lidar com a organização parceira como cliente. Aqui, também, se aplica a mesma filosofia de vendas: sentar-se com os parceiros todos os dias, elaborar planos de co-marketing, e compreender as dificuldades do parceiro, como se fosse uma conta ABM.

A importância das características pessoais

O ABM requer certo tipo de pessoas, capaz de angariar confiança com muita rapidez. Conquistar a confiança é uma questão tão importante para o sucesso como *ABM Marketer* porque é preciso impressionar desde o início o gerente de conta, como alguém que transpira segurança e merece crédito.

O que realmente faz a maior diferença, no entanto, talvez seja o grau de empenho em executar o trabalho. Você realmente deve ter a intenção de fazer bem o ABM, de cativar o cliente e de viver pensando em como reforçar o relacionamento.

O que não funciona

Quem não deve entrar em ABM? Aqui se incluem, geralmente, os profissionais de marketing que às vezes são descritos como "burocratas" enrustidos, em suas torres de marfim, que preferem focar em marketing de volume e operar na base de apresentações em Powerpoint e de planilhas de dados. Além disso, as pessoas vindas de agências de criação tendem a não se encaixar bem no contexto de ABM, por causa da necessidade de excelentes competências em gestão de projetos.

Como é a remuneração de um *ABM Marketer* comparada à de outras funções na área de marketing?

Na maioria das empresas, parece que os *ABM Marketers* recebem salário comparável com o de profissionais de marketing de mesmo nível em outras funções, sejam eles gerentes, diretores, diretores sênior ou vice-presidente. No mesmo nível, em diferentes funções, os salários são compatíveis em todo o grupo. É incomum criar uma escala de salários ou faixas salariais diferentes para os *ABM Marketers*. Lembre-se, contudo, de que os salários em ABM tendem a ser ligeiramente mais elevados, uma vez que as empresas preferem contratar *ABM Marketers* em nível gerencial ou superior, por causa dos requisitos estratégicos.

Isso faz sentido, quando se considera que os melhores *ABM Marketers* provavelmente trabalharam em várias disciplinas e especialidades de marketing, receberam várias promoções, e assumiram funções mais amplas, em âmbito setorial e regional. Ser capaz de relacionar-se com líderes de alto nível, em contas de grande porte, muitas vezes globais, requer o tipo de experiência que é remunerada com altos salários.

Basicamente, alguém com uma forte combinação de experiência em vendas e marketing, que inspira credibilidade imediata nas equipes de contas, deve receber um pacote de compensação que reflita o fato de se tratar de funções estratégicas, de alto nível, a serem remuneradas à altura de suas contribuições.

Qual é a melhor forma de incentivar e recompensar um *ABM Marketer*?

Este é, atualmente, um tópico polêmico. Inúmeros *ABM Marketers* argumentam que eles contribuem para o crescimento da receita de forma muito semelhante à das equipes de vendas ao cliente, sem receber as mesmas recompensas.

Por isso é que as empresas tentam evitar a criação de barreiras entre vendas e marketing, resultantes de diferentes esquemas de incentivos. É uma questão muito delicada. Se, por exemplo, um esquema de incentivos de ABM se alinha estreitamente com vendas, com base em metas de receita, enquanto o marketing está voltado para grandes avanços na construção de relacionamentos ou na gestão da reputação, é possível que surja uma desconexão desconfortável, que pode transformar-se em desestímulo para a consecução dos objetivos da conta.

Vale salientar, como diferença, que os *ABM Marketers* escolheram uma carreira de marketing, não uma carreira de vendas. Eles têm mais segurança no emprego do que o pessoal de vendas, que se sentem tão seguros quão bons tiverem sido os resultados dos últimos trimestres. Como os *ABM Marketers* nem sempre enfrentam esses riscos, pode ser difícil lidar com as recompensas da mesma maneira.

Assim sendo, o que as empresas fazem? Vamos dar uma olhada em algumas das formas como se lida com a questão.

Bônus baseado em conjunto de objetivos mais amplos que os de vendas

A sabedoria convencional diz que é melhor receber bônus de desempenho anual em ABM, ligado a vários objetivos, inclusive se a conta atingiu seus objetivos. Portanto, os *ABM Marketers* podem ser incluídos num plano de incentivos associado à conta, da mesma forma como os membros do time da conta, mas com ajustes nos critérios, ou KPIs. Os incentivos certos para os *ABM Marketers* devem estar associados à criação de valor duradouro para a conta. Até pode haver critérios de remuneração baseados na receita, mas também haverá métricas ligadas ao relacionamento com a conta, ao sucesso e à satisfação do cliente, por exemplo. Para um vendedor, trata-se de fechar a venda. Para o *ABM Marketer*, tem a ver com a criação de um ambiente para propiciar a venda.

É importante salientar que a mensuração confiável é crítica para a ligação dos incentivos e das recompensas aos resultados, área em que, segundo a pesquisa da ITSMA, as empresas sempre enfrentam dificuldade. Portanto, a avaliação criteriosa dos três resultados críticos de ABM – relacionamentos, reputação e receitas – é imprescindível. Não se trata de fechar o negócio no fim do dia.

Em situações de marketing de grandes concorrências – subconjunto do ABM - pode haver incentivos específicos para a equipe da concorrência, com a inclusão de *ABM Marketers*. Embora as empresas estejam começando a movimentar-se nesse sentido, esse ainda não é o padrão.

Reconhecimento é o principal propulsor

Nunca subestime o poder do reconhecimento. Os profissionais de marketing tendem a apreciar o reconhecimento, além de incentivos puramente financeiros. Eles querem ser vistos como bons executores, que ajudam a empurrar a empresa para a frente. Ouvir, por exemplo, a equipe de vendas elogiar o *ABM Marketer*, dizendo que sem eles não alcançariam os mesmos resultados, pode ser um incentivo poderoso.

Descobrimos que as empresas reconhecem os *ABM Marketers* de várias formas:

• Garantindo que os líderes reconheçam publicamente que os *ABM Marketers* estão contribuindo para as vitórias.
• Oferecendo oportunidades de treinamento especiais.

- Convidando-os para participar de iniciativas estratégicas ou de situações de trabalho em que todos podem interagir com a alta liderança.
- Oferecendo bônus pontuais, quando um *ABM Marketer* fez alguma coisa extraordinária em apoio aos objetivos da conta.
- Recompensas e prêmios.

Este último pode assumir várias formas. Na Juniper Networks, por exemplo, Raianne Reiss (ver entrevista na página 316) foi premiada com o *Challenger Award*, da empresa, por desafiar continuamente o *status quo* e procurar incessantemente maneiras de inovar, não receando encorajar as pessoas a pensar nas coisas de forma diferente. Andrea Clatworthy, da Fujitsu (ver entrevista na página 321), recebeu como prêmio uma viagem, com todas as despesas pagas, por conta do programa de incentivos a vendas, para recompensar sucessos notáveis.

Como os *ABM Marketers* se mantêm revigorados e evitam o esgotamento?

Os profissionais de marketing tendem a ser pessoas que se entediam facilmente. Gostam de ser desafiados o tempo todo. Amam conversar sobre uma nova conta e realmente se aprofundar, gerindo o cliente com base em todo o trabalho investigativo prévio. Lidar com a conta, porém, pode ser um trabalho muito intenso. Os *ABM Marketers* frequentemente estão no centro de tudo, sob vários aspectos. São multitarefa, inclusive trabalhando com a alta liderança, focando em problemas estratégicos, lidando com o time da conta e engajando-se em relacionamentos estreitos com a conta. Portanto, estão sujeitos à síndrome de *burnout* (esgotamento físico e mental intenso), em especial ao trabalharem com as contas maiores.

O consenso entre os membros do *ITSMA Global ABM Council* é que há o perigo de *burnout* entre os *ABM Marketers*, depois de dois anos. Assim sendo, como manter-se vigoroso no decurso e depois desses dois anos? Existem várias formas.

Ter várias contas

A maneira mais simples é garantir, como *ABM Marketer*, ter poucas contas hiperativas, uma vez que as contas, com muita probabilidade, estarão em diferentes estágios de atividade, alguns no modo planejamento e outros no modo de campanha intensa, por exemplo.

Fazer rodízio na distribuição das contas

As contas entram no programa ABM com o compromisso de permanecerem por um período de 24 a 36 meses. Portanto, mudar com frequência a alocação dos *ABM Marketers* por conta é providência saudável. Essa rotatividade dá aos *ABM Marketers* a oportunidade de desenvolver *expertise* em novo setor industrial ou de lidar com outras pessoas, em toda a organização, que lhes oferecem diferentes perspectivas. A mesma situação também ocorre com vendedores que talvez tenham tido grande sucesso com a mesma conta, durante vários anos, mas que precisam de uma pausa para não ficarem maçantes.

Promover dentro do programa ABM

Em algum momento, será oportuno ampliar o escopo das atribuições do *ABM Marketer* para evitar o perigo da função tornar-se repetitiva demais. Os indivíduos capazes gostam de resolver novos problemas e de enfrentar novos desafios. Aí se incluem a incumbência de algumas atribuições, em bases mais amplas, fora da equipe; o desenvolvimento de novas competências para dirigir uma futura equipe ABM; ou o exercício de algumas funções de marketing em outras verticais. Os *ABM Marketers* mais experientes podem desempenhar papel ativo no apoio ao desenvolvimento profissional de colegas menos experientes.

Envolver-se com outros fluxos de trabalho

Os *ABM Marketers* almejam agregar valor, ao mesmo tempo que apreciam a variedade. Envolver-se com outros grupos os mantêm interessados, os conectam à rede e lhes dá a oportunidade de fazer alguma coisa fora da rotina de trabalho. Pode ser alguma coisa como lidar com o fato de que o escritório de projetos (EGP) precisa ser reorganizado e reforçado. Ser capaz de enfrentar esses problemas e trabalhar neles com outras pessoas, fora da rotina de trabalho, aumenta a variedade almejada pelos *ABM Marketers*.

Investir em desenvolvimento profissional contínuo

Pense no seu desenvolvimento profissional como *ABM Marketer*. Em quais áreas é necessário aprimorar ininterruptamente suas competências? Certifique-se de estar lendo sobre temas relevantes nas mídias certas, mantendo-se atualizado sobre as tendências emergentes, ciente das novas agências no contexto, e esclarecido sobre as novas tecnologias.

Alavancar a tecnologia

Se você descobriu alguma automação de marketing que facilitará o seu trabalho, elabore o caso de negócio certo para adotá-la em sua organização ABM. Essa atualização é importante em todas as áreas de marketing, mas se aplica, em especial, à função frenética e estressante do *ABM Marketer*, que, na essência, atua como CMO, com menos recursos e prerrogativas.

Assumir um projeto temporário

Como *ABM Marketer*, ao sentir-se desanimado, talvez faça grande diferença passar algum tempo trabalhando no cliente que você vinha apoiando. Isso o ajuda a encarar o cliente sob nova perspectiva, depois de vê-lo pelo lado de dentro. Também abre novos planos de carreira, como funções de interface com o cliente. E, se essas ideias forem simplesmente inviáveis, considere um projeto temporário, em outra função de interface com a conta, como vendas, gestão do cliente ou entrega.

Gerenciar a sua saúde

Melhore a sua dieta. Exercite-se com regularidade. Medite. Aproveite integralmente o seu direito a férias. Essas recomendações talvez pareçam óbvias, mas os melhores *ABM Marketers* continuam à frente do jogo, mantendo-se em boa forma.

O que vem depois do ABM?

Você talvez seja um dos *ABM Marketers* mais experientes da equipe. Embora a disciplina ainda seja muito incipiente para dizer-lhe com segurança o que virá em seguida, acreditamos que ela ofereça numerosos planos de carreira para o profissional de marketing.

Progredindo como ABM Marketer

Os *ABM Marketers* podem começar com uma conta simples e avançar para uma conta mais complexa. Algumas dessas organizações são realmente globais e têm várias marcas. Embora, para o *ABM Marketer*, seja fisicamente impossível abarcar todo o negócio, é preciso compreendê-lo para saber onde focar. Isso exige uma abordagem mais ampla para a geração de insights do que a atuação numa conta local, razoavelmente regionalizada, na qual é bastante fácil compreender o que está acontecendo e chegar às pessoas certas, na hora certa, com as suas mensagens. Você também pode assumir a posição de gerenciar uma ou mais equipes menos experientes.

É bem possível que você descubra que tenha demanda pelo seu programa de ABM bem-sucedido, a ser replicado em outra área do negócio, uma vez que poucos programas de ABM começam em âmbito global. As empresas, cada vez mais, estão construindo centros globais de *expertise* em ABM, e, geralmente, estão interessadas em expandir o que deu certo em uma região para outras partes do mundo. Em última análise, você talvez se veja liderando um programa global de ABM para a sua empresa, na equipe de liderança de marketing e vendas.

Assumir uma função de liderança de marketing

Os *ABM Marketers* podem tornar-se *marketers* setoriais, levando seus conhecimentos para um mercado vertical ou uma unidade de negócios, em âmbito internacional. Outro caminho é para o marketing central, em especial na área de gestão de produtos, uma vez que você já demonstrou a sua capacidade de trazer para a empresa a voz polifônica do cliente. Essa alternativa pode ser canalizada para o desenvolvimento e mapeamento de propostas para as ofertas da empresa.

Na verdade, os *ABM Marketers* são extremamente flexíveis para exercer outras funções de marketing, por compreenderem em profundidade o processo de vendas e as contas estratégicas. Muitos *ABM Marketers* são recrutados internamente para posições de liderança em outras áreas de marketing, em razão de suas experiências e seus insights valiosos.

Tornar-se CMO – Chief Marketing Officer

Assumir uma função de CMO seria um plano de carreira lógico, já que você acumulou essa multiplicidade de experiências, que estão sendo aplicadas em nível muito micro. Por exemplo, você poderia tornar-se CMO de um negócio regional ou de uma unidade de negócios em sua empresa, ou trabalhar numa empresa menor onde ficaria no topo.

Transferir-se para gestão de clientes

Uma alternativa, sem dúvida, é a gestão de vendas e clientes. A remuneração pode ser atraente, e alguns *ABM Marketers* talvez sejam vendedores de coração. Pode ser que, de início, tenham sido atraídos para marketing e ABM, mas depois se dão conta de que são, no fundo, vendedores.

Outra escolha é a operações de vendas, as vendas em si não forem tão fascinantes. Essas funções atuam como suporte às equipes de vendas e aos ciclos de vendas. Depois de passar algum tempo em ABM, você passa a compreender com muita abrangência ambas as áreas. Outra função é atuar em atividade de suporte, em um programa de *key account* ou em um programa de *strategic account*. Não se deixe enganar pela palavra "suporte", já que podem ser funções de alto nível e um próximo passo ideal.

RAIANNE REISS, *Marketing Director,* **Juniper Networks**

Contato: @RaianneR,
https://www.linkedin.com/in/raianne/

- *Juniper Networks' CMO Challenger Award 2015*, por desafiar continuamente o *status quo* e por impulsionar a inovação.
- *ITSMA Diamond Award for Account-Based Marketing.*

Meu percurso rumo ao ABM

No começo da minha carreira, percebi que a minha mentalidade de marketing era diferente da de outras pessoas ao meu redor. Qualquer que fosse a empresa ou função, eu sempre tive recursos limitados – apenas orçamento, pessoas e tempo para me virar. Por necessidade, tive de questionar a mim mesma: "Como concentrar esses recursos limitados nos lugares certos para gerar o máximo de impacto?" Meus colegas estavam falando em marketing de volume, do tipo número de *leads*, número de participantes, número de downloads, e assim por diante – com a esperança de que uma porcentagem desse volume fertilizaria e geraria resultados. Eu queria mais certeza de que as minhas apostas seriam bem-sucedidas, e foquei meus recursos em marketing altamente direcionado para as contas e *prospects* que tinham maior propensão a comprar. Usávamos termos como marketing de guerrilha, para descrever essa abordagem, que se transformou na regra 80:20, e que hoje denominamos ABM.

No modelo *business-to-business*, sabemos que 80% dos negócios são oriundos de 20% dos clientes; portanto, o sucesso depende da eficácia com que apoiamos essas poucas contas. Essa premissa ainda é mais aplicável nas empresas de tecnologia, em que geralmente temos uns poucos clientes que definem as estratégias, as táticas e grande parte da receita. Alguns clientes podem gerar mais receita do que toda uma vertical. Raramente, porém, pensamos em nossos maiores clientes nesses termos. Como líder de marketing sempre orientei as minhas organizações a identificar os 20% e a garantir que os atendíamos da forma adequada, bem antes de alguém usar o termo ABM. Lembro-me de participar, anos atrás, de um curso da ITSMA – acho que foi o primeiro – intitulado "Introdução ao Account-Based Marketing". Jamais tinha ouvido esse termo antes, mas o título repercutiu em minhas ideias. Ao me sentar na primeira aula, pensei: "Essas pessoas me compreendem". Eu vinha pregando o evangelho do marketing de guerrilha desde o início da minha carreira e agora eu tinha um *framework* para tudo aquilo.

Conselho para novos *ABM Marketers*

Meu conselho a pessoas interessadas em seguir carreira em ABM é buscar posições tão próximas quanto o possível do cliente. Para ser bem-sucedido em ABM, é fundamental pensar como vendedor, compreender o que os vendedores estão tentando alcançar e falar a linguagem de vendas. Para desenvolver essas competências, é necessário passar algum tempo como vendedor ou em função de apoio a uma equipe de vendas. O *field marketing* e o marketing de parceiros geralmente oferecem ótimas oportunidades a quem quer seguir carreira em ABM.

DOROTHEA GOSLING, *ABM & Pursuit Marketing,* Centre of Excellence Lead, CSC

Contato: @DoroGosling, https://www.linkedin.com/in/dorogosling/

Meu percurso rumo ao ABM

Não planejei minha carreira em ABM. Com essa ressalva, reconheço que talvez eu tenha sido agraciada com alguma epifania precoce, já que, como parte de meu curso de graduação, optei pelo o que era então denominado marketing de bens de capital, como uma das minhas disciplinas de especialização, e a outra foi gestão da produção.

No começo da década de 1990, dediquei-me ao marketing de TI, na Alemanha, vibrando com o ritmo acelerado e a cultura avançada da indústria, e com o valor adicionado que a TI oferece aos indivíduos e às empresas. Quatro anos depois, eu estava dirigindo marketing no Norte da Europa, África, Índia e Oriente Médio para a Mocrografx. Depois de um breve intervalo, em que tentei uma versão de *The Good Life,* voltei ao TI, ingressando no Grupo European Financial Services (FS), da CSC.

De início, trabalhei no European FS Legal Counsel; depois, passei algum tempo com um líder de vendas, ajudando a construir um programa de *key-account.* Em seguida, retornei ao marketing, de início como RP e relações com analistas; depois, assumi funções em marketing de produto e trabalhei como *webmaster* da FS, em âmbito global. Sou generalista de coração, e, mesmo assim, um pouco *geek,* meio excêntrica e amante de tecnologia.

No começo de 2004, eu estava atrás de desafios mais ousados e de crescimento mais acelerado da carreira. Um mês depois, essa oportunidade se apresentou, quando a CSC começou a procurar um líder de marketing e comunicações bilíngue, para um cliente suíço que estávamos tentando conquistar. Serviços de TI terceirizados e comunicações de transformação eram áreas novas para mim, mas tive a sorte de exercer a função para um cliente global da CSC, em Zurique, durante vários anos, trabalhando e aprendendo com pessoas fantásticas, tanto da CSC quanto do cliente, tornando-me especialista em empreendimentos realmente grandes.

Em 2013, com a transformação da CSC, surgiu outra oportunidade: dirigir o Global ABM Centre of Excellence da CSC. Hoje, estamos ampliando e sintonizando nosso programa com a estratégia dos clientes e com o desenvolvimento do mercado, e o ABM continua em evolução.

Conselho para novos *ABM Marketers*

Se surgir a oportunidade para tornar-se *ABM Marketer*, agarre-a! Esse é, provavelmente, um dos melhores trabalhos em marketing, atualmente. Mas não espere balas de prata. O trabalho é árduo e não há atalhos. O insight do cliente deve ser o cerne do seu programa ABM, e é preciso compreender a atividade de vendas e falar a mesma linguagem de vendas, para ser eficaz. E por fim, nunca pare de aprender!

ANDY PEDACK, Relationship Marketing Director, Worldwide Integrated Solutions, Marketing, Microsoft Services

Contato: @andy_pedack,
https://www.linkedin.com/in/andypedack/

Meu percurso rumo ao ABM

Interessei-me por ABM como uma extensão necessária da nossa abordagem de como engajamos nossos principais clientes. Achei que isso seria muito relevante em nosso negócio de serviços, na medida em que já é, sob certo aspecto, uma função de reforço para a nossa empresa, focada em ajudar os clientes a extrair o máximo de nossas tecnologias. Em um mundo prioritariamente de computação na nuvem e de computação mobile, precisamos cada vez mais de uma conversa conectada com o cliente, voltada para os resultados almejados, ou resultados de negócios. Portanto, o alinhamento contínuo de tudo com o cliente é importante: entrega alinhada com o cliente, vendas alinhadas com o cliente e marketing alinhado com o cliente.

O ABM tem sido um próximo passo natural para muitos de nossos engajamentos com o cliente, mesmo sem dizer formalmente "aqui está o nosso plano de Account-Based Marketing". Incorporamos, cada vez mais, princípios de ABM na forma como, na condição de profissionais de marketing, planejamos para as nossos times de conta e com eles nos engajamos, para ampliar nosso relacionamento com o cliente.

Acho que uma das coisas que me ajudou rapidamente a apreciar e a adotar o ABM foi minha experiência como gerente de produto da Onyx Software, importante empresa de gestão do relacionamento com o cliente (CRM), na época. Na Onyx, cultivávamos a visão de 360º do cliente, integrando os pontos de contato com o cliente numa experiência de marca coesa, e automatizando tudo isso com o software que estávamos desenvolvendo na época. Essa foi a base de tudo o que fiz ao longo da carreira, em termos de manter esse foco estreito no cliente e nos processos de negócios e funções que representam os pontos de contato com o cliente.

Conselho para novos *ABM Marketers*

Comece perguntando-se: "Será que conto com a adesão dos executivos e com o apoio da alta liderança para promover a colaboração entre marketing e vendas em minha função?" Caso a resposta seja positiva, ótimo, você já obteve o estatuto para impulsionar a integração inerente ao ABM.

Do contrário, e se você já estiver tentando dar o pontapé inicial, acho que é importante manter o equilíbrio, para não extrapolar sua atual descrição de cargo. Prefira, isto sim, torná-lo uma extensão do que você já está fazendo, com alguma experimentação, para demonstrar o valor do negócio.

Certifique-se de escolher os parceiros certos para essa experimentação, para ajudá-lo a conquistar vitórias desde cedo e a desenvolver os pontos de prova certos. Aprendi com a minha própria experiência a importância de parcerias internas sólidas, ampliando os limites do possível em áreas como executar o conteúdo de marketing de outra forma. É preciso definir como é o sucesso e conseguir fatos positivos, objetivos e concretos, para oferecer aos *stakeholders*. Ambos são necessários e acho importante lembrar-se disso.

Outra iniciativa possível é promover o ABM internamente, por meio de uma campanha de liderança de ideias, apresentando artigos especializados, de fontes confiáveis, como a ITSMA, para ajudar a demonstrar o impacto para o negócio, fornecer orientação prática, e ajudar na criação de expectativas.

ANDREA CLATWORTHY, *Head of Account-Based Marketing,* **EMEIA, Fujitsu**

Contato: @clatworthya,
https://www.linkedin.com/in/andrea-clatworthy-009133/

Meu percurso rumo ao ABM

Comecei minha carreira em marketing na Logica (agora CGI), antes de ir para a Fujitsu, em 2010. Eu me interessei pelo que chamamos de ABM muito cedo, porque éramos membros da ITSMA, quando ela o lançou. Meu chefe, na época, empenhava-se muito em que a equipe dele se mantivesse atualizada sobre as novas tendências em marketing.

O que mais me lembro de meu treinamento em ABM, na ITSMA – por volta de 2003 –, é o que denominamos *"framework* cebola". Nele, o cliente se situa no centro, com dois anéis de influenciadores ao redor. A ênfase no pensamento sobre os clientes, em conhecê-los, e, então, em compreender como consomem informação, me entusiasmou pelo ABM.

Antes de mergulhar de cabeça no ABM, trabalhei nos mais diferentes países e nas mais diversas áreas, principalmente no marketing de setor, não no marketing de portfólio, mas minha paixão por compreender as necessidades do cliente sempre foi intensa. Essa característica alimentou minha atração por ABM, porque, depois de compreender o cliente, tudo mais fica fácil. Ao longo dos anos, passei muito tempo convencendo os colegas a não dizer "compre esse serviço", mas, sim, a facilitar para o cliente a compra do que queremos vender-lhe, porque, assim, estamos falando a linguagem dele e atendendo às necessidades de seus negócios.

Conselho para novos *ABM Marketers*

Meu primeiro conselho é selecionar as contas com muito cuidado. Talvez a sua fatia hoje seja pequena e você veja potencial de crescimento. Talvez os responsáveis de hoje não estejam totalmente entrincheirados e você tenha algo a oferecer aos clientes que os levarão a comprar de você. Isso é um insight importante. Mas o processo paralelo que você precisa percorrer é considerar o time da conta com que você vai trabalhar. O ABM consiste basicamente em levar vendas e o marketing a trabalhar juntos. Se as equipes de vendas não compram o ABM, por qualquer razão – não querem incomodar, receiam aborrecimentos, não aceitam intromissões, temem ser substituídos, não valorizam o marketing, tudo isso – se há algum tipo de desconexão entre os *ABM Marketers* e o time da conta ou a equipe de vendas, a ideia não funcionará.

O importante é selecionar o cliente certo, que tem potencial para a organização, e saber que você tem a equipe certa, com a qual é possível colaborar. Nesse caso, você está diante de alguma coisa que pode ser maravilhosa. Se, porém, um desses requisitos não estiver presente, o fracasso é inevitável. O que ninguém quer.

Uma última observação: o ABM não é para corações fracos!

ERIC MARTIN, *Vice President*
Marketing SAP North America

Contato: @myfavemartin,
https://www.linkedin.com/in/ericmartinsap/

Meu percurso rumo ao ABM

Minha formação foi em marketing B2B, principalmente no espaço de software corporativo, em grande parte na SAP. Muitas de minhas funções consistiam em trabalho de campo. Minha primeira experiência com o ABM foi há mais de uma década, quando eu estava na Deloitte Consulting, e alguns de meus colegas estavam desenvolvendo programas de ABM para muito poucos clientes. Não trabalhei diretamente no projeto, mas participei de algumas sessões com muito interesse e apreciei o que estavam fazendo.

No começo de 2015, tive a oportunidade de assumir a função de líder do escritório do programa de ABM, na SAP North America. Meu antecessor foi para uma função diferente na SAP, e, quando soube da vaga, agarrei a oportunidade, pois percebi que o ABM podia exercer impacto significativo em nossa empresa.

Conselho para novos *ABM Marketers*

Meu primeiro conselho é tanto para quem está começando, quanto para quem está na função há muito pouco tempo. Leia o máximo possível sobre o assunto, de ampla variedade de fontes. Para o novato, a leitura lhe permite pegar velocidade rapidamente na área. Para alguém que já exerce a função, mas ainda tem pouca experiência, esse recurso lhe oferece novas perspectivas e uma visão externa, que podem inspirar novas ideias. O campo está evoluindo com tanta rapidez, que é preciso manter-se atualizado, em avanço constante, para não cair.

Olhe para fora, mire em organizações como a ITSMA, tanto quanto possível. A quantidade de publicações é enorme, além de *webcasts* regulares e conferências sobre ABM. É claro que você precisa consumir todas essas informações com muito pensamento crítico e alguma triagem cuida- dosa, de modo a aproveitar apenas o conteúdo confiável e adequado.

Também tenho um conselho para o gerente de um novo *ABM Marketer*. Entretanto, o fato de que a beleza do ABM esteja na customização e na natureza personalizada das ofertas para cada cliente, nós, como gestores, devemos construir padrões, desenvolver abordagens programáticas e abrir atalhos, para impulsionar os novatos a acelerar com rapidez na forma como praticamos o ABM na nossa organização e no uso das ferramentas que lhes oferecemos. Isso os ajudará a imaginar as primeiras vitórias e a angariar credibilidade na função.

JULIE A JOHNSON, *Executive Director of Markets and Accounts,*
KPMG LLP

Contato: https://www.linkedin.com/in/julieajohnson2/

Meu percurso rumo ao ABM

Trabalho na KPMG há quase nove anos e participei da nossa evolução em Account-Based Marketing desde o início, mais ou menos quando ingressei na empresa. Antes, eu fui vice-presidente de Marketing de uma empresa de serviços profissionais, voltada para o setor de assistência médica. Comecei na KPMG gerenciando a região oeste da América do Norte, na equipe de *field marketing*, que hoje tem cerca de 140 pessoas.

Na época, o sócio que liderava marketing dirigiu-se a todos nós, líderes de marketing, e disse que deveríamos adotar uma abordagem mais Account-Based, em vez de trabalhar de forma aleatória. Assim, passamos por um exercício um pouco exaustivo de gestão da mudança, sob a orientação de uma empresa de consultoria externa, de modo a redirecionar toda a nossa energia para Account-Based Marketing e gestão do cliente. Participei intensamente de tudo isso porque tinha antecedentes em gestão da mudança. Essa transformação acarretou a redefinição de funções e atribuições, inclusive novas descrições de cargos e entrevistas de pessoas para posições de Account-Based Marketing. As pessoas teriam o conjunto de competências para fazer a transição de profissionais de marketing generalista para *ABM Marketer*, de modo a focar em cada conta? Identificamos as pessoas capazes de fazer a transição, e transferimos as outras para tipos de atribuições mais relacionadas com serviços compartilhados.

Nos últimos quatro a cinco anos, evoluímos para o foco intenso em cada conta. Em alguns anos, eu também fui designada para clientes, uma vez que me tornei responsável pelo *field marketing* de todas as equipes. A carga revelou-se excessiva: eu simplesmente não tinha condições para apoiar as contas, sob o peso da responsabilidade de gerenciar todas as equipes, e agora estou muito mais envolvida em impulsionar o trabalho da organização e em supervisionar nossa metodologia.

Será que eu posso dizer que passei a atuar como *ABM Marketer*? Na verdade, não. Apenas participei do redirecionamento da nossa trajetória como empresa, ajudando a chegar aonde estamos hoje, o que é, em grande parte, Account-Based.

Conselho para novos *ABM Marketers*

Saliento esse aspecto o tempo todo: o cerne de tudo é o foco implacável em compreender os problemas da conta, assim como a perseverança obsessiva em questionar o que fazemos como empresa, e realmente levar essa ideia para o cliente. Acho que essa atitude é crítica, e não importa que você a esteja assumindo pela primeira vez ou já a venha praticando há 10 anos, essa concentração intensa é fundamental.

Nesse ponto é que nosso pessoal realmente pode se diferenciar, ao se sentar com as equipes de engajamento. Os times de conta estão tão ocupados, tão imersas no trabalho, cumprindo as tarefas do dia a dia, todos os dias, que geralmente carecem de visão ampla de tudo o que está acontecendo no cliente, ou tudo o que está ocorrendo em nossa empresa, que pode ser levado ao cliente.

Insisto em que as pessoas demonstrem esse foco e essa perseverança logo no início, o tempo todo. Agindo assim com a conta, não importa qual seja o seu nível ou título, você será visto como alguém que está contribuindo com valor de verdade.

DR. CHARLES DOYLE, *Group Chief Marketing and Communications Officer*, JLL

Contato: @CJADOYLE, https://www.linkedin.com/in/dr-charles-j-doyle-477788

Meu percurso rumo ao ABM

Comecei como acadêmico, completando um doutorado sobre Corrupção Legal na época da Revolução Francesa. Ponto de partida estranho para um CMO! A falta de oportunidades acadêmicas sérias e permanentes no Reino Unido levaram-me ao

Serviço Público Civil britânico, na Atomic Energy Authority (AEA) do Reino Unido. Por causa da privatização, o setor de fornecimento de energia elétrica estava mudando drasticamente, e eu tive de encontrar usos comerciais para algumas das tecnologias nucleares disponíveis, como *lasers* industriais e aplicações espaciais, como vias de acesso a diferentes tipos de mercados e de compradores. Assim, aprendi relativamente rápido sobre a entrada em novos mercados, e fiz vários cursos excelentes, para aprender muitas técnicas diferentes de marketing.

Enquanto eu estava na Accenture, percebi que tínhamos de melhorar nosso marketing setorial, compreendendo com muito mais profundidade cada conta dentro dos setores, em vez de somente conhecer de forma abrangente os setores em si. Constatei que a abordagem *business-to-business* ao marketing setorial tradicional era limitada. Seria sempre difícil ser considerado "*expert* setorial" se a empresa de serviços não fosse, efetivamente, parte do setor-alvo. Além disso, era claro que, mesmo dentro do setor, apesar das dinâmicas competitivas semelhantes, cada *player* setorial era diferente. Em outras palavras, precisávamos compreender o cliente com muito mais profundidade, em vez de simplesmente analisar as "tendências setoriais", a fim de descobrir mais oportunidades.

Meu estudo de história havia me conferido compreensão e apreciação do papel que as diferenças culturais desempenharam na ascensão dos estados-nação, e parecia natural aplicar essa segmentação de diferentes grupos internos dentro de cada cliente, para compreender cada um deles com mais profundidade e abrangência. Eu percebia a importância de ter consciência dessa interconexão entre o individual, o institucional e o mercadológico. Afinal, no âmago do marketing centrado no cliente, ou do que agora chamamos de ABM, encontra-se pesquisa profunda sobre como pessoas e organizações reagem dentro das instituições, e como ambos são afetados pela dinâmica do mercado. Nenhum aspecto é totalmente independente do outro.

Desenvolvi esse conhecimento em minha posição seguinte, como global *Head of Business Development and Marketing*, na Clifford Chance, uma das empresas de advocacia do Magic Circle, onde lançamos a prática de seminários para os clientes – geralmente nos fins de semana! Em minha atual função como CMO da JLL, empresa global de serviços imobiliários, tentamos trabalhar com os nossos clientes em âmbito global, de forma completa, integral, pensando conforme o estilo de trabalho dos clientes, em vez de com base em nossa estrutura regional interna, para entregar o melhor da JLL, em todos os lugares.

Conselho para novos *ABM Marketers*

Aprendi o ABM no trabalho, mas aproveitando o excelente treinamento oferecido pelas empresas e aplicando técnicas acadêmicas adequadas. Isso me manteve em boa forma. Você talvez esteja querendo entrar em ABM e dominar a disciplina, logo de início, para maximizar seu potencial profissional. O trabalho exploratório e pioneiro sobre o seu impacto já foi feito em grande parte; portanto, não deixe de usar o *corpus* de conhecimento já existente. Ao começar, adote uma estratégia quase militar: ocupe as áreas estratégicas elevadas, mesmo que enfrente pressões para executar tarefas práticas para a força de vendas. Sem ocupar as terras altas, você estará condenado a ser um operador tático para os vendedores. A oferta de valor duradouro ao cliente e o desenvolvimento de relacionamentos sólidos com a conta – e a lealdade contínua entre as partes – depende disso.

Seu checklist de ABM

1. Os bons *ABM Marketers* são raros, precisando de ampla vivência em marketing, conhecimento e experiência de vendas, e as soft skills para angariar confiança no time da conta, rapidamente.

2. Os salários em ABM, embora em faixas compatíveis com os de outras áreas do marketing, tendem a ser mais altos, simplesmente porque ABM exige pessoas com mais experiência.

3. Os incentivos oferecidos aos *ABM Marketers* são geralmente mais amplos do que os concedidos a vendedores, sendo assim os *ABM Marketers* são incumbidos de criar valor duradouro para a conta, influenciando relacionamentos, reputação e receita.

4. Reconhecimento não financeiro, como o agradecimento do pessoal de vendas pelas contribuições de ABM, é uma forma importante de motivar e recompensar os *ABM Marketers*.

5. Para manter-se eficaz numa função de ABM, depois de dois anos, faça rodízio das contas, busque outras iniciativas em que colaborar, invista em autodesenvolvimento e procure gerenciar e treinar os *ABM Marketers* menos experientes da equipe.

6. Várias oportunidades o aguardam, quando você estiver disposto a deixar o ABM, desde funções de vendas, passando por liderança de marketing e chegando a CMO.

ÍNDICE

Nota: *Itálicos* indicam Figura ou Tabela no texto.

ABM, modelo de adoção do, da ITSMA, 110–141
  aumento de escala 117, 130–131, *132*, 133–134
  checklist 135
  construção 116–117, 81–84
  estágios 116–117
  experimentação 116, 117–122, 123, 133
  drivers 117–119, 122–123, 125–127, 130
  padronização 117, 126–129, 134
  pontos de perigo potenciais 133–134
  pré-requisitos 115–116
ABM Estratégico 46, 48–50, 75, 139, 142–159
  auditoria de mercado 145–147, *147*
  campanhas 233–244
  checklist 216
  comportamento do comprador 147–149
  contexto do cliente 145–146, *146*
  desafios 246
  entrevista com as equipes de venda e da conta 150–151
  entrevistas de percepção 145, 146, 159
  equipe 119–120
  estudo de caso 153–156
  exemplo de campanha 244
  financiamento 75
  fontes de informação 149–158
  fontes de pesquisa secundária 149–150
  guia de entrevista com o cliente 153
  Inteligência do cliente 142, 143
  kick-off meeting 143, 159
  métricas 269
  pesquisa primária interna 150–153
  PESTEL 146

posicionamento como iniciativa de negócios 66–69
  principais elementos 56–57
  processo de pesquisa *149*
  retorno do investimento (ROI) 50
  táticas 234–235, 241, 242
ABM Lite 50, *75*, 131, 139, 141, 249
  desafios 246
  métricas 269, 270
  perfil dos *stakeholders* 192–193
  táticas *233*, 240, *242*
ABM Marketer 135, 306–309, 327–328
  atribuições 286
  características pessoais 309
  catalisador 254, 255
  checklist 305
  cocriador 255, 256
  colaboração transorganizacional 297, *298*
  como facilitador 258–259
  soft skills 294
  competências 287–288, *288*, 305
  comunicações 295
  conhecimentos e competências 127–128
  conquistar confiança 309
  estilo de trabalho 290, *291*, 292
  experiência em marketing 307–308
  forças/fraquezas 289–290
  função na equipe de vendas ao cliente 254–256, 263
  gestão da carreira 306–328
  insights estratégicos 294–295
  integrador 255, 256
  inteligência da conta 290–293
  inteligência de mercado 290–293
  liderança 297, 315
  o que não funciona 309
  objetivos 285, 311
  planos de carreira 287, 288, 314–316

prevenção do esgotamento 312–314
reconhecimento 311–312
relacionamento com a conta 293–294
salários 327
visão de negócios 296, 297
ABM Programático 46, 51, 75, 133, 141
métricas 269
personas de comprador 194
táticas 234, 242, 243
Accenture 15, 16, 31, 39, 40–42, 326
account-based marketing (ABM) 15
aceleração da receita da empresa 249
adequação para a organização 47–51
benefícios 36
checklist 54–55, 76, 93, 109, 135, 159, 176,
193–194, 216, 244–245, 263, 280, 305,
327–328
círculo virtuoso *111*
como iniciativa de mudança da empresa
34–35, 247, 248
construção das fundações certas 56–76
cross-selling/upselling 47, 65–66
definição 15, 31, 34–39
desafios *75, 114*
desenvolvimento de novas contas 47, 66
equívocos comuns sobre o ABM *38*
escolhendo a estratégia adequada *49*
evolução de 39–47
drivers da mudança 33, 142–159
fundamento 31–55
história 43
iniciativa de mudança da empresa 35, 247,
248
jogando para as necessidades da conta
160–177
modelo de adoção 110–135
mudando percepções/posicionamentos
47, 65
necessidades de negócios *112*
novas oportunidades 47, 65–66
objetivos do 65–66
orçamento/financiamento 73–75, 76, 266
personalização 222–230
pré-requisitos 115–116
processo de sete passos 139, 140
programa 249
ROI *32*, 47, 70, *72*, 75, 264–267, 273, 280
seleção da conta 94–109
timeline 44–45

tipos *46*
vendas e 38, 160, 246–253
ver ABM Lite, campanhas integradas, ABM
Programático, ABM Estratégico
Actors in Industry 294
agências 297–304
entrevista 297–299
padrão de resumo de campanha 302–303
padrão de resumo de pesquisa 301
seleção 302, 303
tipos 302
agile 260–261, 263
apresentação 259
facilitação *versus* apresentação *260*

Barrett, Peter 104
Black & Veatch 32
Blakesley, Neil 87–88, 167, 122, 171
BT 42
estudo de caso 166–176
Key Account Marketing (KAM) programa
167, 171–173
Buyer Persona Institute 192

Cambridge Service Alliance 187
Campanhas ABM integradas 217–245
ABM Estratégico 234, 239, *240*
ABM Lite 240–242
ABM Programático 242–243
armadilhas *230*
blogs 243
características 217–218
checklist 244–245
conteúdo personalizado 222–230, 244
definindo o público 220–222
dias de inovação 234–235
e-mail marketing 241, 242
estudo de caso 177–78
eventos de negócios privativos/internos
239
execução 246–263
fontes de informação para os compradores 221
IP reverso 242–243, *243*
liderança de ideias 226–228, 234, 245
mala direta 242
modelo de relacionamento com o comprador B2B *223, 225*
objetivos 244

omnichannel 230–233
padrão de resumo de campanha 305
planejamento 233–240
planos de engajamento de executivos 241,
242
reuniões *one-to-one* 233, 240, 242
SMART, objetivos 218–219
storytelling 229, 245
vídeos/podcasts 241
visualização 244
campanhas
ver campanhas integradas
Cisco 32
Clatworthy, Andrea 57–64. 321
Cognizant, estudo de caso 235–238
comportamento do comprador 147–149
conteúdo para influenciar 225
formatos preferidos 228
CRM (customer relationship management)
84, 85
automação de marketing 85
clientes 78–85
digital ads 84
mapeamento para atividades ABM *79*
mídias sociais 84
plataformas 80
propostas de valor 83
resultados do uso 84–85
site/personalização do conteúdo 83–84
CSC 318

Doyle, Dr. Charles 39, 40–42, 285, 309,
325–327

Entrevistas de percepção de ABM 140, 145
Escritório de Gestão do Programa (EGP)
70, 128–129
funções 70

facilitação 259, *260*
apresentação *vs.* 260
Fitzmaurice, Richard 168, 171
Frank, Malcolm 243
Fujitsu 31, 42, 312
estudo de caso 57–65, 104–109, 246
mapeamento de setores industriais *107*

Gartner and Forrester 188
GE 96, 165

gestão do projeto 257–259, 263
comunicação 259
métricas de desempenho 259
patrocinador 257
grupo consultivo 258
grupo de trabalho 258
globalização 15, 33
Gosling, Dorothea 88, 318–319
governança 28–29, 86–87
framework 69–70, 76
órgãos de, do programa ABM 70
ver também Escritório de Gestão do Programa

HP 42

IBM 31, 42, 238
Information Technology Services Marketing
Association (ITSMA) 29, 34, 48, 58, 75,
97, 120, 188, 210, 283
ABM, avaliação de competências, 287,
288, 289, *296, 298*, 305
ABM, modelo de adoção 118, 133–134
ABM, modelo de competências 287
*Account-Based Marketing Benchmarking
Survey* 32, 37, 49, 73, 74, 75, 111, 112,
114, 132, 180, 240, 242, 243, 249, 250,
251, 252, 253
Agility Survey 261
marketing *framework* 39–40, 40–42
Global ABM Council 283, 287
How B2B Buyers Consume Information Survey 221, 222, 225, 228, 230, 231, 232
Liderança de ideias 226
Padrão de proposta de valor 203–204
pesquisa 79, 264
State of the Marketing Profession (2016) 67

jogadas 83, 160, 161–162, 176–177, 195
descrevendo a sua 207
jogando para as necessidades da conta 160–
177
estudo de caso 166–169, 176
preparando a jogada 161–163
mudando de mentalidade 160, 161, 176
priorizando as possíveis jogadas 164–175,
176
Johnson, Julie A 324–325
Juniper Networks 190–191, 312, 316

estudo de caso 190–191

KPMG 32, 224
    estudo de caso 153–156

Lewis, Michael 276
liderança de ideias 226–228, 245
Lind, James 275
LinkedIn 82, 186, 188, 220, *232*
    Sales Navigator 188

Marin, Chris 87, 92
marketer ver ABM Marketer
marketing 35
    ABM, *share of wallet* 74
    agile 260–261
    alinhamento com vendas 246, 262
    competências 63
    comunicações 295
    de parceiro 308–309
    mudando o papel de 107–109
    personas e 192–193
    produto *vs.* ABM *39*
    ROI em 265–266
    valor adicionado por 67–69
    vendas e 245–253
Marketing centrado na conta 40–42
    estudo de caso 86–93
    ver também account-based marketing
Martin, Eric 322–323
McKinsey 96, 165
métricas
    ver métricas de desempenho
Métricas de desempenho 63–64, 71–73, 76,
    84–85, 266–271, 311
    ABM Estratégico 269
    ABM Lite *269*, 270
    ABM Programático *270*, 271
    ABM, modelo de adoção 170, 244, 246
    dashboard, exemplo de *271*, 272
    equipe da conta e 273, 277
    estudo de caso 51–55, 274–275
    grupo de controle 274–275
    métricas objetivas 72
    líderes corporativos e 273
    principais 72
    projetos 111
    receita 72, *271*, 311
    relacionamentos 71, 271, 311

reputação 71, 271, 311
    ROI e 266–267
    seleção de contas 100
    soft 72, 273
    sucesso preliminar 271–272
Microsoft 31, 319–320
    estudo de caso 274–279
mídias sociais 230, 231
modelo de relacionamento com o comprador B2B *289*–290
Moneyball 276
Moore, Geoffrey 274

NEC 31
Neely, Professor Andy 187–188

Ogilvy, David 178

Panayi, Nick 86, 87, 88
Pedack, Andy 319–320
Peppers, Don 34
perfis 179–182
    ver também stakeholders
personas 192–193
Pitch de elevador 192, 214, 216
plano da conta 250–251, 254, 255
    integração com o ABM 250–251
Plano de ABM 250, 254, 255, 262
    integração com o planejamento da conta 250
    matriz sentimento *vs.* poder 262
plano do projeto 258–259
plano para contas especiais 34–35
Processo de ABM *140*
Propostas de valor 83, 195–216, 294–295
    armadilhas 198–199
    checklist 216
    definição 195
    definindo o imperativo de negócios 204–205
    descrevendo a jogada 86
    diferenciação 198, 210, 211
    Diferente de mensagem 199
    elementos da 202–212
    específicas para a conta 201
    explicando os benefícios 208–209
    foco de dentro para fora 199
    hierarquia de propostas 214, 215, 216
    identificando as iniciativas de negócios 205–206

jargão 197
Padrão ITSMA 2039–204
pitch de elevador *196*, 214, 216
preço e 197
quantificando os benefícios 208–209

Reiss, Raianne 316–317
Retorno do investimento (ROI) *32*, 47, 70, *72*, 75, 264–267, 273, 280
Rogers, Martha 34

SAP 32, 52–54, 322
North America, estudo de caso 52–54
segmentação 104, 307
seleção da conta 94–109
   named accounts (clientes ou *prospects* valiosos) 33
   avaliação da pré-seleção 97–99
   camadas 96
   contas especiais 96
   critérios de avaliação 97–99
   matriz de política direcional 96, 99, 165
   métricas/medidas 100–101
   plano *go-to-market* 103
   plotando os clientes para o investimento em ABM 103
   pré-seleção de contas 96–97
   processo 96–109
   size of wallet 94
   usando a segmentação para priorizar 104–109
social listening 51, 82, 182
stakeholders 178–194, 264–265, 273, 293–294
   ABM Lite e 191–193
   academia 187–188
   analistas setoriais de TI 188–189
   blogueiros 186
   checklist 193–194
   conselho/membros da equipe gerencial 184
   consultores independentes 189
   especialistas no assunto 184–185
   estudo de caso 190–191
   fornecedores 185–186
   influenciadores significativos 183
   jornalistas/editores 186–187
   legislação sobre privacidade 181, 193–194
   mapeamento de redes mais amplas 182–183, 184–185

membros não executivos do conselho de administração 184
pares profissionais 186
pessoal de institutos profissionais 187
pessoal interno 185
redes sociais 188
segmentação 189
tipos de ABM e 180
traçado de perfis 180–182
Unidade de Tomada de Decisão (UTD) 178–180
vendedores 184–185
storytelling 229
Summitt, Nicole 274
SWOT, análise 156, *157*
   plano ABM 157

tecnologia 77–93, 314
   business intelligence 79
   campanhas ABM e 84–85
   comunicação entre marketing e vendas 46
   desafios/oportunidades 79
   estudo de caso 83–93
Toyota 31
traçado de perfil *ver stakeholders*
Twitter 82, 187

Valor 195–198, 199, 216
   baseado na função 201
   baseado no segmento 200–201
   benefícios tangíveis/intangíveis *197*
   conversando com o público-alvo 206–207
   impacto crescente 208–209
   perguntas a formular 213
   ponto ideal 210
   teste 213, 216
   tipos 199–202
vendas 160, 246–253, 308–309
   alinhamento com marketing *247*, 263
   integração com ABM 250–251
   política 262

Uber 206
Unidade de Tomada de Decisão (UTD) 292, 293

Walmart 31
Workshop de inovação 235

LEIA TAMBÉM

A BÍBLIA DA CONSULTORIA
Alan Weiss, PhD
TRADUÇÃO *Afonso Celso da Cunha Serra*

CONFLITO DE GERAÇÕES
Valerie M. Grubb
TRADUÇÃO *Afonso Celso da Cunha Serra*

CUSTOMER SUCCESS
Dan Steinman, Lincoln Murphy, Nick Mehta
TRADUÇÃO *Afonso Celso da Cunha Serra*

DOMINANDO AS TECNOLOGIAS DISRUPTIVAS
Paul Armstrong
TRADUÇÃO *Afonso Celso da Cunha Serra*

ECONOMIA CIRCULAR
Catherine Weetman
TRADUÇÃO *Afonso Celso da Cunha Serra*

INTELIGÊNCIA EMOCIONAL EM VENDAS
Jeb Blount
TRADUÇÃO *Afonso Celso da Cunha Serra*

IoT - INTERNET DAS COISAS
Bruce Sinclair
TRADUÇÃO *Afonso Celso da Cunha Serra*

KAM - KEY ACCOUNT MANAGEMENT
Malcolm McDonald, Beth Rogers
TRADUÇÃO *Afonso Celso da Cunha Serra*

MITOS DA GESTÃO
Stefan Stern, Cary Cooper
TRADUÇÃO *Afonso Celso da Cunha Serra*

MITOS DA LIDERANÇA
Jo Owen
TRADUÇÃO *Afonso Celso da Cunha Serra*

MITOS DO AMBIENTE DE TRABALHO
Adrian Furnham, Ian MacRae
TRADUÇÃO *Afonso Celso da Cunha Serra*

NEUROMARKETING
Darren Bridger
TRADUÇÃO *Afonso Celso da Cunha Serra*

NÔMADE DIGITAL
Matheus de Souza

OS SONHOS DE MATEUS
João Bonomo

PETER DRUCKER: MELHORES PRÁTICAS
William A. Cohen, PhD
TRADUÇÃO *Afonso Celso da Cunha Serra,*
Celina Pedrina Siqueira Amaral

RECEITA PREVISÍVEL
Aaron Ross & Marylou Tyler
TRADUÇÃO *Celina Pedrina Siqueira Amaral*

TRANSFORMAÇÃO DIGITAL
David L. Rogers
TRADUÇÃO *Afonso Celso da Cunha Serra*

VIDEO MARKETING
Jon Mowat
TRADUÇÃO *Afonso Celso da Cunha Serra*

Este livro foi composto com tipografia Bembo e impresso
em papel Off-White 90 g/m² na Assahi.
